HEUTE IST MORGEN SCHON GESTERN

Roman nach Tatsachen
von Karin Cieslicki

Drei Epochen. Drei Frauen.
Drei Schicksale.

INHALTSVERZEICHNIS

VORWORT

Dieses Buch widme ich der Menschlichkeit, dem Glauben, den jeder Mensch hat, egal welcher Nationalität er ist. Denn Glauben wird nach meiner Meinung anerzogen. Vor Gott sind wir alle gleich. Auch wer nicht glaubt, wird irgendwann beten – hoffentlich nicht nur in der Not.

Ich bin da und lebe, habe Liebe in mir
und Zuversicht,
der große Schatten es oftmals bricht.

Enttäuschung und Frust,
es schmerzt in der Brust.

Macht wird vergeben,
zerstört manches Leben.

Hilfe kommt, es gibt Gerechtigkeit und Güte,
drum dich vor Herrschsucht hüte.

– Karin Cieslicki –

Heute ist morgen schon gestern –
Gegen das Vergessen

Er erblüht jedes Jahr von Neuem,
wir können uns des Lebens erfreuen.

Noch sind wir da, aber nur einen Augenblick,
dann blicken die anderen zurück.

Erinnerungen bleiben, eventuell,
die Zeit vergeht zu schnell.

Alles verblasst, alles schwindet,
aber der Baum sich weiter in die Höhe windet.

– Karin Cieslicki –

TEIL I – HELGA

Der Schein von Glück (1933)

Der Flieder blüht. Es ist einer dieser milden Frühlingstage im Schrebergarten südlich von Berlin. Rita spielt im Gras und erfreut sich an den duftenden Blumen. Die Sonne streichelt ihre Wangen. Sie pflückt sich einen Strauß aus Gänseblümchen und versucht, mit ihren kleinen Fingern einen Haarkranz zu binden. „Papa, hilf mir doch bitte, ich kann es noch nicht“, schaut sie zu dem Mann am Tisch. Er steht auf und läuft zu seinem kleinen Mädchen. Geduldig setzt er sich mit ihr ins hohe Gras, und sie binden gemeinsam einen Kranz. Dann nimmt er Rita auf seinen Rücken, um Pferdchen zu spielen. Rita hat schwarze lockige Haare. Sie ähnelt durch ihren bräunlichen Teint, so wie er immer meint, einem Negerpüppchen.

Arnim liebt seine Kinder sehr. Es macht ihm nichts aus, mit Rita auf allen Vieren durch den Garten zu kriechen. Sie hüpft und treibt ihn an. „Los, Papi, hü, bitte schneller.“ Dabei weht ihr lockiges Haar durch den Wind, und sie kreischt vor Freude.

Die Familie von Arnim ist jüdisch, ihre Freunde, die sie oft zu Gast haben, sind es ebenfalls. Ingrid, Ritas Schwester, ist etwas älter. Sie versteht nicht alles, was so geredet wird am Tisch.

Der kleine Bruder liegt noch im Kinderwagen, er ist gerade ein halbes Jahr alt.

Seit einem Jahr ist Hitler an der Macht. „Es ist nicht gut, was hier in Deutschland passiert. Wir müssten unser Geld, was wir noch besitzen, sichern“, kennt Arnim auch an diesem Tag nur ein Thema. „Wir führen unsere Schneiderei schon über zwei Generationen. Und Oma und Opa haben die kleine Stofffabrik in Wien. Aber dort ist es auch nicht mehr so sicher. Es wird viel erzählt in der Bevölkerung“, macht Arnim Andeutungen.
„Ja, aber vielleicht machen wir uns alle zu viele Gedanken. Es gibt viele Juden auf der Welt. Man kann doch nicht gegen alle vorgehen oder ihnen die Geschäfte und Fabriken wegnehmen“, entgegnet Helga, die Mutter von Rita, beschwichtigend.
„Ich weiß nicht, ich habe kein gutes Gefühl“, sagt darauf Amelie. Sie ist eine Freundin der Familie. „Viele Gerüchte ranken sich um Adolf Hitler. Seine Parolen, die er verbreitet, verheißen nichts Gutes“, stimmt sie in die Befürchtungen mit ein.
„Was wollt ihr machen?“, fragt Helga schließlich in die kleine Runde.
„Ich glaube, es ist besser, wenn wir auswandern. Die Weltwirtschaftskrise hat uns das Genick gebrochen und war das Ende für die Weimarer Republik. Die Arbeitslosigkeit ist heute groß“, sinniert Amelie und fügt hinzu: „Wir hatten nur bisher das Glück, nicht ohne Arbeit dazustehen, weil wir einen kleinen Laden haben. Den werden wir verkaufen, und dann nichts wie weg.“
„Ja, Amelie, bestimmt hast du Recht, aber Arnim hat doch einen Job als Schildermaler bei Jacob.

Den kennt ihr doch auch", wirft Helga ein. „Jacob sagt auch, wir sollen nicht so viel Angst haben. Es gibt so viele Juden hier in Berlin. Meine Schwiegermutter hat die Schneiderei am Zionskirchplatz.

Zionskirche in Berlin

Sollen die alles aufgeben? Meine Oma lebt auch noch, wir können doch nicht alle gehen. Hitler hat viel Arbeit versprochen. Es kann sein, dass er es wirklich nicht so meint, wie er es propagiert", gibt sie zur Beruhigung an. „Rita, Egon weint, schaukle ihn doch in den Schlaf", unterbricht Arnim schließlich die Diskussion. Der Themenwechsel schafft für einen Moment Erleichterung.

Bis Rita trotzig reagiert: „Ich habe keine Lust, das kann Ingrid machen. Sie darf auch immer mit ihm spazieren gehen“.

Egon war ein sehr blasses Kind und wog bei der Geburt nur zweitausendfünfhundert Gramm. Essen wollte er auch nicht richtig. Er brauchte viel Zuwendung.

Ingrid konnte schon wenige Unterhaltungen einordnen, was nicht immer gut war, denn auch sie war ein Kind. Es war also besser, wenn sie ihre Ohren nicht so aufspannen würde.
„Papa, darf ich noch ein bisschen Nougat haben?“ äugt Rita schließlich hinter den Pfingstrosen hervor.
Sie aß Nougat gerne, ihr Vater auch. Manchmal, wenn sie am Alexanderplatz waren, holte er ihr eine Tafel, sie setzten sich dann beide auf eine Bank und lutschten genüsslich die einzelnen Stückchen. Sie fuhren auch mit der Straßenbahn, das gefiel Rita am meisten. Die Straßenbahn führte bis zum Alexanderplatz. Dort gab es einen Kreisverkehr, und sie rollte wieder zurück. Der Schaffner kam, hatte den „Geldautomaten“ um den Hals. Er warf den Groschen hinein oder ein größeres Geldstück, drückte dann auf den Hebel, und das Wechselgeld rutschte heraus. Am Daumen trug er einen Gummi. Damit riss er den Fahrschein ab. Rita freute sich immer, wenn der Fahrscheinblock leer war. Sie bekam den Rest, der mit

zwei Klammern befestigt war, zum Spielen vom Schaffner geschenkt.
Zu Hause reihte sie die Stühle im Zimmer hintereinander auf und spielte Straßenbahn. Sie besaß eine Puppe, die sie in einem Schuhkarton immer hinter sich herzog. Eigentlich hatte sie wenig Spielzeug. Ihre Oma bedachte die ältere Schwester mehr mit Geschenken. Es waren schöne Kleider, die Ingrid von ihr bekam.

Rita hingegen musste die Kleidung von Ingrid auftragen. Wurde ihr diese zu klein, stückelte Oma unten oder sogar in Gürtelhöhe einen breiten Streifen an. Rita kam sich wie eine Lumpenpuppe vor. Ihre braunen Augen leuchteten, und trotz alledem war sie ein glückliches Kind. Sie liebte ihren Vater sehr. Auf Ingrid war sie aber nicht eifersüchtig. Rita nahm an, dass es so sein muss, wenn man eine ältere Schwester hat.

Leon und Amelie Brettschneider, mit denen die Familie schon viele Jahre befreundet war, meinten, dass sie spätestens Ende des Jahres nach Los Angeles auswandern würden. Zuerst wollten sie ihr Geschäft verkaufen. Schwierigkeiten würde es noch mit ihrem Wohnhaus am Hackeschen Markt geben. Hierfür wollten sie einen Verwalter beauftragen. Sie hatten vor, eines Tages nach Deutschland zurück zu kehren.
Leon und Amelie verabschiedeten sich an diesem schönen Sommerabend von Helga und Arnim.

Sie umarmten und küssten sie beide beim Verlassen des Gartens. Rita stand noch lange am Tor und winkte ihnen nach. Sie war ein sehr freundliches Kind. Bis auf eine Ausnahme!
Mit ihrer Oma ging sie einmal spazieren, und sie kamen an einem kleinen Friedhof vorbei. „Schau doch mal Rita, ist das nicht ein niedlicher Friedhof“. Oma Hanni hatte Ingrid stets an der Hand, und Rita lief grundsätzlich hinterher. „Ja, Oma, aber für dich wird hier nie ein Platz sein.“ Hanni drehte sich wütend um, streichelte Ingrid übers Haar. Rita hat diese Episode ihr Leben lang nicht vergessen, auch mit 76 Jahren erzählte sie noch davon. Einige Begebenheiten vergisst man nie im Leben, andere sind wie ausgepustet und weg.

Helga und Arnim sitzen abends bei Kerzenlicht in ihrer Laube und wissen nicht, wie es weitergehen soll. Gehen sie auch, oder bleiben sie? Sie haben drei Kinder. Finanziell geht es ihnen gut. Helga hat immer noch Unterstützung im Haushalt von dem Kindermädchen, das auch mit in der Wohnung hilft. Helga kann jede Woche zum Friseur gehen und ihre Einkäufe in Ruhe erledigen. Kochen und Wäschepflege übernimmt dann Erika, das Hausmädchen. Arnim schaut seine hübsche Frau an. Sie ist blond, hat ein zartes, schmales Gesicht, aus dem die blauen Augen sich besonders hervorheben. Ihre Figur ist schlank, und wenn sie in einem Kleid und ihren Pumps erscheint, wirkt sie wie eine Fee. Seine Eltern waren gegen diese Hochzeit, da Helga nicht jüdischer Abstammung war. Sie heirateten auch evangelisch.

Rita besuchte oft mit ihrer Mutter die Oma väterlicherseits. Sie konnte sich noch lange erinnern, dass die Schneiderei guten Umsatz machte. Diese Oma führte damals noch den Haushalt und kochte für jeden, der noch im Haus lebte oder zu Besuch kam. Jeder konnte sich sein Essen wünschen. Ihr Sohn, Ritas Vater, wurde immer Noltile gerufen, und wenn er keinen Appetit auf Kartoffeln hatte, kochte sie ihm Klöße. Sie war eine dicke Frau und hatte ein märchenhaftes Omagesicht. Rita bekam dann viele Stoffreste, mit denen sie versuchte, für ihre Puppe etwas zusammenzunähen. Die Schneiderei befand sich gegenüber der Zionskirche im Stadtbezirk Mitte.

„Wir werden bleiben! Eine Flucht muss gut vorbereitet und durchdacht werden. Sie kostet Geld. Ein anderes Land, die Sprache. So viele Probleme kämen auf uns zu. Es ist eben keine kleine Reise, die wir machen müssten", sagte Arnim mit einem beruhigenden Blick und küsste Helga dabei auf die Stirn. Sie schaute ihn besorgt an. Ihre Gedanken kreisten um ihre drei Kinder. Ingrid besuchte gerade die zweite Klasse. Sie dachte an Egon, der so klein war. Die Neuigkeiten zerrissen ihr das Herz und vor allem der Gedanke, auswandern zu müssen. Was war die richtige Entscheidung?

Grübeleien raubten beiden den Schlaf. Was würde werden, wenn Arnims ganze Familie fliehen würde? Wäre es besser zu bleiben? Sie war ja keine Jüdin, ihr könnte man nichts anhaben, aber den Kindern! Sie schaute in den Spiegel und sah tiefe Augenringe. Sie fühlte sich abgeschlagen und konnte sich nicht mehr richtig konzentrieren.

Am nächsten Morgen kam Helgas Mutter und sagte, dass sie ein paar Tage zur Ostsee fahren würde. Sie nehme dort an einem Schönheitswettbewerb teil. Helga hatte ganz andere Sorgen. Sie konnte ihre Mutter nicht verstehen. Ihre Mutter fuhr immer nach Ahlbeck, wo regelmäßig die Bewertungen der Wettbewerbe stattfanden.
Hanni, wie sie hieß, war eine bemerkenswerte Frau, die bis zum Kriegsanfang über einen gewissen Wohlstand verfügte. Sie hatte immer ein Hausmädchen und eine hochherrschaftliche Wohnung. Über den Umsatz ihres Klein- und Kurzwarengeschäftes konnte sie sich nicht beschweren. Später, nach dem Krieg, hatte sie einen Bockwurststand in der Ackerhalle in Berlin.

Helga saß mit Egon im Wartezimmer von Dr. Kleimann, einem älteren Arzt, der die Familie schon lange kannte. Der Kleine machte ihr Sorgen. „Frau Lormann, kommen Sie bitte herein." Nachdem er gründlich untersucht worden war, meinte der Arzt, dass Egon unbedingt zur Kur müsste.

„Ach nein, er ist jetzt erst ein halbes Jahr alt. Er ist noch zu klein, um von Mama und Papa getrennt zu werden." „Machen Sie sich keine Sorgen. Er wird in einem Kinderkurheim am Rande der Stadt sein und viel frische Luft haben. Die Versorgung und Betreuung ist dort sehr gut."
Helga fing zu weinen an. „Das kann ich nicht ohne meinen Mann entscheiden. Ich melde mich in den nächsten Tagen wieder." Als sie die Praxis verließ, wirkte sie sehr aufgewühlt.

Zu Hause angekommen, war sie gereizt. „Rita gehe bitte in deinem Zimmer spielen und mache nicht so einen Lärm mit dem Kreisel." Rita spielte gerne mit ihrem Kreisel. Sie rollte die Schnur um den Holztriesel und schlug dann mit der Peitsche auf ihn ein. Er sprang so lustig durch das Zimmer und verursachte dabei einen ohrenbetäubenden Lärm.
„Ja, Mama, ich gehe schon". Sie schaute traurig auf den gebohnerten Boden. Die Fußbodendielen waren blitzblank poliert, hier machte das Spielen richtig Spaß. Erika, das Kindermädchen, tröstete sie und versprach ihr, einen warmen Kakao zu machen. Ingrid war noch in der Schule, sonst würde sie bestimmt mit ihr spielen. Rita ging an das Fenster und schaute auf die gegenüberliegende Straßenseite. Die Königsstraße war etwas breiter als die anderen Straßen. Vor den Fenstern standen Kastanien. Weil sie in der zweiten Etage wohnten, war es trotzdem nicht dunkel in der Wohnung.

Rita hatte ein großes Zimmer. Sie schlief in einem Kinderbett mit einem weißen, kunstvollen Metallgitter an Kopf- und Fußende. Sie liebte dieses Bett. Links stand ein brauner Kleiderschrank, den sie auch noch besitzen würde, wenn sie längst verheiratet sein würde. An der rechten Wand standen ein kleiner Kindertisch und ein Stuhl. In einer Ecke reichte der gekachelte Ofen bis fast unter die mit Stuck verzierte Zimmerdecke.

Abends wartete Helga ungeduldig auf ihren Mann. Endlich! Sie hörte, wie sich der Schlüssel im Schloss drehte. Sie begrüßte ihn mit einem Kuss. Anders als sonst bat sie ihn gleich in die gute Stube, um von Egon und der Sache mit der Kur zu berichten. Arnim betrachtete die Angelegenheit nüchterner als Helga. „Komm, es wird ihm schon nicht schaden. Wir kennen unseren Arzt jetzt schon so lange. Er meint es gut, wir schicken Egon zur Kur. Es sind nur vier Wochen, und sie werden ihm gut tun.“ Er nahm seine Frau in den Arm, als er Tränen in ihren Augen sah, und streichelte ihre Wangen. „Lass uns einen Kaffee trinken. Wann soll die Reise denn losgehen?“ „Im Juni soll er aufgenommen werden“. „Na, da haben wir doch gut vier Monate Zeit“. Tatsächlich konnte er somit seine Frau beruhigen. Helga entschloss sich, in den nächsten Tagen Dr. Kleimann über ihren Beschluss zu informieren.

Schatten des Lebens

Ingrid kam aus der Schule. Das Mittagessen war wie immer pünktlich angerichtet. Erika hatte den Stundenplan genau im Kopf. Die Schüssel mit der Kartoffelsuppe stand in der Mitte des runden Tisches. Sie bestand aus weißem Porzellan und hatte einen Goldrand. Es war gutes Geschirr. Helga legte Wert auf eine stilvoll gedeckte Tafel. Jeden Tag mussten Servietten aus weißem Leinen dazugelegt werden. Täglich gab es ein Dessert nach dem Essen.

„Rita, komm essen, Ingrid, geh dir bitte noch die Hände waschen", rief Helga energisch. Sie saßen am Tisch. Da klingelte es an der Haustür.

„Wer kann das sein? Der Postbote war schon da, der Hausobmann hat die Miete auch schon kassiert." Dass es um diese Zeit klingelte, war sehr ungewöhnlich. Helga hatte kein gutes Gefühl, eine ungewisse Angst kroch in ihr hoch. War etwas mit ihrer Mutter oder mit Arnim? Ach, es wird irgendetwas Unwichtiges sein, sagte sie sich und ging die Tür öffnen. Schnell nahm sie noch die Stoffserviette ab und legte sie auf den kleinen Schrank, der rechts neben der Eingangstür stand. Sie strich sich im Vorbeigehen am Spiegel noch die Haare glatt. Diese Angewohnheit hatte sie immer, wenn jemand kam, obwohl ihre Haare stets tadellos frisiert waren. Morgens nach dem Aufstehen gehörte das Bad für eine halbe Stunde nur ihr.

Das Schminken war genauso ein morgendliches Ritual, wie das Parfüm.

Sie öffnete die Tür. Eine Nonne stand vor ihr. Das Gesicht war blass und wegen der Tracht, die es umgab, fast nicht zu sehen. Das bisschen, was sie sah, erschien ihr fürchterlich ernst. Helga wusste im ersten Augenblick nicht, was das zu bedeuten hatte. „Frau Lormann, sind Sie Frau Lormann?" Helga schluckte. „Ja, was kann ich denn für Sie tun?" „Darf ich nähertreten?" Das Gesicht war reglos, die Augen strahlten nichts aus. Helga bat sie in die gute Stube. Die Kinder saßen mit Erika im Esszimmer. Helga verschloss die Tür zum Wohnzimmer. „Bitte nehmen Sie Platz." Hatte sie diese Frau schon einmal gesehen? Helga grübelte. Aber sie konnte sich nicht erinnern. Eine Nonne? Was hatte sie mit Nonnen zu tun? Helga war evangelisch. Plötzlich durchfuhr es sie wie ein Blitz. „Frau Lormann, Ihrem Sohn ist etwas zugestoßen." „Wie bitte? Er ist im Kurheim! Ist er gestürzt? Oder ist er krank? Hat er Fieber?" „Nein. Wir wissen auch nicht, wie das passieren konnte. Wir haben alle Kinder über Mittag draußen zum Schlafen auf Liegen gelegt, und Ihr Junge stand im Kinderwagen daneben. Es war wohl zu warm für ihn in der Sonne. Plötzlich hat er sich nicht mehr bewegt. Wir sind gleich zu ihm gelaufen, aber er hat kein Lebenszeichen mehr von sich gegeben." „Nein!", schrie Helga. „Nein!" Sie schrie so laut, dass die Kinder die Tür aufrissen, auf sie zuliefen und sie umklammerten. Helga weinte und bekam kaum Luft. Sie brach zusammen. Die Nonne stand wie versteinert da, ohne Helga zu umarmen, ohne auch nur ein weiteres Wort zu sagen.

Erika begriff den Ernst der Lage. Sie nahm die Kinder, ohne zu fragen und ging hinaus. Dann lief sie schnell zur Nachbarin und bat sie, den Hausarzt zu holen.

Dr. Kleimann erschien nach wenigen Minuten und verabreichte Helga eine Beruhigungsspritze. In der Zwischenzeit hatte man auch ihren Mann benachrichtigt. Arnim kam wenig später nach Hause. Die Nonne saß immer noch im Zimmer. Arnim versuchte, seine Frau zu trösten. Er konnte nicht fassen, was passiert war. Es war wie ein böser Traum. Sein einziger Sohn! Warum sein Kind? Viele Eltern schickten ihr Kind dort zur Kur. Irgendetwas stimmte hier nicht. „Bitte, fahren Sie zum Kurheim. Die Formalitäten müssen erledigt werden. Ihr Sohn ist noch nicht zur Beerdigung freigegeben. Sie müssen sich bei der Polizei im Bezirk Mitte melden und dann die Beerdigung organisieren. Ich selbst bin von unserem Orden beauftragt worden, Ihnen diese Nachricht zu überbringen“. Die Worte der Nonne erschienen ihnen allen sehr kühl, als wollte sie Haltung wahren. Sie kannte den kleinen Egon nicht, was sollte man auch von ihr erwarten. Sie verabschiedete sich mit den Worten, dass die gesamte Belegschaft des

Kurheimes ihnen ihr Beileid ausspreche. Es war Erika, die sie zur Tür begleitete, niemand gab ihr die Hand. Aber diese furchtbare Zeit sollte erst der Anfang des Bösen sein.

Die Beerdigung fand im engsten Kreis der Familie statt. Egons Leiche wurde nicht obduziert. Die Polizei gab sie sehr schnell frei.

Ein Freund von Arnim meinte: „Mir kommt das alles schleierhaft vor. Die Juden werden verfolgt. Ich habe gehört, dass einige schon aus Deutschland ausgewiesen worden sind. Meinst du nicht auch, dass man Egon mit Absicht in die Sonne gelegt hat? Ist doch komisch, dass ausgerechnet ein jüdischer Junge einen Hitzschlag bekommt. Kein anderes Kind ist dort zu Schaden gekommen!“ Arnim nickte. „Der Gedanke ist mir auch schon gekommen. Aber wir können nichts beweisen! Sollte es wirklich so sein, sind wir auch in Gefahr. Vor allem die Kinder. Ich muss sie beschützen! Manchmal denke ich, dass ein Fluch auf meiner Familie und mir ruht. Ich hatte eine jüdische Freundin, und meine Eltern wollten, dass ich sie heirate. Aber dann hatte ich Helga kennen gelernt und mich unsterblich in sie verliebt. Schau sie dir doch an, Leon. Sie sieht aus wie ein Engel. Aber meine ehemalige Freundin war damals so erzürnt, dass sie meine Familie verflucht hat. Ich bin eigentlich nicht abergläubisch. Aber wenn ich an den Tod von Egon denke?“ Sein Freund überlegte. „Hör zu. Wir haben auch Angst. Und wir haben beschlossen, Deutschland im Frühjahr zu verlassen. Wir gehen nach Los Angeles. Dort sind schon unsere Freunde und Verwandten. Ihr seid hier nicht mehr sicher! Geht auch weg von hier.“ „Wir warten noch, Leon. Wir müssen jetzt erst Egons Tod verarbeiten. Es tut noch so weh! Es fühlt sich an, als ob man mir ein Stück aus meinem eigenen Körper herausgeschnitten hätte. Wir haben doch keinen Krieg, und dann müssen wir so einen Schicksalsschlag erleiden und unseren geliebten Sohn verlieren. Wir sind alle gesund, aber Freude am Leben habe ich keine mehr.“ „Ja, aber bedenke Arnim, ihr habt noch zwei Kinder, die euch brauchen. Vergiss das nicht!“ „Du hast ja Recht. Trotzdem bleibt da eine Lücke. Wenn jemand wegen einer Krankheit stirbt oder weil er alt ist, kann man das ja noch verstehen. Aber mein kleiner Sohn? Warum? Das geht mir nicht mehr aus dem Kopf. Nachts liege ich wach, höre sein Lachen, stelle mir vor, wie er Laufen lernt, wie er Mama oder Papa ruft. Manchmal kann ich mich nicht mehr an sein Gesicht erinnern. Das einzige, was mich dann zurückholt, sind die Fotografien, die wir kurz vor seinem Tod haben machen lassen. Und Helga ist auch ganz verändert. Ihren Augen fehlt der Glanz. Ihr Gesicht sieht anders aus. Sie ist strenger mit den beiden Mädchen. Ich entschuldige es noch und sage mir, mit etwas Zeit wird ihr Zustand sich bestimmt wieder verbessern. Aber etwas Schlimmeres gibt es nicht auf der

Welt, als sein Kind zu verlieren." „Ihr könnt noch mehr Kinder haben, wenn etwas Zeit vergangen ist." „Du bist gut! Alle sprechen von Flucht, und wir sollen an ein weiteres Kind denken. Uns fehlt sogar der Mut zur Zärtlichkeit. Zärtlichkeit fühlt sich gerade wie Sünde an. Oft schweigen wir uns lange an, jeder von uns fühlt den Schmerz, aber keiner von uns spricht darüber. Ich weiß auch nicht, wie es weiter gehen soll."

Abschied

Am Silvesterabend 1935 waren Helga und Arnim bei den Brettschneiders eingeladen. Auch sie hatten eine schöne Wohnung. Beim Eintreten fiel Helga sofort auf, dass viele Möbelstücke fehlten. Die Bilder waren von den Wänden verschwunden. Die Kerzenleuchter, die sonst auf dem Beistellschrank neben dem Kamin standen, waren weg. Auch der Kronleuchter fehlte, und auf dem Boden lagen keine Teppiche mehr. „Was ist denn hier los?", fragte Helga erschrocken. „Wir wollten es euch persönlich sagen. Nächste Woche reisen wir ab", sagte Amelie, die Frau von Leon. „Ich brauche einen Kognak", sagte Arnim und lief auf einen kleinen Tisch zu. Er wartete gar nicht erst, bis er bedient wurde. Ohne zu zögern, goss er sich selbst ein Glas ein und trank es in einem Zug aus.

Er ging zum Erkerfenster, wo zwei Sessel standen und ließ sich hineinfallen. Helga brach in Tränen aus. Sie war fassungslos. „Aber ihr wusstet es doch! Wir hatten es schon so lange angekündigt.“ „Ja, aber dass es nun so schnell geht? Damit hatten wir überhaupt nicht gerechnet. Wir sind schon so lange zusammen. Das kommt jetzt viel zu plötzlich.“ Amelie nahm Helga in den Arm, drückte sie und küsste sie auf die Augen. „Komm, wir sind doch nicht aus der Welt. Wir sehen uns wieder! Ihr kommt nach, bleibt nicht hier! Es wird so viel Schlimmes erzählt. Es heißt, sie bauen Lager.“ „Aber das sollen doch nur Arbeitslager sein. Damit wird endlich etwas gegen die Arbeitslosigkeit getan!“ „Helga, sei doch nicht so naiv! Die wollen uns Juden hier nicht mehr haben! Begreife das doch endlich!“ „Ja, ich weiß, von uns sind viele aus Wien auch schon ausgewandert“, antwortete Helga mit verheultem Gesicht. „Komm, lasst uns die letzten paar Stunden noch gemeinsam genießen. Ich habe für uns gekocht. Es gibt Lammkeule mit Knödeln.“ Sie setzten sich gemeinsam in das fast leere Esszimmer. Es kam allen wie eine Henkersmahlzeit vor. Sie prosteten sich zu, doch die sonst so ausgelassene Fröhlichkeit stellte sich nicht ein. Amelie nahm aus der einen Schublade ein Kästchen und überreichte es Helga. Darin befand sich ein goldenes Armband, das eine Schlange darstellte. Am Kopf dieser waren zwei rote Rubine mit kleinen Diamanten verziert. „Das kannst du mir doch nicht schenken.“ „Doch ich kann, und du behältst es so lange, bis ihr auch in Amerika seid. Es ist ja nur geliehen.“ Helga schaute Arnim an, und wieder kamen ihr die Tränen. Sie hatte einen Kloß im Hals und konnte kein Wort mehr herausbringen. Leon sprang auf und wollte die ganze Situation etwas entschärfen. „Prost, ihr Lieben, wir trinken auf die Zukunft, auf viel Gesundheit und auf unser Wiedersehen in einer neuen Heimat.“ Alle hoben ihr Glas und stießen an. Die Gläser hatten einen schönen Klang.

Es vergingen ein paar Wochen, und die erste Post kam aus Amerika. Amelie und Leon ging es gut. Er hatte noch keine Arbeit gefunden, aber sie lebten von ihrem Ersparten. Viele Sachen aus dem Haushalt konnten sie wahrscheinlich noch verschiffen lassen, und das Geld hatten sie schon vorher außer Landes geschafft. Sie besaßen den Vorteil, dass sie keine Kinder hatten. Sein Vater war Goldschmied.

Abends kommt Arnim von der Arbeit nach Hause. Beide sitzen bei einem Glas Wein, und sie werten die Zeilen von den Brettscheiders aus. „Wir müssten auch langsam daran denken, Deutschland zu verlassen“, meinte Arnim. Aber Helga war nicht überzeugt von dieser ganzen Aktion. „Nach Wien zu gehen, hat auch wenig Sinn. In deiner Familie bin ich nicht so gern gesehen“, hielt sie dagegen und ergänzte: „Deine Eltern haben auch schon gesagt, dass sie die Schneiderei am Zionskirchplatz aufgeben wollen. Sie möchten auch auswandern. Wir sind dann nur noch auf uns gestellt. Arnim, ich habe nicht den Mut, in ein anderes Land zu gehen. Bisher hat man uns noch nicht des Landes verwiesen, was schon mit vielen Juden praktiziert wurde. Rita kommt im Herbst in die Schule. Ingrid geht dann schon in die vierte Klasse. Sie können kein Englisch und wir auch nicht." Helgas Worte klangen bedrohlich. „Ich weiß mein Schatz", entgegnete Arnim. „Ich liebe dich so sehr und möchte nur dein Glück und das unserer Kinder. Wir warten noch ab", sagte er.

Es ist Mai, und die Bäume breiten ihr Blütenkleid aus. Der Flieder und die Maiglöckchen, die Lieblingsblumen von Rita, haben sich in ihrer ganzen Pracht entfaltet. Es ist Wochenende, und alle Berliner zieht es in die Natur. Helga sitzt im Garten und ist dabei, den Rhabarber zu schälen. Rita spielt mit Ingrid auf der Schaukel. Sie schwingen sich nach vorne und hinten und bekommen immer mehr Schwung. „Rita, nicht so hoch, ihr überschlagt euch gleich." Rita hat so viel Spaß dabei, es gefällt ihr, den Wolken so nahe zu sein. Sie empfindet dabei eine gewisse Freiheit. „Mama, ich möchte ein Vogel sein. Der kann überall hinfliegen, der hat es gut." Helga lacht, was sie lange nicht getan hat. Die Löckchen von Rita schwingen im Wind hin und her. Sie ist so ein Krauskopf, und in der Sonne bekommt sie immer eine ganz braune Haut. Beide Kinder sind ausgelassen. Es macht Helga Freude, ihnen zuzusehen. Sie würde auch gerne wieder ein Kind sein und so sorglos in den Tag hineinleben wollen. Die beiden Kinder sind sehr geschickt. Sie malen gerne, sie singen und versuchen auch, ein Instrument zu spielen.

Ingrid hat schon Musikunterricht, und wenn Rita in die Schule kommt, muss sie unbedingt gefördert werden. Sie ist ständig in Bewegung, und die sportliche Betätigung ist ein Muss. Aber diesen Bewegungsdrang haben alle Kinder. Sie spielt liebevoll stundenlang mit ihren Puppen. Kleidet sie an und aus. Redet mit ihnen, so als wenn sie schon lange eine geübte Mutter wäre. Sie ist ein freundliches und offenes Kind. Gerne verkleidet sie sich, zieht die Kleider von ihrer Mama an, und wenn sie es nicht bemerkt, trägt sie ihre hohen Schuhe. Aber das darf Helga nicht mitbekommen. Sie hat ihre Schuhe alle in einem extra Karton aufbewahrt und geht mit ihnen sorgsam um. Aber gerade das reizt Rita immer. Wenn Helga nicht im Hause ist, zwinkert Erika ihr zu, und diese tut dann so, als wenn sie nichts bemerkt hat. Ihre Mama hat auch so schöne lange Nachtwäsche. Die Hemden sind aus Seide und mit schöner Spitze verziert. Diese zieht sie sich dann an und spielt Prinzessin. Sie sitzt oft verträumt in ihrem Zimmer und stellt sich vor, dass ein Prinz sie heiraten wird. Ihr Papa erzählt abends immer schöne Märchen zum Einschlafen. Oft erfindet er welche, wenn er bemerkt, wie verträumt und fantasievoll Rita ihn anschaut.

Die Trauer um Egon hat sie noch nicht so betroffen. Sie war noch zu klein.

Ein weiterer Schicksalsschlag

Wieder schellt es an der Tür. Helga öffnet, und es steht der Postbote im Flur: „Frau Lormann, hier ist ein Einschreiben für Ihren Mann." „Wer schickt uns denn ein Einschreiben?" Helga schaut auf den Absender und liest „Polizeistation Berlin-Mitte". „Danke, ich werde den Brief meinem Mann übergeben." „Eigentlich darf ich ihn nur persönlich überreichen", drängt der Postbote. „Mein Mann kommt erst gegen Abend, sie kennen uns doch", erwidert Helga. „Nun gut, unterschreiben Sie". Er verabschiedete sich und stieg die knarrenden Treppenstufen hinab. Das Haus ist sonst sehr herrschaftlich. Die Stufen sind mit rotem Teppich belegt, der mit einer Messingstange auf den Trittflächen gehalten wird. Die Seitenwände tragen weißen Marmor. Unten im Eingangsportal sitzen Löwen rechts und links auf einem Sockel, und Spiegel zieren den hohen Flurbereich. Links ist eine große Tafel angebracht, auf der alle Mieter mit Namen eingetragen sind. Diese befindet sich hinter einem verschlossenen Glaskasten. Geht man durch den Flur hindurch, erstrecken sich die Hinterhöfe und Seitenflügel des Hauses. In den Seitenbereichen befinden sich meistens noch die Wohnungen der Dienstmädchen. Diese sind dann mit denen im Vorderhaus verbunden. Alle Familien haben aber nicht mehr eine Haushaltshilfe, und darum sind diese Wohnungen dann an andere Mieter vermietet worden. Unten Parterre wohnt der Hausmeister oder Hausobmann. Der passt ganz genau auf, wer das Haus verlässt oder wer kommt. Herr Müller und seine Frau halten die Treppenaufgänge und den Hof in Ordnung. Und wenn sie mal nichts zu tun haben, schaut einer von ihnen durch das Guckloch und spioniert die anderen im Haus aus. Die Treppengeländer haben säulenartige Schnitzereien. Oben auf den Geländern sind im Abstand von einem Meter Messingkugeln angebracht. Diese hindern Rita daran, auf ihnen hinunterzurutschen. Sie hatte es schon versucht, wenn zwischendurch einer fehlte. Nur der Hausmeister durfte sie dabei nicht erwischen. Gerne sprang sie auch die Treppen hinab und nahm dabei mehrere Stufen auf einmal. Wurde sie ertappt, klingelte er sofort bei Ritas Mutter, doch diese lächelte darüber, ermahnte sie zwar vor dem Hausmeister und schimpfte mit ihr, aber nur zum Schein.

Helga ging in die Küche und betrachtete den Brief. Sollte sie ihn öffnen oder damit warten, bis ihr Mann nach Hause gekommen ist? Zu neugierig war sie. Aber nein, er war nur an ihn gerichtet. Er hatte doch nichts angestellt. Was soll es also bedeuten. Er tauschte oft Geld in Gold um. Arnim sorgte schon für eine eventuelle Flucht vor. Gold konnte man überall in der Welt tauschen.

Helga war so ungeduldig und kaute an den Fingernägeln. Die Zeit bis zum Abend wollte und wollte einfach nicht vergehen. Jede Minute kam ihr wie eine Stunde vor. An der Wand hing der Regulator. Er schlug alle halbe Stunde einmal, und zur vollen Stunde erklang der Gong so oft, wie der kleine Zeiger anzeigte. Es war eine Geduldsprobe. Endlich, es war siebzehn Uhr, Arnim kam nach Hause. Er hatte seine Hausschuhe noch nicht an, da drückte Helga ihm den Brief in die Hand. „Bitte öffne ihn, ich habe kein gutes Gefühl", bat sie ihn. Seine Miene verfinsterte sich. Er kam eigentlich gut gelaunt nach Hause und brachte noch eine Flasche Wein vom Kaufmannsladen nebenan mit. Für den Abend versprach er sich etwas Romantik. Sie hatten lange keinen gemütlichen Abend mehr. Der Alltag war zu grau geworden, und nach Zärtlichkeiten war ihnen nicht mehr zumute. Nun öffnete er den Brief. Sie stand ihm gegenüber und betrachtete genau seine Mimik. „Arnim, sag schon, was steht dort?" Er wurde blass und setzte sich noch im Flur auf den Hocker, der sonst nur zum Ausziehen der Schuhe diente. Er ließ die Arme sinken, und dabei fiel ihm der Brief aus der Hand. Helga bückte sich sofort und nahm ihn auf. Sie las: „Vorladung – Wir fordern Sie auf, am 20. Mai um 9.30 Uhr auf o. a. Dienststelle zu erscheinen". „Was soll das?", war seine Frage. Jetzt war Helga genauso schlau wie vorher. In zwei Tagen sollte er dort vorstellig werden. Warum, er hat doch nichts verbrochen? Der gemütlich geplante Abend war damit in den Schatten getreten. Die Mienen verdunkelten sich. Sie umarmten sich und befürchteten etwas Schlimmes. Helga war nach dem Tod von Egon sehr dünn geworden. Sie aß schon lange nicht besonders viel. Nun war ihr der Appetit noch mehr vergangen. Wie sollte sie noch Nerven für die Kinder haben? Sie versuchten beide, sich nichts anmerken zu lassen. Aber die Mädchen spürten, dass etwas nicht stimmte. Arnim scherzte sonst oft mit ihnen. Sie neckten und tobten nicht wie gewöhnlich durch die Wohnung. Alle saßen am Tisch und nahmen ziemlich schweigend ihr Abendessen ein. „Mama, du isst ja nichts, es schmeckt doch so gut", sagte Rita. Dem Kartoffelsalat und den Würstchen schenkte sie keine Beachtung. Sie trank einen Schluck Apfelmost und starrte teilnahmslos in den Raum. „Mama, bist du krank?". „Nein Ingrid, es fehlt mir nichts, ich habe einfach keinen Hunger." „Mama braucht einfach nur Ruhe", versuchte Arnim die Kinder abzulenken. Er sah seine Frau beruhigend an. Wenn sich irgendetwas Schreckliches anbahnen würde, könnte Helga es nicht so einfach verkraften. Sie ist schon depressiv nach dem Tod von Egon geworden. Zwei Tage abwarten, was soll das werden? Sie schlafen beide nicht. Morgens geht

Arnim übermüdet aus dem Haus. Helga hat keine Kraft und keine Lust, etwas mit sich anzufangen. Sie betet und dankt dem lieben Gott, dass Erika im Haus ist und so für Ordnung und Sauberkeit sorgt.

Helga und Arnim stehen früh auf. Essen können beide nichts. Sie verabschieden Ingrid, die zur Schule muss. Arnim nimmt sie in den Arm, drückt sie und gibt ihr einen Kuss. Es kommt Helga sehr ungewöhnlich vor. Ingrid wurde von ihrem Papa so gedrückt, dass sie fast keine Luft bekam. Sie dreht sich um und sprang die Treppen hinunter. Arnim musste seine Tränen unterdrücken. Helga schaute ihn an, und es wurde ihr klar, dass ihnen etwas Schlimmes bevorstand. Er gab Rita noch einen Kuss und umarmte seine Frau so innig, wie er es lange nicht getan hatte. Die Angst stand ihm ins Gesicht geschrieben. Keiner sprach es aus, doch beide wussten, das Schicksal nimmt nun seinen Lauf.

„Herr Lormann, kommen Sie rein. Sie haben Deutschland bis zum 31.07.1936 zu verlassen. Sollten Sie unseren Forderungen nicht Folge leisten, werden Sie die Konsequenzen tragen.“ „Wieso, was habe ich getan?“ „Verlassen Sie den Raum, oder Sie lernen uns kennen“. Arnim drehte sich um und lief so schnell, dass er beinahe die Treppen hinunterfiel. Er rannte nach Hause, stolperte über Gemüsekisten, die gerade vor dem

Kaufmannsladen abgeladen wurden. Herr Heinemann kam heraus und wollte ihm aufhelfen. Er stand auf, seine Hose war zerrissen. Er schenkte dem alten Herrn Heinemann keine Aufmerksamkeit, er wollte nur nach Hause. Obwohl er immer nett von ihm bedient wurde, grüßte Arnim nicht einmal mehr.

Er nahm die Stufen gleich zweifach. Es ging ihm nicht schnell genug, die Treppen nach oben zu kommen. Er klingelte Sturm. Es dauerte ihm zu lange, den Schlüssel aus der Tasche zu ziehen. Helga riss die Tür auf, und er fiel ihr weinend in die Arme. Er konnte kein Wort hervorbringen. Er sank zusammen, ließ sich auf dem Hocker nieder und hielt seine Hände vor das verweinte Gesicht. „Was ist passiert?“, schrie sie ihn an. „Ich habe eine Ausweisung aus Deutschland.“ „Was? Wann? Wieso?“ „Verstehst du nicht? Ich bin Jude, jetzt fangen die Nazis an, bei uns aufzuräumen. Amelie und Leon haben Recht gehabt! Sie haben es richtig gemacht. Wir hätten mit ihnen gehen sollen. Du sollst bleiben, und ich muss gehen! Sie werden bestimmt von dir verlangen, dass du dich von mir scheiden lässt. Das habe ich in letzter Zeit schon des Öfteren gehört, dem aber keine Bedeutung beigemessen“.

„Ich habe nicht geglaubt, dass diese Schweine so weit gehen werden. Hitler hat es gut verstanden, an die Macht zu gelangen. Allen hat er Arbeit versprochen und Wohlstand. Jetzt sehen wir, wohin uns das führt. Wenn es im Volk irgendwelche Gerüchte gibt, sollte man denen doch etwas Glauben schenken. Ich liebe dich, was soll nun werden? Sie haben mir meine Papiere abgenommen, flüchten können wir nicht mehr, es ist zu spät." Jetzt erst wurde Helga der Besuch beim Hausmeister klar. Vor einigen Tagen kamen Uniformierte zu ihm in die Wohnung. Sie sah es, als sie mit Rita vom Spielplatz kam, schenkte aber dem Ganzen keine weitere Beachtung. Der alte Verräter, er hat bestimmt Auskunft über alle im Haus wohnenden Juden gegeben.

Arnim konnte die ganze Nacht kein Auge schließen. Die Beine waren ihm schwer. Er fühlte sich nicht imstande, zur Arbeit zu gehen. „Ich melde mich krank, es ist mir alles egal." Er ging zur Vitrine und goss sich am frühen Morgen einen Schnaps ein. Das hatte er noch nie getan. Er war kein Freund von starkem Alkohol. Eher genoss er ein gutes Glas Rotwein. Er liebte den Klang beim Anstoßen. „Iss doch erst etwas", bat ihn Helga. „Vielleicht können uns die Bekannten von Dr. Kleimann helfen. Der eine Verwandte von ihm ist bei der Gestapo. Wir haben noch Geld und bieten ihm das an." „Glaubst du, dass sich jemand für einen Juden in der heutigen Zeit noch einsetzt? Die haben doch alle selbst Angst und denunzieren andere!" „Soll ich zur Gestapo gehen und um Gnade bitten? Ich bin eine hübsche Frau, wie du immer sagst. Sympathie spielt oft eine große Rolle im Leben." „Helga, du willst dich doch nicht prostituieren?" „Was schreist du so, ich meine es auch nur gut! Wir haben doch nicht viele Möglichkeiten, es geht um unser Leben." Sie brach in Tränen aus. Wir sind zwölf Jahre verheiratet, und nun soll alles zu Ende sein? Wir haben Frieden, und du sollst das Land verlassen. Ich verstehe das alles nicht. Wir lieben uns und wollen einfach nur glücklich sein." „Es tut mir leid, ich bin nicht so ein starker Mann, es macht mir zu schaffen, dass du alleine mit den Kindern hierbleiben sollst."

Helga saß bei Erika in der Küche und trank einen Tee. Erika fühlte sich der Familie sehr verbunden. Sie hatten ein freundschaftliches Verhältnis. Auch sie wusste keinen Rat und hatte Angst, ihre Stellung zu verlieren. Wenn Arnim fort wäre, könnte Helga sie nicht mehr bezahlen. Helga müsste sich Arbeit suchen, die es ohnehin nicht gab. Was soll nur werden. Sie hätte dann zwei Kinder zu ernähren. Helga saß gerne in der Küche. Das Küchenbüfett hatte im oberen Teil gehäkelte Gardinen hinter der Glasscheibe. Der Küchentisch war zum Ausziehen, und darin befanden sich die Abwaschschüsseln. In der Ecke rechts neben der Küchentür stand die gekachelte Kochmaschine. In diesem Ofen wurde auch im Sommer oftmals Feuer gemacht, um den Braten oder Kuchen zuzubereiten. Berlin hatte schon Gasleitungen, und wer es sich leisten konnte, besaß einen kleinen Gaskocher.

Die Küche war selten ein Anlaufpunkt für die Familie, und trotzdem zog sich Helga hierher gerne zurück, wenn sie den Rat einer Frau brauchte. Die Gerüche und die gemütliche Atmosphäre erinnerten sie dann an ihre Kindheit.

Arnim ging es von Tag zu Tag immer schlechter. Er hatte keinen Hunger, war blass und lustlos. Er wollte sich den Rat des Hausarztes einholen. „Sie haben Herzrhythmusstörungen, ich weise sie vorsichtshalber in ein Krankenhaus ein." „Nein, nur das nicht, so krank fühle ich mich nicht." „Doch es ist besser, nur ein paar Tage". Dr. Kleimann füllte die Einweisung aus und verabschiedete sich mit den Worten: „Wir sehen uns in vierzehn Tagen wieder." Arnim beeilte sich, nach Hause zu kommen.

„Mama, können wir heute wieder mitkommen, wenn du ins Krankenhaus gehst?" „Nein, ich gehe schon am Vormittag hin, da seid ihr in der Schule". Die Kinder waren traurig, doch Helga vertröstete sie auf den nächsten Tag. „Am Sonntag gehen wir gemeinsam, versprochen!"

„Herr Heinrich, bitte noch etwas Obst und eine Tafel Nougatschokolade." „Geht es Ihrem Mann schon besser?" „Es sieht so aus, gestern waren wir im Park spazieren, und sein Appetit ist im Moment grenzenlos. Man kann noch die schönen Sommertage genießen. Heute wollten wir auch

wieder in den Park, und er soll, wenn alles so bleibt, nächste Woche entlassen werden."
Zu Fuß ist das Krankenhaus eine halbe Stunde entfernt. Es ist eine große Klinik in Berlin. Tief atmet Helga die Luft ein und versucht, nicht an das Morgen zu denken. Es wäre alles so schön, wenn Arnim gesund wäre und Deutschland nicht verlassen müsste. Helga versuchte alles, sie war auch schon bei der Gestapo und hatte ihnen mitgeteilt, dass ihr Mann im Krankenhaus sei. Sie gaben ihr keine Antwort, und Helga hatte den Eindruck, dass sie es nicht einmal zur Kenntnis genommen hatten.

Helga schritt den langen Flur entlang und begab sich in das Treppenhaus. Ihr Mann lag in der zweiten Etage. Im Vorbeigehen am Schwesternzimmer grüßte sie kurz mit einem guten Morgen. Sie bekam keine Antwort und dachte sich nichts weiter dabei. Sie hatten sich gerade unterhalten und sie dadurch nicht wahrgenommen. Voller Freude betrat Helga den Raum. Arnim war in einem Doppelzimmer untergebracht. Die Ausstatung war schlicht. Die Metallbetten hatten jeweils einen Nachtschrank, auf der gegenüberliegenden Seite standen zwei hohe Schränke für die Garderobe und am Fenster ein Tisch mit zwei Stühlen. Der einzige Schmuck waren die Blumen, die die Besucher mitbrachten. Es roch stark nach Desinfektionsmitteln. Die Zimmer wurden täglich gereinigt.

Das Bett von Arnim war leer, der Nachtschrank abgeräumt. Es sah aus, als wenn man ihn überraschend verlegt hätte. Der Zimmergenosse wollte Helga etwas sagen. Sie war so verwirrt und nicht aufnahmefähig, drehte sich um und ging sofort auf das Schwesternzimmer zu. Da kam ihr schon eine Pflegerin entgegen. Das Häubchen war etwas verrutscht. „Sie können dort im Wartezimmer Platz nehmen". Helga nahm nicht Platz, sie wurde immer unruhiger und lief im Zimmer hin und her. Was hatte das zu bedeuten? Die Schwestern benahmen sich ihr gegenüber sehr reserviert. Sehr freundlich waren sie zwar nie gewesen, aber das kam in den Krankenhäusern vor. Die arbeiten im Schichtbetrieb und immer, wenn sie zu Besuch kam, waren andere Pflegekräfte im Dienst. Die Minuten vergingen nicht. Helga öffnete die Tür und schaute auf die Uhr, die sich im Gang befand. Jetzt ist schon eine viertel Stunde vergangen, und noch immer war kein Arzt zu sehen. Helga lief ungeduldig zum Schwesternzimmer. „Wann kommt nun endlich der Arzt, wie gehen Sie denn mit mir um?", fragte sie irritiert. „Sie müssen sich noch etwas gedulden, wir hatten gerade eine Notaufnahme", vernahm sie die Antwort. Wenn man so ungeduldig wartet, muss es noch schlimmer kommen, dachte sich Helga. Sie kaute vor Nervosität an den Fingernägeln, was sie oft tat, wenn sie in Not war. In das Wartezimmer wollte sie nun auch nicht mehr. Sie hatte das Gefühl, wenn sie im Gang warte, vergeht die

Zeit schneller. Die Uhr hörte man im Sekundentakt. Im hinteren Bereich am Ende des Flures befand sich das Treppenhaus. Die Tür öffnete sich, und ein großer Mann mit weißem Kittel und Stethoskop um den Hals betrat den Gang. Er kam langsam auf Helga zu. „Kommen Sie mit, wir gehen in den Warteraum". Er tippte Helga auf die Schulter, und es erweckte bei ihr den Eindruck, als wolle er sie schieben. Notgedrungen gab er ihr die Hand, stellte sich aber nicht mit Namen vor. Helga wurde sich dessen erst später bewusst. „Ja, ich muss ihnen mitteilen, dass ihr Mann heute Morgen in der Frühe verstorben ist." Helga dachte, es ist ein böser Traum. Sie konnte es nicht realisieren. Sie schaute ihn mit großen Augen an. Sein Gesicht blieb kühl. Er hatte ja oft mit dem Tod zu tun. „Haben Sie verstanden, Ihr Mann lebt nicht mehr". Helga nahm nichts mehr wahr, sie brach zusammen und fiel zu Boden.

Das Licht blendete, als Helga die Augen öffnete. Die Schwester stand neben ihr und reichte ihr ein Glas Wasser. „Es war für uns auch unerwartet, wir wollten ihn zu einer Untersuchung abholen, da lag er plötzlich tot im Bett. Weiter kann ich Ihnen dazu nichts sagen. Der Doktor hat den Totenschein ausgeschrieben. Sie können dann alles für die Beerdigung in die Wege leiten." Helga verstand die Welt nicht mehr. Es kann doch nicht sein, dass ein Mensch so plötzlich stirbt. Ja, er hatte sich seit dem Tod von Egon nicht mehr richtig erholt, aber sie hatten sich gemeinsam dem weiteren Leben gestellt. Es war schon alles recht merkwürdig. Erst Egons Tod, dann stirbt der Ehemann und alles in so einer kurzen Zeitfolge.

Die Beerdigung war schon ein paar Monate vorbei, und Helga musste nun für die Kinder und sich selber sorgen. Der Kontakt zu den Schwiegereltern war abgebrochen. Sie waren sowieso gegen diese Eheschließung gewesen. Es war eine Liebesheirat. Was interessiert da der Glaube? Helga hatte einen kleinen Krämerladen eröffnet. Die Kinder gingen auf eine gemeinsame Schule, und Rita bekam nun einen Schlüssel für die Wohnung um den Hals gehängt. „Nach der Schule kommst du in den Laden, da kannst du Mittag essen. Erika wird in Zukunft nicht mehr bei uns angestellt sein. Wir müssen uns nun die Hausarbeit teilen. Wenn jeder etwas anpackt, werden wir es schon schaffen. Rita - und du lässt niemanden in die Wohnung". Rita nickte. Ingrid war schon elf Jahre, und beide Kinder waren sehr verlässlich und wirkten älter als sie waren. Trotzdem spielte Rita oft mit ihrer Puppe. Sie malte gerne und war sehr musikalisch. In der Schule nahm sie mit großer Begeisterung am Musikunterricht teil. Sie lernte Blockflöte und Mundharmonika und begriff schnell. Rita konnte lange Gedichte in kürzester Zeit auswendig lernen. Sie hatte ein liebenswürdiges Wesen. Auch ihre Freundinnen in der Schule liebten sie. Sie war nett zu allen. Ihre braunen Augen und ihre krausen schwarzen Haare brachten ihr auch in der Schule den Spitznamen Negerpüppchen ein. Sie musste allerdings immer noch die Kleider ihrer großen Schwester auftragen, das ärgerte Rita immer wieder. Doch dass sie ihrer Schwester deswegen böse war, kam niemals vor. Ingrid hatte ihre eigenen Freundinnen und auch andere Interessen. Rita versuchte, für ihre Puppen zu schneidern. Aus alten Lappen, die sie noch aus der Schneiderei ihrer Großeltern hatte, schnitt sie Puppensachen zu. Sie war verträumt und erzählte der Puppe und dem geschnitzten Hund, den sie von ihrem Vater einst bekam, all ihr Freud und Leid. Abends im Bett hörte Helga sie oft noch erzählen. Rita verstand es, sich selbst zu beschäftigen. Freundinnen durfte sie nicht mit in die Wohnung bringen. Ihre Oma mütterlicherseits hatte wenig Zeit für sie, und Ingrid war ja der Liebling von Hanni, ihrer Oma. Rita bemalte jeden Zettel, den sie fand. Sie hatte eine Kiste mit Buntstiften, die war ihr größter Schatz. Abends, wenn sie im Bett lag, erzählte ihr Ingrid oft noch eine Geschichte, obwohl sie ja auch noch ein Kind war.

Helga erledigte abends, wenn sie aus dem Laden kam, die notwendigen Hausarbeiten. Das Nähen und Bügeln lag ihr nicht so. Dann wurde die Wäsche zusammengelegt oder, wenn ihre Freundin kam, half sie ihr schon ab und zu dabei. Helga war auch abgespannt, und es fehlte ihr der geliebte Mann.

Es lässt sich alles besser ertragen, wenn man einen Menschen an seiner Seite hat. Sie war eine hübsche Frau, schlank, blondes langes Haar. Das Gesicht wirkte so zart, und ihre Konturen waren so geschmeidig. Sie stand oft vor dem Spiegel im Bad und stellte sich immer wieder die Frage: „Warum ich?“ Das Leben gibt oftmals einen seltsamen Weg vor. Und sie nahm diesen an und ging ihn tapfer. Was sie nicht umbringt, macht sie stark, mit diesem Motto lebte sie weiter. Sie hatte ihre beiden Kinder, und für diese wollte sie da sein. Mit dem Gewinn in ihrem Laden konnte sie alle Verpflichtungen erfüllen.

Verfolgung

Es war der 1. September 1939, die deutschen Truppen haben Polen überfallen, der Krieg hatte begonnen. Die Männer wurden einberufen. Helga war froh, dass ihr Arnim das alles nicht mehr erleben musste. Man hörte schlimme Dinge. Juden wurden ausgewiesen und verschleppt, ihre Wohnungen geplündert. Helga erfuhr, dass Verwandte ihres Mannes in ein Konzentrationslager kamen. Darunter seine Nichte Erna mit ihren beiden Kindern. Der Sohn von Erna wurde Benni genannt, an den Namen der Tochter konnte Helga sich nicht erinnern. Helga hatte Angst.

Rita spielte in ihrem Zimmer und wollte zum Abendessen in die Küche. Helga kam ihr im Flur entgegen und brachte ein paar Schmalzstullen auf einem Teller. „Mama, es riecht so gut, was hast du gekocht?“ „Nichts weiter, ich habe für Helmut eine Kleinigkeit zubereitet.“

Rita nahm den Teller und ging in ihr Zimmer zurück. Helga hatte einen neuen Partner. Rita fiel auf, dass er immer besseres Essen bekam als sie und Ingrid. Warum machte die Mutter das mit? Rita setzte sich nicht zur Wehr, sie war so bescheiden und nahm es hin. Helmut tuschelte Helga oftmals etwas zu. Einmal bekam Rita mit, dass Helmut Schokolade mit nach Hause brachte und Helga verbot, den Kindern davon etwas zu geben. Die Kinder aßen, immer wenn Helmut zu Hause war, in ihrem Zimmer. Er war ein untersetzter Mann mit Geheimratsecken und trug einen Bart wie Adolf Hitler. Rita und Ingrid mochten ihn nicht. Aber das beruhte auf Gegenseitigkeit. Rita hatte ihre Ingrid, die beiden waren unzertrennlich, wie Pech und Schwefel.

„Kinder ich muss mit euch reden. Es ist besser, wenn ihr vorübergehend in einem Kinderheim wohnt. Es dauert nicht lange, und ich hole euch wieder ab. Es ist ein evangelisches Kinderheim. Die Ordensschwestern sind nett. Ich habe schon mit ihnen gesprochen. Es ist ein schönes Haus im Norden von Berlin, ganz im Grünen. Rita, es gibt auch einen Spielplatz,

und dahinter befindet sich der Obstgarten. Ingrid, du kannst in einem Jahr dein Pflichtjahr dort machen und passt gleich ein bisschen auf deine kleine Schwester auf." Rita und Ingrid saßen da, als wenn sie der Schlag getroffen hätte. „Was Mama, wir sollen in ein Heim?"
„Glaubt mir, so schlimm ist es nicht, und ich komme euch besuchen". „Mama, das ist doch nicht deine Idee, die kommt von Helmut, der will uns loswerden", sagte Ingrid mit Tränen in den Augen. „Wann müssen wir denn weg?"
„Übermorgen Ritalein".
Diesen Namen sprach Helga sonst nie so aus. Rita sah sich in ihrem Zimmer um. Noch nie war sie von zu Hause weg. Ihr Zimmer, ihre Spielecke, all das wird ihr fehlen. „Und mein Spielzeug?" fragte sie ängstlich. „Deine Puppe und den Hund kannst du mitnehmen, für mehr ist leider dort kein Platz. Es sind große Schlafsäle und jedes Kind hat einen schmalen Kleiderschrank und einen Nachttisch.
„Gibt es denn keine andere Möglichkeit?" bettelt Ingrid ihre Mutter an. „Nun kommt, ihr seid so vernünftige Mädchen, macht mir das Herz nicht so schwer".

Und so kam es, wie es kommen sollte! Der Tag der Abreise kam. Beide standen mit ihrem Köfferchen an der Wohnungstür und drehten sich noch einmal um. Rita war gerade elf Jahre alt. Sie liebte ihre Mutter sehr, einen Vater hatte sie schon lange nicht mehr.

„Nun, kommt schon Kinder! Wir müssen los". Sie fuhren mit der S-Bahn Richtung Norden.

Rita nahm die Hand von Ingrid und ließ sie nicht mehr los. Am Hauptportal des Heimes stand eine Schwester in Tracht auf der Treppe und wartete schon auf die beiden Kinder. Ingrid war 15 Jahre alt und konnte es auch nicht begreifen. Ein schlechtes Zuhause ist immer noch besser als ein Heim, so waren ihre Gedanken. Sie mussten zu Hause nicht hungern. Auch wenn die Mutter selten da war, so empfanden sie den Alltag als normal. Dass Helmut nun dort bereits fest wohnte, interessierte beide schon lange nicht mehr.

„Ja, kommt Kinder, ich zeige euch die Räume, und dann stelle ich euch den anderen Mädchen vor". Im Haus roch es nach angebrannter Milchsuppe. Kinder liefen über den Gang und hatten Wäschekörbe in der Hand. Andere machten sich mit dem Besen und Schrubber im Flurbereich zu schaffen. „Jeder muss hier im Haus mit anpacken. Die Arbeit wird nach dem jeweiligen Alter eingeteilt. Die größeren Mädchen helfen in der Küche und in der Wäscherei. Die kleinen sind für die Schuhe und die Ordnung in den Räumen verantwortlich. Im Sommer müssen alle mit zufassen und im Garten helfen. Wenn Erntezeit ist, sind alle dabei."

Die Schwester hatte ihre Tracht an und sah sehr streng aus. Rita spürte jetzt schon, dass es hier keine Liebe gab. Es war alles geregelt. Das Aufstehen morgens, bis zum ins Bett gehen am Abend.

Das Geschirr klapperte, und einige Kinder rannten aufgeregt mit den Tellern hin und her. Sie waren dabei, die lange Tafel zu decken. Rita zählte 24 Sitzplätze. Ein Stück abseits stand ein kleinerer Tisch mit vier Stühlen und ganz anderen Speisen darauf. Es gab sogar Obst. Hier saßen die Schwestern. Sie hatten immer besseres Essen.

„Verabschiedet euch von der Mama, sie kann euch alle vier Wochen besuchen kommen. Außerdem habt ihr die Möglichkeit, Briefe zu schreiben. Die werden aber von mir kontrolliert. Ich schaue natürlich nur nach Fehlern, damit das klar ist." „Natürlich", erwiderte Ingrid und dachte sich ihren Teil. Alles unter Kontrolle! Helga drückte ihre Kinder noch einmal und gab ihnen einen Kuss, den die Kinder aber nicht haben wollten. Sie wollten sich gerade setzen, da schrie eine Stimme aus dem hinteren Raum: „Hände waschen!" Rita zuckte zusammen und klammerte sich an Ingrid. Sie nahm Rita bei der Hand, und sie folgten dann den Anweisungen. Alle Kinder standen hinter den Stühlen und warteten, bis die Ordensschwestern den Speisesaal betraten. Dann gab die Oberin ein Handzeichen, worauf sich alle setzten. Die beiden waren so eingeschüchtert, dass ein Mädchen neben Ingrid ihnen zublinkerte und leise flüsterte: „Jetzt beten wir erst, dann wird

gegessen“. Das kannten die Kinder nicht. Zu Hause wurde nie gebetet vor den Mahlzeiten. In der Kirche schon, oder wenn man abends zu Bett ging. „Oh Herr, wir danken dir für deine Gaben, beschütze uns weiterhin und halte deine Hand über uns und unser Haus, Amen.“ „Guten Appetit.“ „Danke Frau Oberin“, antworteten alle Kinder im Chor. In der Mitte standen Schüsseln mit Suppe, daneben war ein großer Teller mit geschnittenem Brot. Jeder griff hastig zu.
Warum nur so eilig, dachte Rita. „Iss“, sagte die nette Nachbarin von Ingrid. „Wir haben nur zwanzig Minuten Zeit“. „Das kann doch nicht wahr sein“, seufzte Rita leise vor sich hin. Ich kann nicht so schnell essen, waren ihre Gedanken. Sie nahm den ersten Löffel in die Hand, führte ihn zum Mund und spuckte alles wieder aus. „Willst du eine Extrawurst haben?“, rief eine andere Ordensschwester vom kleinen Tisch herüber. „Hier wird gegessen, was die Kelle klickt.“ „Schöne Kelle“, flüsterte Ingrid Rita ins Ohr. Beide nahmen sich Brot und ließen die Suppe stehen. Getränke wurden zum Essen nicht gereicht. „Es steht eine große Blechkanne mit Tee im Flur“, kam es leise von der linken Seite der Mädchen.
Es war ein rothaariges Mädel mit Sommersprossen. Sie sah freundlich aus, hatte aber traurige Augen. Vom Alter her passte sie zu Rita. Alle standen nach dem Essen auf. Man hätte die Uhr nach diesem Zeitablauf stellen können. Jeder hatte seine Aufgabe. „Ingrid, du bist für diese Woche

in der Küche, lass dich von den anderen einweisen. Die anderen gehen und machen ihre Hausaufgaben. Wer fertig damit ist, erledigt seine zugeteilten Aufgaben. Nehmt Rita mit und zeigt ihr alles." Die kleine Rothaarige nahm Rita bei der Hand. „Komm, ich zeige dir dein Bett und deinen Schrank, ich helfe dir beim Auspacken." Ritas Bett stand am Fenster. Ein weißes Bett, die Bettdecke war exakt wie beim Militär gefaltet. „So muss dein Bett jeden Tag aussehen, und hier auf dem Stuhl legst du abends ordentlich deine Sachen hin! Übrigens, ich heiße Else." Zu Hause brauchte Rita ihr Bett nur aufschütteln und zurückschlagen. Niemals hätte die Mutter so einen Ton angeschlagen. Rita seufzte tief, und Tränen rollten über ihre Wangen. Was soll das bloß werden? „Hier, komm, das ist dein Schrank. Ich helfe dir, deinen Koffer auszupacken. Es muss alles nach Vorschrift gelegt werden. Jede Woche einmal macht die Oberin Kontrolle, und wenn sie einen erwischt, der nicht ordentlich ist, bekommt der Strafarbeit. Wenn du Fragen hast, kannst du immer zu mir kommen."
Rita setzte sich auf ihr Bett, was am Tage verboten war und weinte so laut und stark, dass ihr beinahe die Luft ausging. Else nahm sie in den Arm und versuchte zu trösten. „Deine Mama kommt euch doch bald besuchen. Wir verstehen uns gut in diesem Zimmer. Hier sind zwölf Mädchen", redete das rothaarige Mädchen auf sie ein.
Die Wochen vergingen, und Helga kam anfangs einmal im Monat zu Besuch. Sie tranken

dann Kaffee zusammen. Die Mädchen sehnten sich nach Hause. Der Krieg machte sich in jeder Situation bemerkbar. Das Essen wurde immer schlechter in diesem Heim.

Helga brachte den Kindern Kuchen und ein wenig Obst mit. „Mama, ich habe großen Hunger. Das Essen schmeckt nicht. Wenn ich Ingrid nicht hätte, wäre ich schon verhungert“, klagte Rita.

Sie erzählte ihrer Mutter, wie Ingrid abends nach Küchenschluss ihr heimlich die Reste zusteckte. Die Ordenschwestern ließen oftmals etwas übrig. Im Flur geht ein Essenaufzug nach oben zu den Schwestern. Sie wohnen in der zweiten Etage. Die Schlafräume der Mädchen sind in der ersten Etage. Ingrid läst den Aufzug bis in die erste Etage fahren. Sie hat eine Uhrzeit mit Rita vereinbart, und genau auf die Minute steht Rita am Aufzug. Es sind meistens Bratkartoffeln, die ihr Ingrid noch abends zubereitet. Schnell nimmt sie die Schüssel und teilt alles mit den anderen Mädchen, die auf dem Zimmer wohnen. Sie sitzen unter dem Deckbett und essen abwechselnd die inzwischen kalt gewordenen Bratkartoffeln.

„Es ist wie Weihnachten, Mama, das kannst du mir glauben“. Helga kann es kaum fassen. Sie weiß sich aber keinen Rat. Sie dachte, dass die Kinder hier noch am Besten aufgehoben wären. Abgesehen von ihrem Freund, der die Kinder geschickt los werden wollte, hatte die Judenverfolgung immer mehr zugenommen und war auch ein Grund, warum die Kinder nicht bei ihnen wohnen durften. Er hatte Helga überredet und ihr klar gemacht, wenn die Kinder im Heim wären, würde auch sie nicht so ins Visier der Nazis geraten. Vor allem wollte er mit Juden keinen Kontakt haben. Keiner konnte wissen, wie sich die Dinge entwickeln würden.

Viele Geschäfte, die von Juden geführt wurden, gab es seit der sogenannten „Reichskristallnacht“ nicht mehr. Auch andere Familienangehörige von Arnim waren nach Los Angeles ausgewandert. Die Schneiderei am Zionskirchplatz war verwaist.

„Ihr müsst es noch ein bisschen aushalten! Ich hole euch, sobald es geht, wieder nach Hause“. Sie wusste nicht, dass ihr Versprechen „bald“ für die Kinder zur Ewigkeit wurde. Rita kam es vor, als wenn Jahre vergingen. Sie hatte Heimweh.
Das, was ihr Trost gab, waren die Theatergruppe und der Musikunterricht im Heim. Sie lernte mit Bravour die Rollen auswendig, und im Orchester spielte sie die Blockflöte. Es gab hin und wieder Veranstaltungen, bei denen die Heimkinder auftraten. Vor allem in der Weihnachtszeit war das der Fall. Nachmittags hatten die kleineren ihre Nähstunden. Alle Mädchen trugen weiße Schürzen. Die Wäsche war mit ihren Namen be-

stickt. Auch das lernte Rita dort. Mit Hauswirtschaft befassten sich die Mädchen ab fünfzehn Jahren.

Die Stadt Berlin wurde nun auch nicht mehr von den Bombenangriffen verschont. Helga hatte beide Kinder abgeholt, und sie lebten nun schon wieder ein paar Wochen zu Hause.

Veränderungen

„Mama, ich habe einen Brief aus der Schule mitbekommen, er ist vom Schulleiter." „Rita, dein Essen steht hinten im Büro, iss erst einmal, dann gehst du nach Hause und machst deine Hausaufgaben. Den Brief lese ich abends".
Helga saß im Wohnzimmer, schaltete die Stehlampe ein, und setzte sich in einen der Sessel. Sie standen beide rechts und links vom Rauchtisch. Er war aus dunklem Eichenholz, auf dem eine gehäkelte Decke lag.
Es war ihr abendliches Ritual, sich in den linken Sessel zu setzen und zum Abschluss des Tages noch eine Zigarette zu rauchen. Die Beine taten ihr weh, der Rücken schmerzte ebenfalls. Die Wanduhr über der Couch schlug neunmal. Draußen war es schon stockfinster. Da fiel ihr der Brief ein. Sie öffnete und las:

Sehr geehrte Frau Lormann.

Ihre Kinder müssen ab sofort die Schule wechseln. Es wurde die Schule in der Linienstraße für sie bestimmt. Achten Sie bitte darauf, dass Ihre Kinder den Judenstern tragen.

Mit Deutschem Gruß
Direktor

Nun reicht es aber. Was sollte sie noch alles ertragen. Die Kinder hatten gute Leistungen. Jetzt müssen sie noch in eine andere Schule. Rita geht gerne in ihre jetzige Schule. Was wollen die von uns?

Am nächsten Tag suchte Helga ihre Freundin auf. „Helga, das ist schon überall so. Seit Hitler an der Macht ist, wird es immer schlimmer. Du kannst nur den Anweisungen Folge leisten." „Warum muss ich das alles nur alleine ertragen?" Sie hatte ihre Beziehung zwischenzeitlich mit Helmut beendet. Sie saß da und weinte bitterlich. Ihre Freundin nahm sie in ihre Arme und versuchte, ihr Trost zu schenken. „Ich habe so eine innerliche Leere, was soll ich nur tun? Arnim ist tot. Es sind doch nur halbjüdische Kinder. Warum werden diese diskriminiert?" Helga befasste sich nicht sonderlich viel mit Politik. „Es kann doch nicht sein, dass die Kinder so behandelt werden. Die

Nachbarn und der Hausobmann sind in letzter Zeit auch sehr merkwürdig und mir gegenüber immer kurz angebunden."

Die Kinder gingen nun schon eine ganze Weile in die neue Schule in der Linienstraße. Rita dachte, dass der Judenstern, den ihre Oma ihr auf ihren Mantel aufgenäht hat, etwas Besonderes war. Sie wurde auch keines Besseren darüber belehrt. Sie ging wie eh und je fröhlich dorthin. Sie spielte auf dem Weg morgens immer Hopse auf den Granitsteinplatten des Gehwegs.

Granitplatten

Dabei warf sie ein Kettchen auf die Platten. Sie boten sich förmlich dazu an. Ein Stein getroffen, einmal mit dem linken Bein, dann beide und drehen. Dabei übersah sie einen Briefkasten an der Mauer und rannte dagegen. Das Blut lief ihr sofort über das Gesicht. Die Schule war nicht mehr weit. Ihre Freundinnen kamen angelaufen und brachten sie zum Sekretariat.

Der Arzt hatte seine Praxis ein paar Häuser weiter und nähte ihr das Loch. Rita wurde von zwei Mitschülerinnen nach Hause gebracht. Helga war noch in der Wohnung. Sie bekam einen großen Schreck, als sie die Tür öffnete und das Kind mit dem Kopfverband sah. Da Rita aber viel kletterte und tobte, hatte sie oftmals Blessuren an den Armen und Beinen.

Ingrid begann eine Ausbildung. Rita sollte zu einem evangelischen Pastor nach Schlesien gebracht werden. Ingrid musste auf sich selbst aufpassen, aber unter den gegebenen politischen Ereignissen war auch dies ein gefährliches Unterfangen. Rita war zu jung, alleine den Nachmittag zu verbringen.

Rita kam anfangs alles nach dem Heimaufenthalt zu Hause so fremd vor. Trotzdem war sie froh, in ihrer gewohnten Umgebung zu sein. Sie wurde wieder enttäuscht, als sie erfuhr, dass sie das Zuhause erneut verlassen sollte. Aber Helga versuchte, ihr klar zu machen, dass die Juden in Berlin auch immer mehr verfolgt würden. „Rita, es ist besser so, viele von unseren Verwandten sind einfach verschwunden, wir haben von ihnen nichts mehr gehört. Wir hoffen, dass der Krieg bald vorbei ist, dann kommst du wieder nach Hause.“ Rita sah traurig aus. Schon wieder zu fremden Menschen, keine Liebe, keine Geborgenheit. Wie soll sie das alles ertragen?

Der Tag der Abreise kam. Helga brachte sie zum Bahnhof, dort wurden alle Kinder von einer Frau erwartet, die den Transport nach Schlesien begleiten sollte.

Die Anreise wurde für Rita unendlich lang. So viele Stunden ist sie noch nie mit dem Zug gefahren. Die Dampflok pustete kräftig. Wenn der Zug in den Bahnhof einlief, zogen die Kinder das Fenster herunter, um herauszuschauen. Von dem Geruch des Dampfes wurde Rita übel. Der Zug setzte sich wieder in Bewegung. Sie hatten noch zwei Stunden Fahrt vor sich.

Rita traute ihren Augen nicht, es lag Schnee, und hohe Berge umsäumten das kleine Städtchen. Das war ein schöner Bahnhof. In der Eingangshalle stand schon ein Tannenbaum. Ihr wurde warm ums Herz. Mit ihr waren mehrere Kinder auf diesen Transport gegangen. Sie wurden alle auf verschiedene Familien aufgeteilt. Ein älterer Mann nahm Rita in Empfang. „Na Mädelchen, bist du müde und hungrig?" „Ja." Mehr konnte Rita nicht hervorbringen. Sie fuhren mit einem Pferdeschlitten durch den Wald, hoch in die Berge. Vor einem Bauernhaus blieb die Kutsche stehen. Die Frau des Pastors öffnete die Tür und - Rita konnte es nicht fassen - es sprang ihr ein Schäferhund freudig entgegen. Der wedelte mit dem Schwanz, und es kam ihr vor, als wenn sie sich schon lange kannten. Die Freude war so groß, denn ihre Oma

hatte ja einen Schäferhund namens Lux, und dieser sah ihm sehr ähnlich. Die Frau des Pastors schloss Rita in die Arme und begrüßte sie mit einer Herzlichkeit, die sie schon seit ein paar Jahren nicht mehr erfahren hatte. Rita war so erleichtert. Sie zog schnell ihre Sachen aus und ging gemeinsam mit dem Hund in die Wohnstube.
Der Tisch war gedeckt mit schönen Dingen, die Rita lange nicht gesehen hatte. Es gab warme Suppe, die roch so gut, dass sie am liebsten sofort zugegriffen hätte. Sie setzte sich brav. Gemeinsam sprachen sie das Tischgebet, und nun konnte Rita es nicht mehr erwarten. Es gab nach dem Essen Schokoladenpudding und heißen Kakao.
Frau Scheffler, die Pastorsgattin, zeigte ihr das Zimmer, das sie nun für einen längeren Zeitraum beziehen würde. Sie musste eine Stiege hinauf bis unter das Dach. Dort blickte sie auf ein robustes Bauernbett mit einem großen Daunenoberbett. Das hatte sie noch nie in ihrem Leben gesehen. An der Seite standen ein Kleiderschrank und ein Tisch mit Hocker. Neben dem Bett befand sich der Waschtisch mit einer Waschgarnitur aus weißem Porzellan.
„Hier kannst du dich waschen, und dann geh erst einmal schlafen. Die Toilette ist auf dem Hof. Für die Nacht steht ein Topf unter deinem Bett." Alles war ihr recht. Sie freute sich nur auf das schöne Bett. Nach dem Waschen warf sie sich hinein. Sie war nicht mehr zu sehen unter der dicken Bettdecke.

Die Sonne ging über den Bergen auf. Es wurde sehr kalt in ihrem Zimmer. Die steilen Felshänge waren noch von einem eisigen Nebelhauch umhüllt. Der Schnee lag bestimmt zwei Meter hoch. Man sah teilweise nur die Schornsteine von den kleinen Häuschen. Die Landschaft sah so friedlich aus, wie im Märchenland. „Rita, komm zum Frühstück!“ Sie sprang fröhlich die Treppe hinunter. Der Tisch war wieder reichlich gedeckt. Es roch nach frischem Brot. Der Schäferhund kam sofort auf sie zu und leckte ihre Hand. Rita war so glücklich wie lange nicht. Es fielen keine Bomben, Essen gab es genug, und die Menschen waren ihr sehr sympathisch. Nach dem Frühstück zeigte ihr Frau Scheffler die Schule. Es war eine Dorfschule mit zirka zwanzig Schülern. Alle gingen in eine Klasse. Die Kinder nahmen sie freundlich auf. „Nach der Schule hole ich dich ab, dann hilfst du mir im Haushalt etwas. Aber für dich wird immer noch genug Zeit bleiben. Du kannst deiner Familie schreiben oder dich mit den anderen Kindern zum Schlittenfahren treffen.“ Die Landschaft war sehr schön: die Berge, der Wald und die Aussicht von ihrem Zimmer.

Weihnachten stand vor der Tür, und Rita fiel auf, dass sie im Moment kein Heimweh hatte. Die Vorbereitungen für das Fest beschäftigten sie so sehr, dass sie alles andere vergaß. Sie schrieb zwar einen Brief nach Hause, doch an Heimweh mochte sie keinen Gedanken verschwenden. Sie konnte

Kind sein. Das Arbeiten im Haushalt machte ihr Spaß. Es wurde nicht geschimpft oder geschrien. Strafen brauchte sie nicht zu befürchten. Sie war ein Kind, das es allen nur recht machen wollte, und sie war für alles sehr dankbar. Rita freute sich über jede Geste und Kleinigkeit, die man ihr zeigte. Unter dem Christbaum lagen Geschenke für sie. Ein gestrickter Schal mit passender Mütze, Hausschuhe und ein Muff aus Katzenfell. Auf den Muff war sie besonders stolz, denn so einen ähnlichen besaß ihre Oma. Sie bewunderte das gute Stück schon damals bei ihr, als sie noch ganz klein war.
„Morgen nach dem Gottesdienst zeigen wir dir das Skilaufen." „Was, das darf ich lernen?", rief sie erfreut.

Der Unfall

Rita fuhr einen kleinen Hang hinunter. Der Wind war sehr kalt. Das Mädchen hatte den Schal über das Gesicht gebunden, so dass nur noch die Augen zu sehen waren. Es waren mehrere Kinder, die einen Skikursus absolvierten. Begonnen hatten sie auf einem kleinen Hügel. Da Rita sehr sportlich war, fiel ihr das Laufen nicht schwer. Mit dem Gleichgewicht hatte sie anfangs ein paar Probleme, doch wenn es nicht mehr weiterging, setzte sie sich einfach auf ihr Hinterteil und benutzte die Skier als Schlitten. Den Berg hinaufzusteigen bedurfte dann allerdings ein paar Anstrengungen mehr. Und schon fuhren alle wieder den Hügel hinunter. Die Skier waren aus Holz und mussten gut gewachst werden, damit man damit auch Fahrt bekam. Das alles hatten die Kinder im Vorfeld gelernt. Jeder wollte seinen Mut beweisen und gab alles. Plötzlich verlor Rita den Halt und fiel so hin, dass sie es nicht schaffte, alleine wieder aufzustehen. Die Bretter hatten sich so verknotet, sie blieb sitzen und weinte. Die anderen kamen zur Hilfe. „Ich kann nicht aufstehen, es tut mir weh." „Komm, reiß dich zusammen, wir machen jetzt die Skier ab und binden sie dann nochmals wieder an." „Es geht nicht, ich habe Schmerzen im Bein." „Reiß dich zusammen, die anderen lachen schon." Rita richtete sich unter großen Schmerzen auf, ließ sich auf die Bretter stellen und versuchte nochmals loszulaufen. Es funktionierte nicht, sie brach zusammen und blieb liegen. Der Lehrer musste den Bergrettungsdienst rufen. Sie wurde auf einen Schlitten gelegt und zum Hof des Pfarrers gefahren. „Wir müssen den Arzt holen, ich vermute, dass es eine Prellung oder Verstauchung ist", sagte der Skilehrer. Der Arzt konnte aber an diesem Tag nicht mehr kommen. Der Weg aus der nächsten Stadt hierher war zu weit, und die Dunkelheit nahte. Also wurde Rita auf ihr Zimmer gebracht. Sie dachte auch, dass es am nächsten Morgen besser sein würde.

„Es ist eine sehr komplizierte Hüftfraktur, die können wir hier nicht behandeln." Rita wusste nicht, was damit gemeint war. Der Pfarrer sah seine Frau ratlos an. „Wir müssen die Mutter davon in Kenntnis setzen, und sie soll entscheiden, ob wir das Mädchen hier behandeln lassen sollen oder ob sie nach Berlin gebracht werden muss. Wir schicken ein Telegramm, und ihre Mutter soll hierher kommen."

Der Krankenwagen fuhr die schmalen Straßen durch Schlesien. Jede Bewegung verursachte bei Rita große Schmerzen. „Mama, ich halte es nicht aus, was ist das nur. Ich hatte gehofft, dass es nichts Schlimmes ist. Doch der Arzt sagte mir schon, dass ich in Berlin operiert werden muss." „Wir werden sehen, ich habe mich schon mit einem Professor in Berlin in Verbindung gesetzt. Er wird dich genau untersuchen, und dann sehen wir weiter", antwortete ihr Helga. „Werden denn die Juden nicht mehr so verfolgt, müssen wir denn noch Angst haben?" „Deine Schwester hatte in letzter Zeit keine besonderen Schwierigkeiten, Papa ist tot, und uns lässt man in Ruhe."

„Wir müssen die Hüfte steif legen, es ist ein komplizierter Bruch. Es gibt nur diese Möglichkeit. Du musst für zirka ein Jahr in ein Gipsbett. Außerdem müssen wir dein Knie fixieren. Dazu wird eine Nadel unter Vollnarkose durch das Kniegelenk geschoben und dann nach oben gebunden.

Du wirst also davon nichts merken“, erklärte ihr der Arzt. „Ich habe Angst. Ein Jahr im Krankenhaus, das ist schrecklich. Was soll ich denn hier machen?“, sorgte sich Rita. „Du wirst hier Schulunterricht erhalten. Du kannst deinen Freunden schreiben. Sicherlich kommen sie dich auch oft besuchen“, versuchte Helga sie etwas aufzumuntern. „Du hast noch deine Mama und deine Schwester“, fügte sie hinzu, „und Oma wird dich auch besuchen“. Rita konnte sich das alles noch nicht ausmalen. Wie sollte sie zur Toilette gehen? Wie soll das mit der Körperpflege funktionieren?

Die Wochen vergingen. Rita vertrieb sich die Zeit und malte, auch das Zimmer, in dem sie lag. Manchmal zählte sie die Fliegen an der Deckenlampe. Sie freute sich jedes Mal, wenn es Essen gab. Auch wenn es schlechter wurde. Der Krieg machte sich überall bemerkbar. Die Versorgung wurde immer schwieriger. Ihre Mutter kam alle sechs Wochen zu Besuch. Die Oma noch weniger. Der einzige Mensch, der jeden zweiten Tag im Krankenhaus erschien, war ihre liebe Schwester. Ingrid hatte immer eine kleine Überraschung parat. Manchmal ein Buch oder ein paar Blätter und einen Tuschkasten zum Malen. Sie brachte einen Apfel oder Saft mit. Selten, aber es kam vor, hatte sie eine kleine Tafel Nougat aus der Handtasche gezogen. Sie wusste, dass Rita Nougat über alles liebte. „Es ist so langweilig hier. Ich schaue alle paar Minuten zur Tür und hoffe, dass mich jemand besuchen kommt. Die anderen Kinder hier im Zimmer haben so oft Besuch. Ich bin so froh, dass du mich nicht vergisst", meinte Rita. Ingrid gab ihr einen Kuss auf die Stirn: „Ich habe dich doch lieb, und wir haben schon immer zusammengehalten." Rita schaute ihre Schwester mit ihren traurigen Augen an und erwiderte ihren Kuss. „Nun bin ich schon vier Monate hier, und es kommt mir vor, als wenn es Jahre sind", seufzte Rita. „Ich weiß nicht mehr, wie mein Zimmer aussieht - was macht eigentlich Mamas neuer Freund? Sie hat keine Zeit für mich, aber für ihn", wandte sie sich an ihre Schwester. „Das musst du nicht so negativ bewerten, Mama arbeitet viel", gab Ingrid zu verstehen. „Sie steht am Tage in ihrem Geschäft, und abends verkauft sie mit einem Bauchladen Zigaretten und läuft damit durch die Kneipen von Berlin. Ihr neuer Freund hat kein Geld, und ich habe den Eindruck, dass er sich von Mama aushalten lässt. Sie merkt es nicht und ist immer so verliebt in die Männer", seufzte Ingrid und führte weiter aus: „Mir wird das nicht passieren. Für uns hat sie wenig Liebe und schon gar kein Verständnis. Ich helfe ihr oft im Laden, doch meine Ausbildung geht vor. Ich habe eine als Bürogehilfin begonnen. Mein Schulabschluss reichte nicht für die höhere Schule aus. Aber ich lerne Stenografie und Schreibmaschine. Es macht mir Spaß, und ich bekomme ein paar Mark dafür. Schau mal, ich konnte mir ein paar schöne Strümpfe kaufen mit Naht."

„Oh, du hast auch schöne Schuhe an, wenn ich wieder gesund bin, werde ich mir auch so etwas kaufen. Weißt du, ich möchte Krankenschwester lernen. Ich sehe, wie sie hier im Krankenhaus arbeiten, und das gefällt mir. Anderen Menschen zu helfen, das wäre eine Aufgabe für mich. Ich würde gerne mit Kindern arbeiten."
„Du werd erst einmal gesund, dann sehen wir weiter. Ich muss jetzt los. Ich muss noch Hausaufgaben machen, und Mama hat mir auch noch aufgetragen, etwas einzukaufen. Ihr Freund kommt heute wieder zum Abendessen. Er bekommt Schnitzel und ich eine Suppe."
Sie lachten dabei, umarmten sich beide und gaben sich mehrere Küsse. Ingrid war eine hübsche junge Frau. Sie verstand es, sich die Haare modisch zu frisieren. Sie kleidete sich nach ihren finanziellen Möglichkeiten. Von ihrer Oma erhielt sie manchmal Geld oder ein Kleidungsstück, was sie ausgesondert hatte. Ihre Oma war eine modebewusste Frau, so dass die Kleidungsstücke auch Ingrid gefielen. Abends ging sie oft mit jungen Männern aus. Sie war schon siebzehn und nicht mehr so verspielt wie Rita. Rita stand noch nicht der Sinn nach Männern. Sie beschäftigte sich mit ihren Puppen und träumte von einer besseren Welt. Sie vermisste ihren Vater sehr, obwohl sie sich kaum an ihn erinnern konnte. Sie sah andere Kinder, wenn sie von ihren Vätern Besuch erhielten und träumte davon, wie es wäre, wenn er jetzt durch die Tür käme. Das ganze Familienleben

war nach seinem Tod anders geworden. Sie sehnte sich nach ihm. Rita wollte nur seine Hand spüren, die ihr unheimliche Geborgenheit bei ihren gemeinsamen Spaziergängen gegeben hatte. Sie lachten und hatten Spaß miteinander, wenn sie zusammen waren. Ihre Erinnerungen an ihn schwanden mit jedem Jahr, in dem Rita älter wurde. Sie wusste nur, dass ihre Mama ihn geliebt hatte und er sie auch. Rita hatte noch ein Foto von deren Hochzeit, was sie wie ihre Augäpfel hütete. Ihre Mama sah darauf wie eine Königin aus. Aber alle Liebe war nur noch ein Traum.

Rita hat ihren vierzehnten Geburtstag im Krankenhaus verbracht. Blümchen zierten den Nachttisch. Ihre Schwester kam zu Besuch und blieb bis zum Abend. Ihre Mama hatte nach einer Stunde das Krankenhaus wieder verlassen. Helga war ständig in Eile, und diese Unruhe war auch von ihren Kindern nicht unbemerkt geblieben.

Es war schon dunkel. Die meisten Kinder schliefen schon, als die Sirenen aufheulten. Bewegung und Lärm machte sich auf der Station breit. Alle, die laufen konnten, rannten zum Ausgang und eilten in den Luftschutzkeller. Die Krankenschwestern und Ärzte liefen so schnell sie konnten. Keiner nahm Rücksicht auf den anderen. Man hörte schon die Bomber. Der Lärm kam immer näher. Die Bomben schlugen ein. Es dröhnte, und die Häuser bebten. Rita wusste nicht mehr, was sie machen sollte. Die Betten waren leer. Keiner hörte sie. Sie rief laut nach den Schwestern. „Habt ihr mich vergessen, hallo helft mir! Ich will auch in den Keller, Hilfe, Hilfe!" Aber es kam keine Antwort. Das Dröhnen der Bomber wurde unerträglich. Man vernahm die Einschläge ganz nah. Rita versuchte, den Streckverband vom Knie zu lösen. Dieser Verband war am Knie eingehakt und führte nach oben an die Decke des Zimmers. „Ihr lasst mich hier nicht sterben", schrie sie wütend in den Raum. Sie konnte die Kette vom Knie lösen. Das Bein fiel runter wie ein Stein. Sie hatte kein Gefühl mehr darin. Das Bein war so dünn geworden. Ein dreiviertel Jahr lag sie schon in diesem Bett. Nur für einen kurzen Moment konnte sie dieses liegend verlassen, wenn das Bett gemacht wurde oder sie sich gewaschen hatte. Sie versuchte, mit einem Satz aus dem Bett zu kommen, um sich auf das gesunde Bein zu stellen. Sie stand und wusste selbst nicht, wie sie es geschafft hatte. Sie hüpfte unter Schmerzen zum Ausgang, rutschte auf dem Treppengeländer bis in den Keller hinunter. Sie schrie aus voller Brust: „Macht auf, ihr habt mich vergessen". Die Tür wurde geöffnet, und Rita war wütend. Alle starrten sie an, auch die Schwestern ihrer Station. „Mädel, wie hast du das geschafft?" „Wollten Sie mich wirklich da oben lassen? Hauptsache, Sie sind in Sicherheit, ich finde es eine Unverschämtheit." Sie konnte sich überhaupt nicht beruhigen. Es war das erste Mal im Leben, dass Rita so außer sich war. Sie legte sich auf den

Boden, mit dem Sitzen hatte sie ihre Probleme. Sie konnte es nicht fassen, wie sie es hinbekommen hatte, trotz ihrer schweren Behinderung in den Keller zu gelangen. Der Schmerz war einfach ausgeschaltet, und der Drang nach Überleben stärker. Sie lag im Keller, faltete ihre Hände und betete. „Lieber Gott, hilf mir und meiner Familie, dass wir den Krieg überstehen. Gib uns die Kraft und steh uns bei, dass der Krieg bald ein Ende hat.“

Hunger und Not,
Bomben und Tod,

Tränen bei Tag und in der Nacht
für Habgier und Macht.

Das Volk getäuscht und verblendet,
die Väter und Söhne im Schützengraben verendet.

Wacht auf, oh Menschheit, wo ist euer Verstand?
Gebraucht ihn! Jeder will Frieden in seinem Land!

– Karin Cieslicki –

Die Monate im Krankenhaus gingen dahin. Rita kam es wie eine Ewigkeit vor. Anfangs zählte sie noch die Tage, dann die Wochen und Monate. Ein Jahr ihrer Kindheit war ihr verloren gegangen. Dann endlich wurde sie entlassen. Sie stand in der

Halle und wartete auf ihre Mutter. Die Hüfte war nun steif, und sie musste eine Beinschiene tragen.

Langsam kam sie in das Alter, wo sie eitel wurde. Die Schiene störte sie. Einen Rock wollte sie nicht tragen, dann wäre es noch mehr aufgefallen. Die Hosen verdeckten ihren Schandfleck, wie sie ihn nannte. Die Kinder hänselten sie in der Schule. Sie nannten Rita oft Hinkefuss. Aber sie gab nicht auf, sie übte laufen, sogar mit dem Fahrrad fuhr sie. Ihr Motto war immer: „Sage nie, das kann ich nicht." Sie wollte ihre Hüfte wieder in Bewegung setzen. Ihre langen lockigen Haare und ihre Ausstrahlung gaben ihr ein liebliches Ansehen. Sie war schlank und hübsch. Im Sommer hatte sie schnell eine gebräunte Hautfarbe. Rita sah immer nach vorn und blieb optimistisch.

Der Krieg war in vollem Gange, und die Bombenangriffe auf Berlin wurden immer heftiger. Sie lagen schon lange im Bett, und die Sirenen heulten wieder auf. „Kinder, ich bleibe hier im Haus. Helga schaltete das Radio an, und man hörte: „Feindliche Flieger aus dem Raum Hannover-Braunschweig." „Ich gehe nicht in den Keller. Ihr könnt in den Bunker gehen, wenn ihr euch dort sicherer fühlt." Schnell zogen die Kinder ihre Sachen über und rannten die Treppen hinunter. Diese Wohnung war in der ersten Etage, und bis zum Bunker hatten sie noch ungefähr dreihundert Meter zu laufen. Sie rannten so schnell sie konnten.

Die Motoren der Bomber dröhnten wieder und wieder. Die Angst machte sich so in ihnen breit, dass sie ihren eigenen Herzschlag in den Ohren spürten. Der Bunker befand sich in der Nähe des Alexanderplatzes. Er war sehr groß und hatte Eingänge von allen Seiten. Er gab vielen Menschen Schutz. Oftmals war er so überfüllt, dass die Insassen darin nur stehen konnten. Alte Menschen, Mütter mit ihren Kindern und Kriegsinvaliden fanden Unterschlupf, und alle hatten die Hoffnung, den Bunker wieder lebend zu verlassen.

Das Licht flackerte bei den Angriffen. Die Notstromaggregate schalteten sich ein. Kinder weinten laut. Die Angst machte sich breit, wie der Nebel im Herbst. Einige kauerten sich nieder und beteten. Andere hatten ihr Gesicht mit den Händen verdeckt oder hielten sich die Ohren zu. In der einen Ecke saß ein alter Mann und sang leise ein Lied. Rita konnte nicht verstehen, was er sang. Es machte sich ein unangenehmer Geruch im Bunker breit. Nach Schweiß und Kot stank es, vermischt mit dem Lehmgeruch eines alten Kellergewölbes. Aus einer anderen Richtung roch es stark nach Chlor. Die beiden Mädchen hielten sich fest an den Händen und schauten sich ängstlich an. Beide sprachen kein Wort, und dennoch verstanden sie sich. Jeder wusste vom anderen, was er dachte. Die Augen verrieten, was im Inneren vor sich ging. Rita musterte die Menschen. Sie waren ausgemergelt von den Kriegsjahren, der

Hunger hinterließ seine Spuren. Viele hatten ihre Habseligkeiten mit in den Bunker gebracht. Fast jeder trug ein Köfferchen oder Leinenbündel in der Hand. Ein wenig Essen und Wasser führten die meisten als Proviant bei sich. Rita und ihre Schwester konnten nichts mehr mitnehmen, die Zeit war zu knapp. Sie gingen jedes Mal davon aus, dass der Angriff nur von kurzer Dauer wäre.

Bomben

Eine Mutter stillte ihren Säugling, er schrie ganz fürchterlich. Auch die Kleinen spürten die Angst. Ein alter Mann nahm seine Frau in die Arme und drückte sie an sich. Wer Platz fand, saß auf den Bänken, andere hatten sich auf der Erde niedergelassen. Die Toiletten waren im hinteren Bereich und wurden von dünnen Bretterwänden voneinander getrennt. Die Metallbehälter waren stark gechlort, es gab keine Wasserspülung. Der Geruch wurde immer unerträglicher. Lange musste man anstehen, wenn man sein Bedürfnis verrichten wollte. Die Kleinen machten sich in die Hosen oder pinkelten in die Ecken, auch andere Geschäfte wurden außerhalb der Toilettenbereiche verrichtet. Es waren schwangere Frauen im Bunker. Jede von ihnen hoffte nur, nicht dort entbinden zu müssen. Kinder, aber auch Erwachsene hatten Fieber. Es wurde gehustet und geniest. Die Bakterien konnten sich hier richtig wohl fühlen. Wer ganz krank war, den betreuten die Sanitäter. Für Versehrte versuchte man, eine Pritsche zu erstehen. Diese waren allerdings restlos ausgebucht. Wer Hilfe brauchte und noch ein bisschen Geld oder Gold hatte, bot es an. Andere besaßen Alkohol oder Zigaretten als Tauschware. Der Kaufmann von nebenan hatte nun den Rang eines Rechtsanwalts oder Lehrers. Alle waren sie ausgeliefert, hofften und bangten um ihr Leben, und so mancher Ungläubiger betete.

Vier Tage vergingen, und der Bunker wurde nicht nur bombardiert, sondern die Straße davor stand unter Dauerbeschuss. Der Durst war das Schlimmste. Es gab kein Wasser im Bunker. Die Leitungen waren zerstört. Die Menschen jammerten und weinten. Es roch nach Verwesung. Rita wollte zur Toilette und stand schon lange an. Die Menschen kamen ihr entgegen, ohne ihr Geschäft verrichtet zu haben. „Kind, hier kannst du nicht rein." Rita wollte sich nicht abweisen lassen. Sie schaute in den Raum hinein und traute ihren Augen nicht. Die toten Kinder, vor allem Babys, waren aufgetürmt und mit Chlor bestreut worden. Unter den Toten befanden sich auch Erwachsene. Sie drehte sich um und musste sich übergeben. Damit hatte sie nicht gerechnet. Jetzt war ihr klar, warum der Geruch immer unerträglicher wurde. Nach ihren Schätzungen waren zirka dreitausend

Menschen im Bunker, es können auch mehr gewesen sein. Zurück gekommen, berichtete sie alles ihrer Schwester. Ingrid hatte den Mund voller Ausschlag. Eitrige Pusteln zeichneten ihr Gesicht. Sie bekam schon hohes Fieber. Der siebte Tag brach an. Kein Wasser, kein Essen. Rita war eine Kämpferin und musste etwas unternehmen. Sie versuchte, zum Eingang vorzudringen, ein schwieriges Unterfangen. Überall lagen die Menschen in den Gängen. Jeder bettelte nach Wasser, es roch stark nach Urin. Endlich hatte sie sich durchgekämpft. Der Ausgang schien in Sicht. „Mädel, du kannst hier nicht raus." „Doch, ich muss Wasser holen." Sie hatte sich eine leere Konservendose ergattert und hielt sie krampfhaft in ihren Händen. „Schau raus, dort auf der anderen Seite der Straße befindet sich die Wasserpumpe. Das schaffst du nicht!" Rita erblickte die toten Menschen auf der Straße. Auch sie hatten es versucht. Den Stahlhelm auf dem Kopf und den Eimer oder die Dose in der Hand, so lagen sie tot am Boden. Es war hell draußen, und die Schützen hielten die Straße vor diesem Bunkereingang voll unter Beschuss. Jeder, der versuchte, an die Wasserstelle zu kommen, wurde ins Visier genommen. Einige wenige hatten Glück und es unter Einsatz ihres Lebens geschafft, nur ein paar Tropfen zu ergattern. „Ich muss hinaus, sonst stirbt meine Schwester. Es ist mir egal. Hier verdursten wir." Rita riss die Tür auf und rannte trotz ihrer Behinderung so schnell sie konnte. Die

Kugeln sausten an ihr vorbei. Sie erreichte die andere Straßenseite und kauerte sich nieder. Der Beschuss riss nicht ab. Sie stieg über die Toten hinweg und pumpte so schnell sie konnte das Wasser in die kleine Dose. Beide Hände füllte sie mit dem Wasser und trank in Windeseile. Sie wusch sich das Gesicht und nahm die Büchse. Wieder pfiffen die Kugeln an ihr vorbei. In geduckter Haltung erreichte sie den Bunkereingang. Eine ältere Frau öffnete ihr die Tür: „Kind, was hast du für einen Mut?" „Der liebe Gott hat mir beigestanden", entgegnete Rita. Sie kämpfte sich zu Ingrid durch. Dabei musste sie darauf achten, dass das Wasser nicht ausschwappte. Ingrid lag fiebernd am Boden. „Wo warst du, Rita? Ich habe nach dir gerufen." „Schau doch her, was ich habe, trink, dann wird dein Fieber sinken." „Wo hast du das her? Du warst nicht draußen? Rita, das kannst du doch nicht getan haben. Die Menschen werden erschossen." „Der liebe Gott hat mir wie immer beigestanden, und nun bin ich wieder hier." Sie lächelte und küsste ihre Schwester. „Ich kann dich doch nicht sterben lassen."

Die Sirene ertönte zur Entwarnung. Sieben Tage saßen sie fest. Endlich raus und durchatmen. Die Luft war rauchverhüllt. Die Menschen drängten nach draußen. Ihre Kleider waren schweißgebadet und stark verschmutzt. All dies spielte nun keine Rolle mehr. Sie lebten, und nur dieser Gedanke war von Wichtigkeit.

Jeder hoffte nun, dass sein Haus nicht zerbombt war. Die Stadt konnte man nicht mehr wiedererkennen. Ganze Straßen waren verschwunden. Häuser brannten. Aus den Kellern krochen die Menschen heraus. Kinder riefen nach ihren Müttern. Die beiden Mädchen liefen Hand in Hand in der Hoffnung, ihr Haus noch zu finden. „Hoffentlich lebt Mama noch", ging es Rita durch den Kopf. Helga wollte nicht in den Luftschutzbunker. Sie hatte Platzangst. Die Keller in den Berliner Häusern wurden durch Luftschutztüren gesichert. Die einzelnen Kellerbereiche in einer Straße waren miteinander verbunden. Zum Nebenhaus konnte man die Mauer einschlagen. Dazu hing in jedem Haus ein großer Hammer an der Wand. Wurden die Menschen in einem Gebäude verschüttet, hatten sie die Möglichkeit, in das Nebenobjekt zu flüchten. So waren sogar die Böden sowie auch die Quergebäude und Hinterhöfe miteinander verbunden und von innen verriegelt. Wurde ein Haus aber direkt von den Bomben getroffen, kam oft jede Hilfe zu spät. Viele Menschen hatten in Berlin ihr Leben schon verloren.

Sie erreichten das Haus in der Neuen Königsstraße. Es stand noch, aber ein Seitenflügel war getroffen. Er brannte. Die Feuerwehr kam schon lange nicht mehr. Die Straßen lagen teilweise in Schutt und Asche, so dass ein Durchkommen nicht möglich gewesen wäre. Die beiden

Mädchen stiegen schnell nach oben. „Mama, wir leben noch.“ Sie umarmten sich, und die Mutter weinte. Sie erzählten ihr nicht, was Rita für Mutproben veranstaltete.
„Ich dachte, dass ich euch nie wiedersehe. Dieses Mal war der Angriff so stark, ich habe nur im Keller gesessen und gebetet. Kommt Kinder, ich habe noch Kartoffeln ergattern können. Wir sind mit dem Hausobmann in das Haus nebenan und haben alle Kellerräume durchwühlt. In einer Kiste waren die Kartoffeln versteckt. Ich muss nur Feuer im Herd machen. Gas haben wir nicht. Das wurde aus Sicherheitsgründen abgestellt.“ Das Essen kam auf den Tisch, und die beiden machten sich darüber her. Sie aßen nicht, sie schlangen es hinunter. „Esst langsam, sonst müsst ihr euch übergeben.“ Ihre Mutter war eine Geschäftsfrau und trieb immer irgendwo etwas Essbares oder sogar Kaffee auf. Sie brühte ihn auf, und es machte sich ein aromatischer Geruch in der Wohnung breit. Für einen Augenblick konnte man dabei den Krieg vergessen. Rita nahm die Tasse in beide Hände, schloss die Augen und stellte sich vor, dass sie in einem Kaffeehaus säße, so, wie sie es früher erlebt hatte. „Ach, wenn der Krieg doch nur zu Ende gehen würde, ich kann es nicht mehr ertragen.“

Mutti, hast du etwas von unseren anderen Verwandten gehört?“ „Ja, Papas Nichte Erna ist mit ihren beiden Kindern in ein Konzentrationslager gekommen, und keiner hat etwas von ihnen gehört, wir vermuten nach Auschwitz. Viele von unseren Verwandten sind nicht mehr zurückgekommen. Sie wurden bestimmt alle umgebracht.“

Die Bombenangriffe rissen nachts nicht ab. Am Tage lauerten überall Heckenschützen. Der Hunger bestimmte den Alltag. Manchmal gab es nur Mehlsuppe oder gekochte Kartoffelschalen. Altes Brot wurde zu Suppe gekocht. Es zehrte an den Kräften der Menschen. Sie waren zu allem fähig, um nur etwas Essbares aufzutreiben. Man aß nicht nur Katzen, die Menschen machten sich oft genug über Pferde her, die beim Bombenangriff getroffen wurden. Die Pferdeleiber schienen im toten Zustand übernatürlich groß. Jeder, der konnte, nahm sich ein Behältnis und schnitt so viel heraus, wie er tragen konnte. In den Berliner Hinterhöfen befanden sich Kuhställe, dort wurden auch Hühner und anderes Kleinvieh gehalten. Dabei gab es oftmals Streitigkeiten und Prügeleien. Die Menschen wurden zu Hyänen. Es war in der Großstadt anders als auf dem Land. Wurde so ein Kuhstall von den Bomben getroffen, wühlten sich die Menschen durch die Trümmer, um auch an dieses Fleisch zu kommen. Die Katzen wurden geschlachtet und abgezogen als Kaninchen verkauft. Den Menschen war es egal, der Hunger half über so manchen Ekel hinweg. Wer wusste so genau, was alles über die Fleischtheke gereicht wurde? Aus Brennnesseln hat man

Tee und Suppe gekocht, alles was so wuchs und genießbar war, wurde verzehrt. Wer am Randgebiet von Berlin wohnte, hatte noch die Möglichkeit, auf den Äckern zu stehlen. Öffentliche Verkehrsverbindungen gab es nicht mehr. Der Schienenverkehr war unterbrochen oder für die letzten Transporte der Front vorgesehen. Es war nicht einfach, in einer Millionenstadt zu überleben, wenn der Hunger an die Tür klopfte. Organisationstalent war gefragt. Nur der Stärkste konnte dem Elend trotzen.

Im Bunker herrschten wieder die gewohnten Zustände. Total überfüllt, saßen die Menschen oder standen in den Gängen. Es wurde gemurmelt, dass Berlin befreit würde. Es dröhnten Panzer in den Straßen, und die Russen sowie die Amerikaner hatten die Stadt eingenommen. Plötzlich gab es eine Unruhe im Bunker. An allen Ausgängen wurden die Luftschutztüren geöffnet. Russen betraten von einer Seite den Zufluchtsort. Sie gingen sehr ungehalten und forsch auf die verängstigten Menschen zu. Diese wurden aufgefordert, sich an die Wand zu stellen. Die russischen Soldaten hatten ihre Gewehre im Anschlag. Die Menschen zitterten, die Frauen und Kinder weinten. Wer widersprach, wurde sofort zusammengeschlagen. Ein älterer Mann bekam seinen Widerstand mit dem Gewehrkolben zu spüren. Er brach blutüberströmt zusammen. Die Frauen hatten um ihre Mädchen Angst. Sie wickelten ihnen

vorsorglich Tücher um den Kopf, so täuschten sie ein „altes" Aussehen vor. „Frau komm", schrie der eine Soldat eine Frau an. Sie wehrte sich und rief um Hilfe. Rita hatte alles mit ansehen müssen. Er zerrte die Frau in eine dunkle Ecke und riss ihr die Kleider vom Leib. Er verging sich an Ort und Stelle vor allen Leuten an ihr. Die anderen Soldaten folgten ihm. Nachdem der sechste sie missbraucht hatte, ließen sie von ihr ab. Sie lag dort blutverschmiert und weinte fürchterlich. Rita hatte ihr Gesicht hinter ihren Händen verborgen. Sie spürte große Angst. Was sollte nun werden?
Aber das Martyrium nahm kein Ende. Die alten Männer mussten sich aufstellen. „Uhri, Uhri", brüllten die „Befreier". Einer rief in die Menge: „Der Krieg ist aus!" Die anderen Soldaten plünderten und nahmen, was die Leute so an Schmuck und Uhren bei sich trugen. Ein Opa wollte sich nicht von der Taschenuhr trennen. Sie hing an der Kette, und der Soldat zog sie aus der Manteltasche heraus. Er bettelte: „Lass sie mir, sie ist ein Andenken an meine Frau". Der Uniformierte nahm die Pistole und richtete sie auf den Mann. „Nein", brüllte es aus der Menge. Der Knall übertönte alles. Der alte Mann war hingerichtet worden, nur für eine Uhr! Die Menschen verstanden nichts mehr. Viele schreckliche Geschichten über die russischen Soldaten hatten sie im Vorhinein schon gehört. Wenn diese kommen, so sagte man, werden die Deutschen nichts mehr zu lachen haben. Was alles in Russland von den Deutschen

angerichtet wurde, sollte sich jetzt rächen. „Was können wir dafür? Ingrid, ich verstehe es nicht. Ich dachte, wir sollen befreit werden?“ „Sei bloß still, sonst holen sie uns raus, willst du auch vergewaltigt werden?“ Sie ermahnte Rita energisch. Nun wurden die Menschen gruppenweise aus dem Bunker getrieben. Alles drängte sich zu den Ausgängen. Die Sonnenstrahlen konnten die Erde nicht streicheln. Die von Asche und Rauch verhüllten Ruinen waren kaum zu erkennen. Die Menschen verließen den Bunker und versuchten, sich zu orientieren. Sie waren wieder drei Tage eingesperrt, und nun soll alles anders werden. Die Vergangenheit ist gelebt. Es muss eine bessere Zukunft geben!

Viele konnten ihre Häuser nicht mehr finden, sie gingen ohne Ziel verzweifelt durch die Steinwüste. In der Hoffnung, eine Bleibe oder etwas Essbares zu entdecken, durchforsteten sie alle Trümmer. Manche hatten Glück im Unglück und trafen auf Kellerhöhlen, die dem Angriff noch etwas Widerstand gaben. Dort verkrochen sie sich. Andere fanden Verwandte oder Bekannte wieder und konnten dort vorläufig unterkommen. Sie durchsuchten die Wohnungen und holten sich Dinge, die ihnen das Leben wieder lebenswert machten. Die Fenster waren meistens zerborsten. Holz wurde davor genagelt und gab den Menschen nachts noch Schutz vor der Kälte. Am Tage wärmte die Maisonne schon einigermaßen, doch des Nachts legte sich die Feuchtigkeit wie ein kalter Schleier auf die Erde nieder. Die, die überlebt hatten, waren voller Zuversicht und versuchten den Lebensrhythmus wieder zu finden. Die Frauen hofften darauf, dass ihre Männer, Söhne und Brüder zurückkehren in die Heimat. Viele hatten schon die Nachricht vom Tod erhalten. Andere wussten nicht, wo die Männer geblieben waren.

Was sich in der Stadt so abspielte, konnte man nur vage erahnen. Die Wohnung von Rita und ihrer Familie war auch von den Bomben getroffen worden, und so organisierten sie sich eine neue.

Sie betraten die Behausung und trauten ihren Augen nicht. Die Lichtschalter und Steckdosen waren aus der Wand gerissen. Der Hausobmann machte ihnen klar, dass das vorwiegend Mongolen angerichtet hatten. Diese Elektroteile entfernten sie, weil sie annahmen, dass so der Strom aus der Wand kam. Ebenso geschah es mit den Wasserhähnen. Das Schlimmste aber war, dass die Badewanne bis oben hin voller Exkremente war. Die Toilette benutzten sie zum Waschen der Füße und zum Reinigen der Kartoffeln. Die Mädchen konnten sich überhaupt nicht vorstellen, dass Menschen so unzivilisiert waren. Alle machten sich an die Arbeit und waren trotzdem glücklich, eine Bleibe zu haben. Ein paar alte Möbel standen noch in den Zimmern, auch das Küchenbuffet war gut erhalten. Die Wohnung lag voller Staub. Alle packten an und versuchten, sie etwas gemütlicher zu gestalten. Endlich ein eigenes Dach über dem Kopf! Ein besseres Leben würde wieder beginnen. Der Krieg war zu Ende, es konnte nur noch aufwärts gehen, so dachten sie. Aber es kam anders. Die Angst vor den „Befreiern" wich nicht von ihnen. Sie war ihnen ein ständiger Begleiter. Männer waren kaum noch da, die Beschützer fehlten. Wenn, konnte man nur alte Greise oder Kriegsinvaliden sehen. Von ihnen war keine Hilfe zu erwarten, zumindest nicht, was den Schutz der Frauen betraf. Die jungen Mädchen machten sich nun zu alten Frauen. Sie schlangen sich wieder geschickt die Kopftücher um, so dass sie älter wirkten. Jedes Mädchen in der Pubertät wäre nun stolz gewesen, sich schön herauszuputzen. An eine modische Frisur oder an schöne Kleidung war nicht zu denken. Vergewaltigungen blieben an der Tagesordnung. Viele Frauen ließen sich ein mit den Russen, um Vorteile zu erlangen. Sie gingen mit ihnen aus, boten sich zum Sex an. Prostitution für ein Brot oder etwas Wurst. Man konnte es teilweise verstehen, mussten sie doch so lange auf alles verzichten. Der Hunger hinterließ seine Spuren. Zu den Kindern waren die russischen Soldaten immer gut. Sie gaben ihnen Brot, und bei der Rationsverteilung erhielten sie meistens einen gesonderten Zuschlag. Sie nahmen sie auf den Arm und ließen sich mit ihnen fotografieren. Aber wehe, sie entdeckten einen Rockzipfel!

Rita war nun schon 16 Jahre alt. Auch ihr wurde von der Großmutter und ihrer Mutter ständig eingebläut, sich vor den Soldaten zu schützen. Sie war noch nicht aufgeklärt worden. Teilweise spielte sie noch mit Puppen. Sie bekam von ihrer Schwester und ihren Freundinnen das eine oder andere mit. Aber Interesse an den Männern hatte sie noch nicht. Sie saß mit Hanni, ihrer Großmutter, in der Küche, und sie wollten gerade Abendbrot essen. Sie hörten schon das Gepolter der Stiefel im Treppenhaus. Manchmal verstummte es in den untersten Etagen, und man vernahm dann ein fürchterliches Geschrei in den Wohnungen. Dieses Mal aber verstummten die Laute der Stiefel nicht. „Rita, verstecke dich sofort im Küchenschrank, ich habe das ganze Geschirr oben herausgenommen", sagte ihre Großmutter. Hinter der Glasscheibe war eine Gardine aus blauem Bauernkaro gespannt. Rita musste dort hinaufsteigen und sich ganz klein machen, damit es nicht auffiel.

Die Soldaten polterten gegen die Tür. Sie klingelten nicht, traten die Tür ein. Es stellten sich fünf junge Burschen in den Eingang.

Die Oma stand da und zitterte am ganzen Leib. „Frau mitkommen, dawai, dawai. Wo noch Frau?" „Nix Frau, nur ich", weinte Oma jämmerlich. Sie stießen Oma vor sich her, so dass sie beinahe die Treppe hinunterfiel. Sie zogen ihr im Hausflur den Rock vom Körper, zerrissen die Bluse und vergewaltigten sie, einer nach dem anderen.

Ihre Oma kroch auf allen Vieren die Treppen nach oben. Sie konnte vor Schmerz und Scham ihre Augen nicht öffnen. Entblößt stand die alte Frau in der Tür. Die Strümpfe hingen zu Boden. Ihre Augen richteten sich auf den Küchenschrank, den nun Rita vorsichtig öffnete. „Oma, was ist passiert?" Rita konnte sich das nicht so recht vorstellen. Doch nun weinte sich Oma alles von der Seele. „Kind, pass bloß auf dich auf!"
Rita lag abends lange wach. Ihre Oma opferte sich für sie. Sie wollte es Rita ersparen, so die ersten Erfahrungen mit einem Mann zu haben. Aber es waren in den Augen der Oma keine Männer, sie waren wie Tiere. Was ist ihren Frauen in der Heimat alles widerfahren? Die Deutschen haben ihre Dörfer überfallen, hatten ihren schwangeren Frauen die Bäuche aufgeschlitzt oder sie erschossen und brannten alles nieder. Bei manchen von ihnen war nur noch Hass in den Augen zu sehen. Es gab aber auch anständige Soldaten unter ihnen. Es kam immer darauf an, aus welchen Gebieten sie stammten. Es entstanden Freundschaften mit den Deutschen, und sie berichteten aus ihrer Heimat. Schreckliche Dinge, die dort der Krieg mit sich brachte. Aber die deutsche Bevölkerung hatte zum Ende hin doch an eine Befreiung geglaubt. Ihre Helden waren in den Krieg gezogen. Manche freiwillig und voller Nationalstolz, die

anderen wurden zwangsweise einberufen und verheizt. Geschunden, gequält, verhungert, erfroren, erschossen und irgendwo verscharrt oder von den Wölfen gefressen. Die Frauen bangten um ihre Kinder und Männer, und sie gaben die Hoffnung nicht auf, dass sie doch zurückkommen würden. Was hatte der Krieg ihnen auferlegt, dass sie sich solchen Prüfungen stellen sollten? Sie krochen aus den Ruinen, das Leben ging weiter, irgendwie. Straßen waren nicht mehr zu erkennen. Hier und da blieb ein Haus von den Angriffen verschont. Aber es war kein Straßennetz mehr vorhanden. Alle packten an. Die Trümmerfrauen klopften und ordneten die Steine. Die Kinder spielten in den Ruinen und waren froh, dass sie das Geheule der Sirenen in der Nacht nicht mehr hören mussten. Sie waren körperlich und nervlich alle geschädigt. Sie hatten Schlafstörungen, jedes ungewohnte Geräusch ließ sie zusammenzucken. Und doch versuchten sie zu lachen und strahlten, wenn sie etwas zwischen den Zähnen hatten. Die Sonne streichelte ihnen über den Kopf. Die Vögel sangen in einer ungewohnten Weise. Es hörte sich alles so friedlich an. Das Grün der Bäume erfreute sie, und der Duft vom Flieder beflügelte ihre Sinne neu. Die Frauen ruhten sich in der Mittagssonne von der schweren Arbeit aus. Sie packten ihre Brote aus und setzten sich zur Pause auf einen Mauerrest. Die Augen geschlossen, der Sonne entgegen, genossen sie die Strahlen, die über ihre Wangen huschten. Es fühlte sich gut an, nun endlich wieder den Frieden zu genießen. Das Chaos war groß, aber es war Frieden. Alles andere würde sich finden!

Schreckliche Erlebnisse

Rita hatte eine Lehre als Krankenschwester begonnen. Sie war mit Begeisterung dabei. Die Krankenhäuser waren immer noch voll mit Verwundeten und vielen alten Menschen, die vom Krieg gezeichnet waren. Das vergangene Elend war ihnen deutlich anzusehen. Die Augen waren die Fenster zur Seele. Es gab wenig Strahlen in ihnen. Der Blick war erschütternd und leer.

Als Schwesternlehrling musste Rita die Nachttöpfe reinigen, die Zimmer säubern und den alten Gebrechlichen beim Waschen helfen. Voller Elan betrat sie, wie jeden Morgen, das Zimmer mit den drei alten Damen. „Guten Morgen, es ist schon sieben Uhr, wollen Sie gar nicht aufstehen?“ Es kam keine Antwort. Sie ging näher an die Betten heran und sah mit Entsetzen, dass über alle drei Frauen weiße Tücher gelegt waren, auch über ihre Gesichter. Rita erschrak fürchterlich und wollte aus dem Zimmer rennen, als die Oberschwester den Raum betrat. „Mädchen, hier solltest du heute nicht hinein!“ „Was ist mit den Frauen, die regen sich nicht mehr?“ „Ach, das ist nichts weiter, sie sind eben heute Nacht alle zusammen gestorben.“ Rita war so fertig mit den Nerven. Sie setzte sich auf dem Flur hin und weinte.

Abends versuchte Rita, Trost bei ihrer Mutter zu finden. „Mama, sie können doch nicht alle gleichzeitig sterben. Das will mir nicht in den Kopf“, rang Rita nach Erklärungen. Es konnte doch nicht sein, dass drei Frauen, die sich immer auf sie so freuten, die ihr ab und zu etwas zusteckten und so voller Hoffnung auf ihre Genesung waren, nun tot sein sollten. Helga schüttelte nachdenklich den Kopf. Auch sie wusste keine Lösung und grübelte über das Geschehen. „Ich muss immer an Deinen Vater denken, was damals wirklich passiert ist. Fragen, die uns niemand beantworten wird.“

Rita hatte Angst, nach diesem Vorfall hier weiter zu arbeiten. Sie war ja auch eine Halbjüdin. Sie war sich nicht mehr sicher. Sollte das alles doch noch kein Ende gefunden haben?

Ihre Mutter hatte einen Stand im Freien zwischen den Ruinen aufgemacht und verkaufte alles, was sie so auftreiben konnte. Der Schwarzmarkt blühte, es wurde mit allen möglichen Dingen gehandelt. Legal und illegal. Sie verkaufte Pantoffeln, Kurzwaren, gebrauchte und neue Kleidung. Am Stand halfen auch Hanni und der neue Ehemann von Helga.

Das Geld reichte oftmals nicht, um Essen einzukaufen. Viele Sachen wurden getauscht. Frisches Gemüse holte man sich nachts von den Feldern. Dazu gingen meistens die Männer, aber auch mutige Frauen zum „Hamstern." Sie sprangen auf die Güterzüge auf und fuhren an den Stadtrand von Berlin oder etwas weiter.

„Rita, komm doch bitte, ich habe hier noch ein Armband. Heut' kommt um fünfzehn Uhr ein Käufer. Du triffst dich mit ihm in der Linienstraße 7 vor dem Haus. Dafür gibt er dir Lebensmittelscheine. Ich habe alles mit ihm abgesprochen." Rita war das nicht recht. „Warum ich, kann Ingrid nicht dort hingehen?" „Hab dich nicht so, was soll passieren?"

Sie stand vor der verabredeten Haustür, als ein großer Mann im Lodenmantel mit Hut erschien. Er stellte sich unter dem verabredeten Namen vor und ließ sich den Armreif zeigen. Es war gutes Gold. Der Reif, das Andenken von Helgas Freundin, war eine Schlange, und am Kopf befanden sich Diamanten und Rubine. „Ich gehe nur hinauf in die Wohnung und hole die Scheine. Warte bitte hier." Es verging eine viertel Stunde, und er kam nicht wieder. Rita wurde unruhig und schaute in den Hausflur. Alle Häuser in den Parallelstraßen waren über die Hinterhöfe miteinander verbunden. Man ging vorne hinein, meistens durch zwei Hinterhöfe und kam auf der Parallelstraße wieder hinaus. Und so hatte er es getan. Er war geflohen. Wie sollte sie es nur ihrer Mutter verständlich machen? Ein ungutes Gefühl hatte Rita von vornherein gehabt. Betrüger gab es wie Sand am Meer. Das Motto in diesen Tagen war: Fressen oder Gefressen werden.

„Du bist wirklich zu nichts zu gebrauchen", herrschte Helga ihre Tochter an.

Abends musste Rita dennoch oft geschäftliche Dinge für ihre Mutter erledigen. Dabei kam sie an einem Fabrikgelände vorbei. Die Russen waren damit beschäftigt, dort alles, was sie meinten, mitnehmen zu müssen, abzubauen. Sie trugen geschäftig große Maschinenteile und viele Kisten aus dem Werksgelände. Rita und ihre Freundin wussten nicht, wie sie an ihnen vorbei sollten. Gemeinsam versteckten sie sich in einem Pförtnerhaus hinter Säcken. Sie mussten warten, bis die Soldaten alles auf den Lastwagen aufgeladen hatten. Das Herz pochte ihnen bis zum Hals. Abends sollten die Mädchen nicht mehr auf die Straße, es hatte zwar mit den Vergewaltigungen schon nachgelassen, aber man musste es nicht herausfordern. So hockten sie voller Angst eine Stunde dort, bis sie ihren Weg fortsetzen konnten.

Ihre Mutter arbeitete am Tage, aber manchmal auch nachts. Ihr neuer Mann verstand es nur zu gut, sie auszunehmen. Für die Mädchen war kein Geld da. Die Kleider wurden zusammengestückelt, wie eh und je.

Ritas Oma hatte inzwischen wieder einen Stand in der Ackerhalle. Sie verkaufte Bockwürste. Die aufgeplatzten bekamen sie und ihre Schwester zu essen, auch diese machten satt.

Ihre Oma wurde immer gebrechlicher, und eines Tages hatte Helga den Stand übernommen. Nachdem ihr Ehemann den kleinen Laden, den sie sich aufbaute, in den Ruin getrieben hatte, war sie nun dankbar, ein kleines Büdchen weiterführen zu können. Rita war nun schon 18 Jahre alt und arbeitete hier und da, wo sie einen Job bekam. Sie wohnte noch bei ihrer Mutter. Zu den Freunden der Mutter hatte sie immer ein gespaltenes Verhältnis. Sie zog sich in ihr kleines Zimmer zurück und sehnte sich nach einer eigenen Wohnung. Rita war trotz alledem nie unzufrieden. Ihr Motto war stets, wenn sie nichts erwartet, kann sie auch nichts enttäuschen. Somit freute sie sich riesig über alles, was sie sich selbst erarbeitete oder was man ihr schenkte.

TEIL II – RITA

Erwachsensein

Mit neunzehn lernte sie ihren ersten Freund kennen. Er hieß Kurt. Ein Jahr später verliebte sie sich in den ehemaligen Freund ihrer Schwester. Ingrid hatte ihn abblitzen lassen, wie sie immer sagte. Er war ein „Tausendsassa“, aber ein Organisationstalent, und er schaffte Essen und viele andere Dinge heran. Legal und illegal, wie es alle Durchschnittsbürger taten. Zusammen bezogen sie ihre erste Wohnung. Es war ein Zimmer mit Kochnische. Die Toilette befand sich im Treppenhaus und wurde von vier weiteren Familien benutzt. Ein Bad war nur Illusion. Sie waren so glücklich. Die Einrichtung bestand aus einem Eisenbettgestell, was bei jeder Bewegung fürchterliche Geräusche von sich gab. Dann hatte Rita immer noch ihren alten Kleiderschrank, den sie schon zur Kinderzeit besaß. Er hatte bei der Bombardierung gelitten, und das war deutlich zu sehen. Sie hing an diesem Schrank. Außer ein paar Fotos und diesem Möbelstück war ihr nichts aus ihrer Kindheit geblieben.

Sie verfügte noch über einen alten Küchentisch mit vier verschiedenen Stühlen. Das war die ganze Habe. An Gardinen mangelte es. Rita besorgte sich Mull aus der Apotheke und heftete diesen zusammen. Die Vorhänge waren fertig - Not macht erfinderisch. Man musste sich nur zu helfen wissen, hießen immer ihre Worte. Trotz des schweren Starts waren sie glücklich. Das Jahr 1949 hatte gerade begonnen. Ein eigenes Heim, keinen Stiefvater mehr ertragen zu müssen, all das ließ sie in Zufriedenheit versinken. Es war ein schneller Sprung von der Kindheit ins Erwachsensein.

Rita hatte 1954 schon zwei Kinder. Ihre Mutter Helga wohnte in der Zwischenzeit in Westberlin. Als die DDR gegründet wurde, verließ Helga ihre Wohnung in der Neuen Königsstrasse/Berlin Mitte und zog nach Westberlin. Da sie sozusagen flüchtete, ließ sie alle Möbel in ihrer Wohnung zurück. Auch Rita traute sich dort nicht mehr hin, sie wollte keine Repressalien. Gerne hätte sie ein paar Möbel gehabt, doch die Angst besiegte ihre Wünsche. Angst, die sie schon oft kennen gelernt hatte. Ihre Mutter kam gelegentlich zu Besuch. Rita fuhr mit den Kindern gern in den Westen. Sie hatte dort eine Putzstelle bei einer Bekannten angenommen. Es war die zweite Ehefrau des Mannes, der mit der Nichte ihres Vaters verheiratet war. Die Nichte und die beiden kleinen Kinder waren in Auschwitz umgebracht worden.

Ab und zu schenkte ihr ihre Mutter ein paar Kleinigkeiten, wie Kaffee oder Strümpfe. Es war aber eher selten. Helga schien immer in Eile und so verliebt in ihren Freund, dass sie darüber die

Kinder oder Enkel vernachlässigte. Sie arbeitete weiterhin sehr viel und hetzte von einem Ort zum anderen. Da die Oma von Rita den Bockwurststand in der Ackerhalle an Helga übergab, hatte sie wenigstens dort ein kleines Einkommen. Zusätzlich arbeitete sie noch in einem Kiosk.

Einen Tag vor Heiligabend klingelte es an der Tür. Der Hausflur war dunkel. Das Haus, in dem Rita mit ihrer Familie wohnte, befand sich im zweiten Hinterhof in der Strelitzer Straße im Bezirk Mitte.

Man bekam schon ein Gefühl von Unbehagen, wenn man durch die Hausflure und Hinterhöfe ging. Es roch vermodert. Die Häuser waren fast alle, bedingt durch die Bombenangriffe in Berlin, in Mitleidenschaft gezogen worden. Der Putz rieselte von den Wänden, und innen sahen die Treppenhäuser nicht anders aus. Warum auch immer, aber meistens waren sie in dunklem Grün oder Braun gehalten. Die Geländer waren gedrechselt, doch fehlten oftmals Stäbe. Sie wurden als Heizmaterial verwendet. Rita hatte nun schon eine Zweizimmerwohnung auf dem Hinterhof, und das war eine Errungenschaft.

Sie öffnete die Tür. „Mama, komm rein, ich habe gerade Kaffee gekocht, Westkaffee, lud Rita ein. Beide Frauen waren leidenschaftliche Kaffeetrinkerinnen. „Ich wollte nur etwas für die Kinder zu Weihnachten abgeben“, sagte Helga. „Mama,

bleib doch über Weihnachten." „Nein, ich habe keine Ruhe, und du weißt doch, dass ich nur in meinem Bett schlafen kann." „Komm, erzähle, was es Neues gibt bei dir", ließ Rita nicht locker. „Oma muss in ein Altenheim, sie kann nicht mehr alleine bleiben. Ich habe keine Zeit, und du weißt, dass mein Mann nicht möchte, dass sie zu uns zieht. Ich werde für sie ein gutes Haus finden. In Biesdorf lebt mein Bruder, er hilft mir bei der Suche", führte Helga aus.
„Ja, Mama, wenn du meinst."

Es wurde schon dunkel, das Tageslicht drang auch am Tage sehr spärlich in die Räume der Wohnung. Die Hinterhöfe waren in Berlin sehr eng bebaut, und die Fenster musste man wegen der Kälte mit Decken abhängen. Sie waren nur einfach verglast, und die Eisblumen verdunkelten das wenige eindringende Licht zusätzlich. Nur die Kochmaschine in der Küche wurde geheizt und ein Zimmer, denn dort hielt man sich am meisten auf.

„Rita, ich muss los", meinte Helga schließlich. „Mama, Erwin hat für dich eine Weihnachtsgans besorgt, das ist unser Weihnachtsgeschenk." „Da freue ich mich, einen Weihnachtsbraten haben wir noch nicht", entgegnete die Mutter. „Lasst es euch schmecken, ich komme nächste Woche mit den Kindern zu dir, wenn dein Gustav arbeiten ist." Rita nahm ihre Mutter in den Arm und küsste sie auf die Wange: „Frohe Weihnachten wünschen wir euch und bleibt schön gesund. Versteck die Gans gut, du weißt, die Kontrollen auf den Bahnhöfen sind streng."

Rita konnte es nicht verstehen, dass ihre Mutter am Heiligen Abend nicht bei ihnen war. Aber sie hatte es nie so mit den Enkeln. Sie war immer wie ein gehetztes Wild.

Es war schon nach 22 Uhr, als es an der Tür klingelte. Rita wollte gerade zu Bett gehen, da Erwin, ihr Mann, noch arbeiten war. Sie zog sich ihren Morgenmantel über und fragte vorsichtig an der Tür: „Wer ist da?" „Hier ist die Polizei, bitte machen sie auf." Rita bekam einen Schreck. Die Hände zitterten, und alles Mögliche ging ihr durch den Kopf. Ist etwa was mit Erwin passiert? Sie öffnete zaghaft die Tür. „Ja bitte, um was geht es denn?", fragte sie angsterfüllt. „Können wir hereinkommen?" Die Uniformen der beiden Männer flößten ihr großen Respekt ein. „Sind Sie Frau Schulz?" „Ja, das bin ich", gestand Rita. „Und Ihre Mutter ist Frau Brodeleit?" „Ja, das ist richtig." „Wir kommen, weil Ihrer Mutter etwas zugestoßen ist." „Wieso, sie war doch heute noch bei mir, vor ein paar Stunden." „Ja, was sollen wir sagen? Es tut uns unendlich leid, Ihnen mitteilen zu müssen, dass Ihre Mutter tot ist." Rita konnte es nicht begreifen, sie lief ein paar Schritte rückwärts und bekam gerade noch die Lehne des Küchenstuhls zu fassen, um sich niederfallen

zu lassen. Sie weinte einfach los. Sie bekam kaum noch Luft. Die Beamten standen wie versteinert da und wussten nicht so recht, wie sie Rita trösten könnten.
„Wie ist es geschehen?“, fragte Rita mit verheultem Gesicht. „Ja, Ihre Mutter kam uns auf dem Bahnhof entgegen, wir hatten sie nicht kontrolliert, sie brach einfach zusammen, und jede Hilfe kam zu spät. Wir riefen gleich nach einem Arzt, aber der konnte nur noch den Tod feststellen. Als wir dann in ihrer Tasche nach den Ausweispapieren suchten, fiel uns auf, dass sie eine Gans bei sich hatte. Sie bekam, so befürchten wir, vor Angst und Schreck einen Herzschlag. Es tut uns so leid, bitte, wir haben Ihnen die Gans mitgebracht.“
Rita weinte nun erst recht los. Sie hatte ihr den Weihnachtsbraten geschenkt, und nun war sie tot.
„Bitte, es tut uns selbst sehr weh, wenn wir das so mit anhören. Wir haben wirklich nichts gemacht.“
„Bitte nehmen Sie die Gans mit, ich bekomme sowieso keinen Bissen herunter.“ „Wir bitten Sie, sich morgen im Krankenhaus Friedrichshain zu melden, um alles Weitere zu veranlassen.“ Sie verabschiedeten sich und ließen Rita mit ihrem Kummer allein.
Die Kinder schliefen schon, und für Rita brach eine Welt zusammen. Ihre Mutter war erst 48 Jahre alt. Ihren Vater hatte sie schon früh verloren und nun noch die Mutter. Obwohl sie ein reserviertes Verhältnis zu ihr hatte, warf ihr Rita niemals irgendetwas vor. Sie liebte ihre Mutter so

wie sie war. Selbst war Rita noch eine junge Frau und hätte bestimmt so manchen Rat gebrauchen können. Nun musste sie gemeinsam mit Ingrid die Beerdigung vorbereiten.

Sie wurde auf einem Friedhof im Bezirk Berlin-Pankow beerdigt.

Ein Andenken an ihre Mutter bekam Rita nicht ausgehändigt. Ihr letzter Partner hatte sich alles buchstäblich unter den Nagel gerissen und war verschwunden. Auf solche Männer war ihre Mutter ihr Leben lang reingefallen. Nach dem Tod ihres ersten Ehemannes hatte sie einfach kein Glück mehr. Sie fand ihre letzte Ruhe auf dem Friedhof, genau im Grenzgebiet.

Rita und ihre Familie bezogen eine Wohnung in der Bergstraße im Bezirk Berlin-Mitte, und später zogen sie in die Linienstraße, fast an der Prenzlauer Allee. Dort waren sie stolze Mieter der ersten Etage im Vorderhaus. Es handelte sich um eine Dreizimmerwohnung mit Innentoilette. Diese war mit nur einer Bretterwand von der Küche abgeteilt worden und besaß auch kein Fenster oder einen Abzug. Die Häuser hatten zwei Hinterhöfe sowie das Quergebäude. Wenn man über die Höfe lief, kam man an der anderen Seite auf der Parallelstraße wieder heraus. Im zweiten Hinterhof befand sich eine Hufschmiede. Die Pferde wurden durch den Hausflur von der

Linienstraße aus dort hinein gebracht. Alle Mieter hatten Angst, wenn die Pferde durch den Hausflur galoppierten. Sie rannten so schnell sie konnten die Treppen hinauf. Unweit der Hufschmiede befand sich noch ein Kuhstall. Das war 1956 mitten in Berlin immer noch so. Von dort konnte man jeden Tag frische Milch holen. Der Bäcker nebenan hatte sein Geschäft im Keller. Wenn man bei ihm Kuchen kaufte, krabbelten immer Ameisen. Rita konnte nicht verstehen, warum diese Bäckerei nicht geschlossen wurde. Sie kaufte dort nicht mehr ein. Die nächste Bäckerei war in der Neuen Königsstraße, gleich um die Ecke. Dort befand sich auch die Fleischerei. Textilien bekam man im Kinderkaufhaus am Alexanderplatz. Dort konnte man von der Prenzlauer Allee mit der Straßenbahn hinfahren. In der Nähe des Alexanderplatzes stand noch lange eine Bombe aus dem zweiten Weltkrieg - als Mahnmal. Später wurde sie entfernt. Sie war auf einem begrünten Rondell positioniert, so dass man sie nicht übersehen konnte.

Viele kleine Geschäfte waren in den Straßen verteilt, ob eine Wäscherei, eine Zoohandlung, ein Schuster und mehr. All diese Läden wurden später aufgegeben, als die Häuser dem Abriss zum Opfer fielen.

Die Wohnung war der ganze Stolz von Ritas Familie. In der Küche stand eine Kochmaschine, die man auch im Sommer heizen musste, um darauf

zu kochen. Sie hatten anfangs keine Möbel in der Küche. Rita war immer sehr einfallsreich gewesen. Sie nahm ihre Kinder, borgte sich bei einer Nachbarin einen Leiterwagen und lief damit zur Pfandleihe in der Oranienburger Straße. Dort waren regelmäßig Versteigerungen. Sie ersteigerte eine alte Küche für 5,00 Mark. Sie bestand aus einem Küchenbuffet mit Ober- und Unterteil, einem Küchentisch mit einem Waschtischauszug und zwei Schüsseln für den Abwasch, außerdem einer Badebank und zwei Stühlen. Sie hatte sehr viele Gebrauchspuren, aber ein neuer Anstrich würde alles richten.
Ein älterer Mann half ihr, alles aufzuladen und zu verschnüren. Sie zog den Karren bis vor ihre Haustür. Die Kinder hatten auch noch Platz auf dem Leiterwagen. Zu Hause angekommen, half ihr die Nachbarin beim Tragen. Man kann eher sagen, mehr gezogen als getragen. Farbe hatte sie noch vom Schwiegervater, und so machte sie sich gleich an die Arbeit. Es stank fürchterlich nach frisch Gestrichenem, aber so sah sie schon gut aus. Wenn Erwin, ihr Mann, nach Hause kommt, würde er staunen. Rita konnte den Abend nicht erwarten. Leider musste ihre neue Errungenschaft erst trocknen, so konnte sie noch nichts einräumen.

Von der Küche kam man in die Wohnstube, von dort in das Schlaf- und Kinderzimmer. Ein Schlafzimmer bekam sie von dem Ehemann der

Nichte ihres Vaters geschenkt. Es bestand aus echtem Eichenholz mit Rosenschnitzerei. Die Nachtschränke waren jeweils mit einer Marmorplatte abgedeckt. Der Kleiderschrank wirkte sehr groß und hatte eine Tischplatte zum Ausziehen, worauf die Wäsche zusammengelegt werden konnte. Es handelte sich um herrschaftliche Möbel, die bestimmt schon bessere Zeiten erlebt hatten.

Rita war mit ihrem heutigen Leben zufrieden. Sie brachte sich das Nähen und Stricken bei. Sie renovierte allein die Wohnung. Rita versuchte alles, was das Leben ihr abverlangte.

Ihr Spruch war immer:
Sage nie, das kann ich nicht,
vieles kannst du, will`s die Pflicht.

Alles kannst du, will`s die Liebe;
drum dich auch im Schwersten übe,

vieles fordert Lieb‘ und Pflicht.
Sage nie: „Das kann ich nicht“.

(Unbekannter Verfasser)

Sie hatte immer großes Gottvertrauen, und ihre Gebete halfen ihr stets im Leben. Auch als einmal beinahe etwas Schreckliches passiert wäre.

Kinobesuch

Erwin wollte ins Kino. Sie besaßen zu Hause nur ein altes Radio, eine „Göbbelsschnauze“, wie es im Volksmund genannt wurde. Das Filmtheater Babylon war nicht weit, und so bat Erwin seine Frau, mit ihm dorthin zu gehen. „Nein, ich habe keine Ruhe, die Kinder sind noch so klein“. „Komm, sie schlafen, und in zwei Stunden sind wir wieder da. Der Film geht nur eine gute Stunde, und vorher ist noch die Wochenschau“, überredete er sie: „Wir lassen das Licht im Schlafzimmer an.“

Rita saß im Kino und konnte sich nicht auf den Film konzentrieren. Ihre Gedanken waren bei den Kindern. Sie war so nervös und hatte ihre Arme angewinkelt, wie sie es immer tat, wenn ihr irgendetwas nicht passte, und sie spielte dabei mit ihren Fingern der rechten Hand auf der Wange. Endlich war der Film zu Ende. Sie sprang auf und lief so schnell sie konnte nach Hause. Erwin hatte zu tun, ihren großen Schritten zu folgen. Oben angekommen, lief sie ins Schlafzimmer. Die Kinder lagen im Ehebett, das direkt unter der Deckenlampe stand. Es flogen schon abgebrannte Stofffetzen, die sie als Verdunkelung über die Lampe geworfen hatte, auf das Federbett nieder. Rita wurde blass und betete zum lieben Gott. Sie brüllte ihren Mann an. „Was hätte alles passieren können?“ Sie wäre im Leben nicht mehr froh geworden.

Mit den Kindern fuhr Rita oft ihre Oma besuchen, die nun schon im Altenheim war. Sie saß auf ihrem Bett und starrte wartend auf die Tür. „Hallo Oma, wie geht es dir?“ Rita war ihrer Oma als Kind nicht so gut gesonnen, so, wie sie es sich gewünscht hätte. Doch Rita vergab ihr. Aber immer wieder fiel ihr die Szene am Friedhof ein. Schließlich hatte sie aber Rita vor den Vergewaltigungen der Russen gerettet. Ritas Sprichwort war stets: „Man muss immer besser sein!“ Oma tat ihr leid. Oft konnte sie nicht zu ihr kommen. Doch Omas Tochter war nun schon tot, und Rita und ihre Schwester wechselten sich mit den Besuchen ab. Die Oma hatte noch einen Sohn, er wohnte in Berlin Biesdorf. Auch er hatte noch Kinder. Rita fuhr ab und zu dorthin, um sich Geld zu borgen. Es waren schwere Jahre. Manchmal nutzte sie die S-Bahn, um nur wegen 5,00 Mark zu betteln. Die Verzweiflung war groß, und man konnte bei den Kaufläden anschreiben lassen. Doch irgendwann wollten auch diese das Geld zurückhaben. Wenn es Lohn gab, reichte der meistens nur 14 Tage, und die Menschen ließen wieder anschreiben. In den Arbeiterfamilien war das gang und gäbe.

Eines Tages bekam Rita Post vom Altenheim. Ihre Oma war gestorben. Ihr Onkel aus Biesdorf berichtete, dass sie zu lange in der Sonne stand und einen Hitzschlag bekommen hatte. Nun war wieder jemand gestorben, ihre Familie wurde immer kleiner. Von den Älteren blieb nur noch der

Bruder ihrer Oma, das war Onkel Wilhelm. Er lebte im Stadtbezirk Berlin Friedrichshain. Onkel Wilhelm hatte keine Kinder und war auch nie verheiratet. Er kam Rita oft besuchen.

Irene

Rita lernte ihre Freundin Irene beim Einkaufen in der Ackerhalle kennen. Sie trafen sich mit den Kindern auf dem Weinbergsweg, setzten sich dort in die Sonne und redeten über ihre Sorgen. Glücklich waren sie, wenn sie den Kleinen ein trockenes Brötchen oder eine Streuselschnecke in die Hand drücken konnten. Deren Kleidung tauschten sie untereinander aus und gaben sich Ratschläge.
Irene wohnte in der Ackerstraße in einem Quergebäude. Im Sommer gingen sie mit dem Nachwuchs in der Invalidenstraße zum Baden. Dort war ein großes Planschbecken, das den Stadtkindern die Möglichkeit einer Erfrischung gab. Sie trafen sich aber auch am Hackeschen Markt, wo sich das Freibad Monbyoupark befand. Ein Ausflugsziel stellte ebenfalls der Park im Friedrichshain dar. Dort saßen sie oft am Märchenbrunnen und auf der großen Liegewiese. Den alten gesprengten Bunker konnte man damals noch gut sehen, wenn man oben auf dem Berg spazieren ging. Lag Schnee, wurden die Rodelbahnen dort

frei gegeben. Die Winter waren damals streng. Es gab die sogenannte Todesbahn und die Knochenbahn, wo auch jeden Tag Unfälle passierten.

Mit Irene verbrachte Rita viel Zeit. Sie lasen gerne Liebesromane, die sie an einem kleinen Kiosk in der Brunnenstraße tauschen konnten. Wenn sie Westgeld hatten, gönnten sie sich und ihren Kindern ein paar Kleinigkeiten in Westberlin. Irene heiratete noch zum zweiten Mal und hatte mit diesem Mann noch eine gemeinsame Tochter. Insgesamt hatte sie vier Kinder. Die fünfziger und sechziger Jahre waren für viele Arbeiterfamilien schwer. Es gab keinen Wohlstand. Das Geld reichte nicht von einem Gehaltstag zum anderen. So halfen sich die Familien untereinander aus.

Irene erkrankte mit 40 Jahren schwer an Brustkrebs und starb. Rita hatte wieder einen Menschen verloren.

Die neue Wohnung am Wasserturm

Ein Teil der Linienstraße wurde abgerissen. Die Häuser waren auch sehr marode, die Fenster nur einfach verglast und das Mauerwerk sehr dünn. Man begann in Berlin Neubauten hochzuziehen. Es war aber nicht so einfach, eine neue Wohnung zu bekommen. Die Auseinandersetzung mit den Wohnungsverwaltungen war ein Kampf gegen Windmühlen. Rita lief sich im wahrsten Sinne des Wortes „die Hacken wund". Doch sie hatte Glück. Es wurde ihr eine Wohnung im Prenzlauer Berg am Wasserturm zugesagt.

Wasserturm im Prenzlauer Berg 1961

Sie konnte es nicht mehr erwarten, ihre Neubauwohnung genau am Park zu beziehen. Sie lief oft mit den Kindern dorthin, um zu schauen, wie es voran ging mit dem Bau. Es wurde traditionell gebaut, Stein auf Stein. Die Zeit verging nicht, es kam ihr wie eine Ewigkeit vor. Einmal besichtigte sie schon den Bau, obwohl er noch nicht freigegeben war. Es gab noch gar kein Treppengeländer im Haus. Doch die Vorfreude war so groß, dass sie unbedingt einen Blick in ihre neue Wohnung erhaschen wollte.

Endlich war es soweit. Sie betrat das Treppenhaus, und alles roch nach frischem Zement.

Wohnung am Wasserturm

Es war eine Drei-Raum-Wohnung mit kleinem Balkon und einem eigenen Bad. Rita konnte ihr Glück nicht fassen. Die Zimmer waren alle mit grünem Linoleum ausgelegt. Sie wurden durch Öfen beheizt. Im Bad stand ein Badeofen. Nur wenn man darin das Feuer anzündete, gab es auch warmes Wasser.

Originaler Badeofen

Die Füllung der Badewanne reichte für eine Wanne, dann musste das Wasser erst wieder aufgeheizt werden. Die Doppelfenster bestanden aus

Holz. Thermofenster gab es noch nicht. Es war so schön für Rita, einfach ein Traum. Auf dem Dachboden befand sich die Waschküche. In der Mitte des Raumes stand ein großer Waschkessel. Wenn man ihn früh anheizte und mit Wasser füllte, konnten die Kleidungsstücke darin abgekocht werden. Im Haus wohnten zehn Familien, und jede bekam abwechselnd einen Waschtag zugeordnet. Der Nebenboden diente als Trockenraum. Die Wäsche wurde dann an einem Waschbrett durchgearbeitet und anschließend gespült.

Waschbrett mit Zinkwanne. Eine Wringmaschine gab es nicht, hier war kraftvolle Handarbeit gefordert.

Der Einzug stand kurz bevor. Was war das für eine Freude. Die Miete betrug 70,00 Mark. Mieterhöhungen gab es in der DDR nicht. Kohlen bekam man teilweise auf Marken, sie waren günstiger als freizukaufende. Die zugeteilte Menge reichte oft nicht aus, so dass man zukaufen musste. Viele Leute konnten sich im Sommer bevorraten. Rita hatte das Geld nicht dafür. Sie ging dann im Winter mit dem Schlitten zum Kohlehändler und kaufte das Brennmaterial in Säcken, immer so, wie das Geld reichte. Wenn die Kohlen zur Neige gingen, wurde nur ein Zimmer beheizt und die Küche. Das Bad blieb auch meistens kalt, und so wuschen sich alle mit kaltem Wasser. Einmal die Woche wurde gebadet, und alle Kinder kamen in eine Wanne und die Erwachsenen hinterher. Merkwürdigerweise hatte niemand Hautallergien.

Das Jahr 1958 ging schnell vorbei, und nun wohnte sie schon ein Jahr in ihrem neuen Heim. Der Hof nahm Gestalt an. Bei der Herrichtung einer Grünanlage packten alle Bewohner mit zu. Es standen Bänke auf dem Hof. Die Mieter sollten sich dort erholen können. In der Mitte war eine größere Rasenfläche. Diese durfte aber von den Kindern nicht betreten werden. Sie war nur zur Zierde gedacht. Die gesamte Grünfläche wurde von einem gepflasterten Weg umgeben. Da liefen dann die Kinder zum Verdruss der Mieter mit ihren Rollschuhen. Diese waren mit Metallrädern ausgestattet. Das verursachte wiederum einen höllischen Lärm, zum Ärger der älteren Mieter. Die Kinder spielten Völkerball. Es gab anfangs kein Kriegsspielzeug zu kaufen. Die Kinder durften nicht mit Waffen spielen, Holzgewehre waren verpönt. Es hieß, nie wieder soll eine Mutter ihren Sohn beweinen. Das wurde schon den Kindern gelehrt. Also erfanden sie ihre Spiele oder übernahmen das, womit sich schon die Eltern die Zeit vertrieben hatten. Es wurde Hopse gespielt oder Verstecken. Fernseher gab es in den meisten Familien noch nicht, aber über lange Weile beklagten sich die Kinder nie. Im Sommer trafen sich alle auf dem „Spielplatz Wasserturm". Es war ein Anziehungspunkt für Jung und Alt. Es standen viele Bänke dort. In der Mitte befand sich ein großer Sandkasten. Die Menschen nahmen ihren Kaffee und Kuchen mit und passten auf die spielenden Kinder auf. Alle kamen ins Gespräch und kannten sich mittlerweile so gut, dass es auffiel, wenn der eine oder andere nicht kam. Auch die Jüngsten hatten Freundschaften geschlossen. Sie gingen meistens alle auf eine gemeinsame Schule. Auf dem Wasserturmgelände waren ein Kindergarten und die Straßenreinigung der Umgebung untergebracht. Früh am Morgen konnte man sie mit ihren Schubkarren, Besen und Schaufeln losziehen sehen. Es gab für diese Straßenfeger keine Autos. Alles wurde von Hand mit dem Besen gereinigt. Viele Pferdefuhrwerke gehörten zum ständigen Anblick, die dann den Straßendreck abfuhren. Einen Stall gab es noch in der Kollwitzstraße und eine Pferdekneipe. Das Essen schmeckte dort und war billig, was vielen Familien entgegen kam. Die Männer kauften ihre Zigaretten einzeln bei Frau Pilling oder Frau Korlitz in der Belforter Straße ein. Hatten diese Geschäfte zu, so ging man hinten herum, denn die Ladenbesitzer wohnten gleichzeitig dort. Man klingelte und konnte so auch nach Feierabend einkaufen. Sie schrieben auch an. Es war im Prenzlauer Berg, wie überall in den Arbeitervierteln, so üblich. Der kleine Konsum an der Ecke zur Straßburger Straße machte es aber nicht, es war ein staatlicher Laden. Es gab da noch den Fleischer in der Belforter Straße und gegenüber eine Bäckerei, einen Schuster und einen Friseur. Neben dem Zigarettengeschäft war gleich ein kleiner Gemüseladen. Es gab auch viele Kellergeschäfte. Man hatte fast in jedem Straßenbereich alles, was man zum Leben brauchte. Viele Menschen lebten auf engstem Raum in den Stadtbezirken.

Einen fürchterlichen Gestank verursachten die eingelagerten Heringe im Tiefkeller unter dem Wasserturm. Sie wurden in Holzfässern angeliefert, und die Arbeiter rollten sie per Hand mit einem Spieß bis in den unterirdischen Keller. Dabei brachen die Holzfässer oftmals auseinander, und die ganze Lache ergoss sich die Straße hinunter. Im Sommer war dieser Gestank unerträglich, aber er gehörte dazu, wie der Wasserturm – das Wahrzeichen dieser Gegend.
An Kneipen fehlte es nicht. Geld zum Rauchen und Trinken war komischerweise immer vorhanden. Auch hier machten die Menschen Schulden. Bier wurde lose in den Kneipen im Biersiphon

verkauft. Es floss in Mengen. Freitags war meistens Zahltag, und viele Männer landeten zuerst in der Kneipe, bevor sie das Geld nach Hause brachten. Das Elend war manchmal groß. Die Menschen lebten eng zusammen und bekamen dadurch viel voneinander mit. Man konnte trotz der Großstadt in den einzelnen Straßen rund um den Wasserturm nichts von einer Anonymität zu spüren. Es gingen ca. 1000 Schüler auf eine Schule. Das Einzugsgebiet umfasste die Straßen, die sich um die Schule herum befanden. Die Kinder mussten also meistens nur fünf Minuten zur Schule laufen.

In jedem Haus gab es einen Hauswart, der war für Zucht und Ordnung verantwortlich, ebenso der ABV (Abschnittsbevollmächtigter der Volkspolizei). Die Zeit der Bespitzelung schien lange gegenwärtig. Die Nazizeit war vorüber, und eine neue Epoche der Denunziation hatte längst angefangen. Ritas Mann arbeitete in Westberlin und war damit Grenzgänger. Das verdiente Geld tauschte Rita in der Wechselstube in der Brunnenstraße eins zu drei um. Davon konnte sie mit ihrer Familie gut leben. Aber die Neider waren immer da. Sie agierten unter dem Motto: „Was ich nicht habe, soll deins nicht sein." So musste ihre Familie viele Anzeigen bei der Polizei über sich ergehen lassen. Wenn Rita in den Westen fuhr, um ihre Verwandten zu besuchen, versteckte sie beim Rückweg all ihre Habseligkeiten im Kinderwagen. Oft holte man sie aus der S-Bahn und nahm sie zur Kontrolle mit. Da die Kleinen schliefen, wurde der Kinderwagen nie kontrolliert. Es erinnerte Rita immer wieder an ihre Kinderzeit. Was hatte sie alles ertragen müssen. Sie hatte nur Glück, dass ihr das Konzentrationslager erspart geblieben war. Aber viele aus ihrer Familie überlebten es nicht. Sie bedauerte es oft, keinen Kontakt mehr zur Familie väterlicherseits gehabt zu haben. Sie hätte gerne den jüdischen Glauben kennengelernt. In der Rykestraße befand sich eine Synagoge, zu der die Bürger aber während der DDR-Zeit keinen Zutritt hatten. Der Jüdische Friedhof in der Schönhauser Allee am Senefelder Platz war lange schon geschlossen. Generell erfuhr man über das jüdische Leben in der DDR nicht viel. Die Verfolgung und Vernichtung der Menschen zu Nazizeiten wurde als Lehrstoff in den Schulen behandelt, aber das Alltagsgeschehen blieb außen vor.

Die Mauer

Es begann wieder ein Tag mit einer schlechten Nachricht. Sonntag, der 13. August 1961. Rita hatte das Radio eingeschaltet, einen Fernsehapparat gab es noch nicht. Plötzlich hörten sie im RIAS, dass die Grenzen in Berlin befestigt werden. „Das kann nicht sein, das können die doch nicht machen", waren ihre Worte. Die Angst machte sich breit, dass es dadurch einen Krieg geben könnte. Die Bevölkerung war der Meinung, dass die Alliierten das nicht zulassen würden. Ritas Mann arbeitete immer noch als Grenzgänger in Westberlin. So konnten sie gut im Osten leben. Doch was sollte nun werden? Seit drei Jahren hatten sie eine Neubauwohnung und sich ein Wohnzimmer auf Kredit gekauft. Ihre Schwester bettelte sie schon die ganzen Monate, in den Westen zu kommen. Doch Rita hing an ihrer Wohnung und den neuen Möbeln. Keiner konnte sich vorstellen, dass so etwas passieren würde. Eine Grenze, die ganze Familien trennte. Das gab es in Deutschland noch nicht. Damit war ihr Mann arbeitslos. Wer sollte ihn einstellen? Er war plötzlich ein Feind für den Staat DDR.

In dem Wohnhaus lebten mittlerweile viele Genossen. Auch eine Familie aus Senftenberg. Der Mann arbeitete bei der Polizei. Rita spürte die neidischen Blicke der Mitbewohner. Sie sahen ja, dass sie immer mit vollen Taschen nach Hause kam und dass ihre Kinder Westkleidung trugen. Rita hatte einen tollen Kinderwagen, und aus Missgunst spuckten die Nachbarn Kirschkerne aus dem Fenster und zielten genau in diesen hinein. Damit war die himmelblaue Wagengarnitur hin. Was würde nun mit ihrer Schwester werden? Können sie sich wiedersehen? Viele Fragen blieben offen. Mit Spannung verfolgten sie jeden Tag die Nachrichten. Die Mauer wuchs höher und höher, und alle Bereiche - auch außerhalb von Berlin - wurden undurchlässig. Es gab noch mutige oder auch leichtsinnige Menschen, die die Flucht versuchten, und einigen ist sie gelungen. Vorwürfe machten Rita und ihr Mann sich aber nicht. Sie hofften immer noch, dass die Mauer in Kürze wieder verschwinden würde.

Ritas Mann bekam nach einigen Wochen wieder Arbeit. Er fing als Kraftfahrer in der Berliner Sporthalle am Straußberger Platz an. Es gab überall Arbeit, viele waren in den Westen gegangen, und mit der Grenze wollte das Regime einen Riegel davor schieben. Mit dem neuen Job standen Rita und Erwin ständig unter Beobachtung der Staatssicherheit.

Erwin hatte es satt, immer nur den Rundfunk zu hören, also besorgte er sich einen Fernseher. Man konnte mit einer Antenne, die auf den Westen ausgerichtet war, die Sender von Westberlin empfangen. Nur durfte er sich nicht dabei erwischen lassen. Diese Westsender zu empfangen und das auch geheim zu halten, war nicht so einfach. Der gebrauchte Fernsehapparat von der Marke Telefunken, in den Farben schwarz – weiß, war ein Riesenapparat mit einem ganz kleinen Bildschirm. Damals konnte man nur einen Ostsender und einen Westsender empfangen. Die Bevölkerung interessierte sich natürlich für die neuesten Informationen aus dem Westen. Dort erfuhr man viele Wahrheiten aus dem Osten. Das passte den Ostpolitikern nicht. Sie wollten ihr Volk „dumm" halten. In Mecklenburg konnten die Menschen zu der Zeit überhaupt nur den Ostsender empfangen. In Sachsen genauso. Aber die notwendigen Nachrichten verbreiteten sich auch anders, es funktionierte alles etwas langsamer, denn die wenigsten Menschen hatten ein Telefon, und Internet und Handys waren noch Illusionen.

Die Grenze blieb, sie wurde fester Bestandteil der Menschen. Sie mussten sich damit arrangieren, ob sie wollten oder nicht. Die Westler schickten nun Pakete in den Osten, und jeder freute sich, der Westverwandte hatte.

Der Neid hielt Einzug in der DDR. Viele Bürger wollten gerne in Berlin wohnen. Die Versorgung war hier besser als in den anderen Städten, außer in Leipzig, wo in jedem Jahr die Messen stattfanden. Berlin wurde trotzdem immer bevorzugt. Die Nähe zum Westen machte es möglich. Der Staat wollte mit seiner Hauptstadt besonders herausragen. Es wurden Vorzeigestraßen gebaut. Jeder Bürger versuchte, eine Neubauwohnung zu bekommen. Die Genossen hatten natürlich Vortritt. Plötzlich hörte man auch mehr sächsische Dialekte in Berlin. Es traten viele der SED bei und bekamen eine gute Anstellung in der Hauptstadt. Sie kamen aus allen Bereichen, ob Polizei oder Industrie, plötzlich waren sie da. Ihre Kinder konnten studieren, sie hatten meistens Telefon und bekamen später dann über die Firmen gute Autos, auf die ein Normalbürger viele Jahre warten musste. Sie erhielten günstige Wohnungen oder Häuser. Auch erschwingliche Auslandsreisen machten ihnen das Leben angenehm. Viele konnten dienstlich und privat ins westliche Ausland. Es gab unter ihnen Genossen, die vom Kommunismus überzeugt waren, aber man sagte, auch denen war das Hemd oft näher als die Hose.

Nun zog das Westfernsehen in die gute Stube von Rita und ihrer Familie ein. Im Osten lief tagsüber oft nur das Testbild. Aber die bunte Glitzerwelt war nun nahe, zumindest hatten sie das Gefühl. Später kam noch ein Konverter dazu, ein Knopfdruck, und schon flimmerte auch der zweite Westsender über den Schirm.

Es dauerte einige Jahre, bis die Westberliner wieder in den Osten einreisen durften. Die Wiedersehensfreude war groß. Die Tränen flossen vor Freude. Erst jetzt wurde Rita und ihrem Mann klar, dass sie schon vor dem Mauerbau hätten flüchten sollen. Von der Politik der DDR sowie der Diktatur hatten sie lange schon genug. Sie waren eingesperrt. Sie konnten nicht reisen, und den Mund durften sie nicht aufmachen. Ihr Mann war einmal in eine Prügelei verwickelt. Das hieß, eigentlich wollte er nur schlichten. Doch plötzlich erschien die Polizei. Sie machten kein langes

Federlesen. Sie nahmen die Leute einfach fest, und sie wurden mitgenommen. Erwin wehrte sich, und plötzlich schlugen die Uniformierten zu. Da rastete er buchstäblich aus und schrie: „Ihr seid nicht besser als die Nazis!" Da bekam er nochmals einen Knüppel zu spüren. Rita wartete an dem Abend vergeblich auf ihren Mann. Am nächsten Morgen öffnete sie die Tür, als es klingelte. Sie schrie auf: „Was haben sie mit dir gemacht?" Er war nicht wieder zu erkennen. Sein Gesicht sah aus, wie der des Glöckners von Notre Dame. Es war blau und blutunterlaufen. Das rechte Auge war nicht mehr zu sehen. Er schilderte ihr alles und setzte sich weinend in den Sessel. „Das ist dein Freund und Helfer." Sie waren beide erschüttert. Als die Kinder in die Stube kamen, glaubten sie, es säße ein Fremder dort. Sie bekamen Angst und verließen schreiend das Zimmer.

Die Äußerung war nun ein Vergehen gegen den Staat. Das musste geahndet werden. Der Vorfall wurde von den Behörden an Erwins Firma übergeben, und die hatte nun darüber zu befinden. Es gab die Konfliktkommission (Ein Gericht in den volkseigenen Betrieben), und damit schien er, noch großes Glück zu haben. Erwin hatte Angst, ein Gerichtsverfahren vor dem Staatsanwalt zu bekommen und im Gefängnis zu landen. Seine Kollegen standen ihm zur Seite, und so kassierte er eine öffentliche Rüge, eine Eintragung in seine Kaderakte, und zur Strafe musste er dann

Sozialstunden leisten. Seine Prämien, die er ab und zu wegen guter Arbeit erhielt, waren nun auch gestrichen. Aber er hatte einen Job und konnte seine Familie ernähren.

Rita arbeitete abends im Theater. Sie war viele Jahre im Backwarenkombinat beschäftigt. Nun wollte sie wegen der Kinder am Tage zu Hause sein. Abends, wenn ihr Mann daheim war, musste sie los. So waren die Kinder rundum versorgt. Doch es fiel ihr alles sehr schwer, sie hatte seit ihrem Skiunfall in Schlesien starke Schmerzen, und das Laufen wurde für sie immer beschwerlicher. Sie ging trotzdem gerne zur Arbeit. Dort konnte sie sich vom Alltag befreien und hatte Kontakt zu anderen Menschen. Alle Theaterstücke durften sich die Mitarbeiter ansehen, und das gefiel ihr sehr. Sie machte sich immer nett zurecht. Frisierte sich jeden Abend ihre Haare und schminkte sich gerne.

Es kam der Tag, an dem sie frühzeitig berentet wurde. Sie war noch jung, aber konnte wegen ihres Hüftleidens nicht mehr arbeiten. Die Rente war nicht hoch. Rita durfte nun in den Westen fahren und ihre Schwester besuchen. Diese wohnte mit ihrer Familie in Lankwitz am Gemeindepark.

1975 – Fahrt in den Westen

Einige Jahre waren vergangen, als sie das letzte Mal in Westberlin war. Rita war sehr aufgeregt. Sie fuhr vom Bahnhof Friedrichstraße ab. Ihre Schwester freute sich sehr, und Rita war überwältigt von der Farbenpracht, den Angeboten und anderen Gerüchen, die ihr in den Geschäften auffielen. Es waren aber bekannte Eindrücke, die nun wieder in Erscheinung traten. Sie kaufte für die Kinder und für ihren Ehemann ein. Das Begrüßungsgeld, das es zwei Mal im Jahr in Höhe von 30,00 Mark seit 1970 gab, kam ihr dabei gerade recht. Später gab es dieses Geld in Höhe von 100,00 Mark, aber nur einmal im Jahr. Sie dachte nur, wie es wäre, wenn ihre Kinder und ihr Mann das alles nur sehen könnten. So nahe und doch so fern. Warum nur muss es alles so sein? Es gab eine Grenze, die unüberwindbar schien.

Sie bekam viele Sachen geschenkt, und alles, was sie nur tragen konnte, nahm sie mit in den Osten. Sogar Zeitschriften, die sie unter ihrem Pullover versteckte, schmuggelte sie hinüber. Es war wie damals, ein bisschen Aufregung musste sein. Sie hatte schon so viel im Leben durchgemacht, es war ihr egal. Im Laufe der Jahre wurde sie etwas härter. Ihr Motto war immer: „Was uns nicht umbringt, macht uns stark." Immer wenn Rita wieder zu Hause ankam, wurde sie sehnsüchtig von all ihren Lieben erwartet. Die Freude über das Mitgebrachte war bei allen riesengroß.

Ihr Mann arbeitete weiterhin, solange, bis er plötzlich bei der Arbeit zusammenbrach. Er war erst zweiundfünfzig Jahre alt. Rita fuhr mit ihren erwachsenen Kindern ins Krankenhaus. Sie saßen bei ihm am Bett und konnten es nicht glauben, aber er hatte einen Herzinfarkt. Der Arzt kam hinzu und sagte allen, dass es eine ernst zu nehmende Angelegenheit sei. Er brauche absolute Ruhe und müsse sich anschließend einer Kur unterziehen. Auf keinen Fall dürfe er wieder arbeiten!

Rita fuhr gemeinsam mit ihrem Mann zur Kur in die Sächsische Schweiz. Es tat ihnen gut. Sie machten Spaziergänge. Es war Herbst, und die Farben der Landschaft lösten ein Gefühl der inneren Ruhe bei ihnen aus. Sie standen auf den Hügeln und blickten in die Weite des bunten Naturteppichs. Beim tiefen Einatmen spürten beide eine Befreiung in sich.
Erwin konnte seine Eindrücke nicht mit Worten beschreiben. Es lag eine Ruhe auf seiner Seele und erlöste ihn von dem Druck in der Brust. Was machen wir eigentlich mit unserem Leben? Diese Frage stellte er sich und seiner Frau in diesem Augenblick. Wir arbeiten ein ganzes Leben und denken nicht an uns. Wir sind eingesperrt und dem Zwang der Diktatur ausgesetzt. Sie hatten nun Zeit, über alles

nachzudenken. Und er kam mit Rita zu dem Entschluss, das Leben nach diesem Kuraufenthalt zu ändern.

Die Entscheidung

Es war Frühling, das Grün leuchtete frisch, und die ersten Blumen erwachten aus dem Winterschlaf. Das Singen der Vögel gab Erwin eine innere Ruhe. Er saß mit Rita in ihrem Trabant, und sie fuhren zu den Kindern. Mit ihren Gedanken waren sie nicht bei der Sache. Rita nahm überhaupt nicht wahr, dass sie schon vor der Tür standen. Wie sollte sie es ihren Kindern beibringen? Es war ein schwerer Gang. Obwohl sie alle erwachsen waren, mussten sie die passenden Worte finden. Sie klingelten an der Gartenpforte. Die Freude ihrer Kinder war immer groß, sie hatten ein sehr gutes Verhältnis. Dem Gesichtsausdruck ihres Vaters konnte Kerstin, die älteste Tochter, ansehen, dass etwas nicht stimmte. Oft kamen sie zu Besuch, anmelden konnten sie sich vorher nie, Telefon gab es nur für einige wenige, gewisse Leute in der DDR. So wartete man zirka zwanzig Jahre darauf oder länger. Wer Beziehungen hatte oder eine bestimmte Position im Staatsapparat, manchmal auch im medizinischen Bereich, der konnte schon früher so ein Ding sein Eigen nennen.

Kerstin kochte Kaffee, bemerkte aber, dass ihre Mutti verändert war. Sie schien sehr nervös und konnte nicht erwarten, am Kaffeetisch zu sitzen. Ihr typisches Zeichen für ihre Nervosität war wieder, dass sie ihre Arme vor der Brust verschränkte und dabei die rechte Hand erhob, um sich mit den Fingern leicht auf die Wange zu klopfen. Sie sagte: „Seid uns nicht böse, wir gehen rüber." Es traf die Kinder wie ein Schlag.
Es ging ihnen in diesem Augenblick alles Mögliche durch den Kopf. Wann würden sie sich wiedersehen? Die Angst war groß. Können sie sich überhaupt treffen, würde es ihnen erlaubt? Sie konnten aber ihre Eltern dennoch verstehen, auch sie hatten genug von der Politik. Beide waren Frührentner. Sie wollten sich noch ein paar Jahre etwas Schönes in Freiheit gönnen. Als Rentner waren sie oft in Westberlin. Kerstins Vater arbeitete ja bis Grenzschließung dort, sie wussten, was sie „drüben" erwartete. Die Kinder lebten dicht hinter der Grenze zu Westberlin, leider am „verkehrten" Ende der Stadt. Aber das konnte keiner ahnen. Die restliche Verwandtschaft wohnte im Westteil. Rita und Erwin waren der Meinung, dass die Kinder erwachsen sind und sie sich im Ausland treffen könnten. Im Geheimen hofften sie, dass sie dann auch einen Ausreiseantrag stellen würden.
Alle im Raum wurden blass, und Gott sei Dank saßen sie. Zu gut konnten Kerstin und ihr Mann sie verstehen.

Rita und ihr Mann bereiteten die Flucht vor. Es durfte in dem Haus, in dem sie wohnten, niemand etwas ahnen. Als Rentner konnten sie regelmäßig in den Westen fahren, doch Hausrat oder ähnliches mit über die Grenze zu nehmen, wäre aufgefallen. Also schafften sie das Meiste im Dunklen aus dem Haus und verteilten es auf ihre Kinder. Nur die Möbel blieben in der Wohnung. Alles geschah nachts, sie kamen sich wie Verbrecher vor. Wenn nur ein Mieter im Hause Verdacht schöpfen würde, käme es zu einer Anzeige bei der Polizei. Denn viele waren neidisch auf Leute, die in den Westen fahren konnten. In jedem Wohnhaus gab es wenigstens einen Bewohner, der irgendwelche Auffälligkeiten notierte, hier auch wieder dem ABV (Abschnittsbevollmächtigten der Volkspolizei) Mitteilung machte. Manchmal kamen sich Rita und Erwin wie in der Kriegszeit vor. Man konnte niemandem trauen, und zu versuchen, jemanden zu bestechen, war gefährlich.

Rita erinnerte sich an eine Begebenheit aus den fünfziger Jahren, als ihr Mann eine lebende Ziege als Lohn bekam. Niemand im Hause sollte ihn verraten, denn „Schwarzschlachtungen" waren verboten, und als Schweigegeld gab er allen Mietern etwas ab, und der Hausobmann, der bekam das größte Stück vom „Kuchen". Mit Naturalien ließen sich die Leute nun nicht mehr bestechen. Was zählte, war die Westmark. Nur musste man wissen, mit wem man diese tauschte. Die Angst

vor der Staatssicherheit war groß. Von diesen Leuten festgenommen und verhört zu werden, das hätten sie nicht ertragen. Sie kannten einige Leute, die inhaftiert waren und wussten wie sie im Gefängnis behandelt wurden.
Rita hatte eine Kollegin, bei ihr tauschte sie immer Geld um. Meistens eins zu fünf, das heißt, sie bekam für fünf Ostmark eine Westmark. Einige Leute bekamen das Westgeld von ihren Verwandten geschenkt, andere hatten es immer. Viele machten sich Gedanken, woher dieses Geld stammte. Es wurde viel erzählt, und es war bekannt, dass die Leute, die bei der Staatssicherheit arbeiteten, oft die Möglichkeit hatten, Westwaren einzukaufen oder sogar Devisen erhielten. Es wurde auch erzählt, dass einige ständig zum Einkaufen in den Westen fahren durften. Dazu gehörten auch, wie sie erst durch das Fernsehen nach dem Mauerfall erfuhren, Politiker, bestimmte Künstler, Sportler und viele andere. Also haben sich die Vermutungen der Bevölkerung doch bestätigt.

Der Tag des Abschiednehmens rückte näher. Es war ein sonniger Sommertag, der Ritas Herz weinen ließ. Alle standen am Gartentor und hatten das Gefühl, eine Schlinge legt sich ihnen um die Kehle, die Tränen schossen über Ritas Wangen, und auch ihre Kinder hatten die leise Vorahnung, dass es das letzte Wiedersehen sein würde.

Hinter einer starken Rechtskurve verschwand das Auto von Kerstins Eltern. Rita und ihr Mann konnten die Tränen nicht halten, sie winkten immer noch durch das geöffnete Fenster des Trabis, obwohl niemand mehr zu sehen war. Genauso erging es ihren Kindern. Nun waren sie auf der Flucht, den kleinen Wagen mit viel Nützlichem vollgepackt, in der Hoffnung, an der Grenze nicht kontrolliert zu werden. Sie wollten nach Westdeutschland. Sie vereinbarten, wenn sie angekommen waren, dass sie gleich ein Telegramm an die Daheimgebliebenen schicken würden.

Der Tag verging nicht. Rita und Erwin mussten ungefähr sechs bis acht Stunden fahren. Es war eine lange Zeit. Sie fuhren mit dem Auto an den Grenzübergang Marienborn, reihten sich aber mit dem Wagen falsch ein. Sie standen nun in der Warteschlange für ausreisende Bundesbürger. Natürlich trat sofort einer der Grenzoffiziere an sie heran mit den Worten: „Wo wollen Sie hin? Was bilden Sie sich ein, steigen Sie sofort aus!" Die Angst war groß. Ihre Herzen schlugen so laut, dass sie im Glauben waren, der Beamte könnte es hören. Erwin durfte keine Aufregung haben, er hatte ein Jahr vorher den Herzinfarkt erlitten und war auf Grund dessen Invalidenrentner geworden. Der Grenzer schrie, Rita stieg aus, wurde blass und konnte keinen Ton sagen. Die Stirn war schweißgebadet, und das Wasser lief ihr in den Handflächen entlang. Sie durften sich nichts anmerken lassen. Alles hatten sie auf eine Karte gesetzt. Der Hund, ein kleiner Dackel, war im Auto, er bellte und verschlimmerte dadurch noch die ganze Situation. Erwin sagte: „Entschuldigen Sie, bitte, ich habe mich geirrt, selbstverständlich fahre ich sofort zurück und stelle mich in die andere Reihe." „Das geht nicht, wie stellen Sie sich das vor, hier können Sie nicht wenden, oder haben Sie keine Augen im Kopf", schrie der Beamte. Erwin versuchte Haltung zu bewahren, seine Knie fingen an zu zittern. „Bleiben Sie jetzt hier und halten Sie ihre Papiere bereit, ich hoffe doch, dass diese in Ordnung sind", ertönte es noch einmal sehr barsch. Erleichterung machte sich bei beiden breit. Sie schauten sich an und konnten ihr Glück nicht fassen. Der Schreck saß ihnen noch immer in allen Gliedern. Erwin startete sein Auto, und ab ging es in Richtung Braunschweig – Hannover nach Münster. Dort wohnte Ingrid, die Schwester von Rita. Diese war in der Zwischenzeit mit ihrem Lebensgefährten dorthin gezogen, und Rita freute sich nun sehr auf ihre Schwester und ihren Schwager.

Für Kerstin und ihren Mann, die nun zurückgeblieben waren, verging die Zeit einfach nicht. Sie hatten große Angst um ihre Eltern. Der Tag zog sich unendlich in die Länge, jede Minute war wie eine Ewigkeit. Sie warteten auf das Telegramm mit dem vereinbarten Inhalt: „Sind gut gelandet". Ein Telefon gab es nicht. Man konnte sie nicht

persönlich erreichen und sie ihre Kinder nicht. Telefonierte man in Ostberlin von der Telefonzelle aus, musste man damit rechnen, dass das Gespräch auch abgehört würde. Die meisten Telefonhäuschen waren defekt. Sie fuhren oft bis zu einer Stunde durch die Stadt, um ein funktionstüchtiges in Ostberlin zu finden.
Beide waren so nervös, und Kerstin knabberte ihre Fingernägel ab, bis es blutete und schmerzte. Ihr Magen rebellierte. Sie war noch nie von ihren Eltern getrennt gewesen. Nun war es durch diese Mauer in Deutschland geschehen. Alles war abhängig von der Willkür anderer Menschen. Sie schob alle negativen Gedanken von sich und betete für ein Wiedersehen.

Es war spätabends, das Telegramm wurde vom Postboten zugestellt. Endlich waren alle beruhigt, ihre Eltern sind gut angekommen. Um ihre angeblich besuchsweise Ausreise antreten zu können, hatten sie offiziell vier Wochen Urlaub bei der Polizei beantragt. Die Angst war groß, irgendeiner könnte Verdacht schöpfen, und alles würde aufgedeckt werden. Was würde mit den Kindern, die zurückgeblieben waren, passieren? Eines war klar, die Eltern verließen illegal die DDR und wurden dadurch zu Staatsfeinden erklärt, die Kinder damit auch. Ihre Eltern wollten aber nicht, dass sie Schwierigkeiten bekommen könnten und ließen sich etwas einfallen. Sie schrieben einen Brief, dass sie dort bleiben müssen, weil die Schwester von Rita krank sei. Diesen Brief schickten sie an alle Kinder, die sich damit bei der Polizei melden können, um der ganzen Angelegenheit einen offiziellen Charakter zu verschaffen. Damit konnten sie sich als Mitwisser entlasten. Trotzdem rechneten Kerstin und Edgar damit, dass bei ihnen Hausdurchsuchungen vorgenommen werden könnten. Die Wohnung ihrer Eltern wurde sofort nach dieser Meldung verplombt, und damit hatte keiner mehr Zutritt. Das war ihnen egal, Hauptsache sie hatten nichts mit der Staatssicherheit oder Polizei zu tun. Aber die Angst, verhört und festgenommen zu werden, machte sich immer wieder in ihnen breit. Die Kinder würden bei ihrer eventuellen Verhaftung wahrscheinlich in ein Heim kommen.

Später kam es vor, dass die Briefpost geöffnet schien. Sie wurde von den Behörden sehr auffällig wieder verklebt. Ihre Eltern schickten Pakete, auch diese durchwühlte man und beschädigte den Inhalt. So erfuhren Kerstin und Edgar, dass ihre Betriebe über die Flucht der Eltern unterrichtet wurden. Der Informationsfluss funktionierte bei der „Stasi“ sehr gut. Innerhalb von Minuten war dort alles geregelt. Nicht nur die Arbeitsstellen wurden unterrichtet, auch im Wohnort bekamen die entsprechenden Nachbarn und selbstverständlich der ABV Bescheid. Und genauso war es. Am nächsten Tag kam Kerstin zum Dienst und hatte das Gefühl, als läge ein Gewitter in der

Luft. Ihr war flau im Magen. Sie spürte, dass ihre Vorgesetzten nur darauf warteten, dass sie etwas sagen würde. Und sie erzählte ihnen genau das, was sie hören wollten, nämlich, dass ihre Eltern dort blieben, wegen der kranken Schwester ihrer Mutter. Es war ein seltsamer Zustand, sie kam sich vor wie in der Kindheit, als sie irgendetwas Unerlaubtes angestellt hatte und auf die Bestrafung wartete. Ein Gefühl, das ihr nicht behagte. Sie konnte es mit Worten nicht beschreiben, es war eigenartig.

Ihre Vorgesetzten nahmen die Information von ihr zur Kenntnis, dann war Schweigen angesagt. Viel später erhielt Kerstin oft Anrufe in der Dienststelle aus dem Westen. Sie hatte so ein Kribbeln in den Fingern. Und da sie kein Telefon zu Hause hatte, musste sie aus ihrem Büro bei den Eltern zurückrufen, obwohl sie genau wusste, dass in ihrer Firma, wie in allen anderen auch, Telefonrevisoren saßen. Das waren Fernmeldetechniker, die ausschließlich zum Abhören der Telefonleitungen eingestellt worden sind.

Sie war gerade dabei, mit ihrer Mutter zu telefonieren, als die Tür geöffnet wurde und ein Kollege fragte: „Mit wem telefonierst du da?“ Sie legte vor Schreck den Hörer auf und log, was das „Zeug“ hergab. „Ich habe gerade mit meiner Schwägerin telefoniert“, antwortete Kerstin verlegen. Er grinste sie an und ging wieder hinaus. Nun war

sie noch mehr verunsichert, denn zu diesem Kollegen hatte sie immer Vertrauen. Er erzählte ihr einmal, dass er 1968, als die Truppen des Warschauer Pakts in die ČSSR einmarschierten, aus der SED (Sozialistische Einheitspartei Deutschlands) ausgetreten sei. Seitdem lästerte er über den DDR-Staat bei jeder Gelegenheit. Aber vielleicht war dieses nur Taktik. Das war jedenfalls ihr Eindruck. Die Leute von „Horch und Guck", wie sie im Volksmund genannt wurden, besuchten regelmäßig Schulungen. Sie sollten Vertrauen erwecken und sogar Freundschaften mit den „Abtrünnigen" (Staatsfeinden) schließen.
Trotz aller Angst witzelte man über die Stasi. Wenn sie zum gemeinsamen Frühstück auf der Arbeitsstelle zusammenkamen, zählte einer kurz die Runde ab und sagte: „Wir sind nur neun, der 10. fehlt." Dann wurde scherzhaft aufgeatmet. Denn es hatte sich rumgesprochen, dass jeder 10. Mitarbeiter ein Stasi-Mitarbeiter bzw. Spitzel war, wie es landläufig hieß. Direkt und mit Genauigkeit konnte man keinen ausmachen, es gab nur immer ein ständiges Munkeln unter den Kollegen. Diese Unsicherheit zu verbreiten, war gewollt und gezielt vorgenommen vom Staat.

Sogar das Misstrauen unter der eigenen Verwandtschaft war groß, wie sollte es da unter Fremden besser sein? Viele Dinge hatte Kerstin auch nicht immer gleich richtig einordnen können. So konnte sie sich erinnern, dass auf einem Betriebsfest ein neuer Mitarbeiter, der zu tief ins Glas geschaut hatte, während der Feier seine gesamten Papiere verloren hatte. Ein Kollege aus ihrer Abteilung fand diese und zeigte sie einigen Mitarbeitern mit der Bitte um Verschwiegenheit. Dieser besagte Mitarbeiter hatte tatsächlich mehrere Betriebsausweise, die auch alle Gültigkeit hatten. Keiner sagte etwas - und dennoch verstanden alle sehr gut, um was für einen Menschen es sich handelte. Sie versuchten ihn in Zukunft, so gut wie es ging, zu meiden.

Mit der Angst im Nacken lebten Kerstin und ihr Mann Edgar weiter. Nur wie, das war hier die große Frage. Sie hatten sich fest vorgenommen, ihr Haus auszubauen und den Kindern ein schönes Leben mit den Möglichkeiten, wie sie ihnen gegeben waren, zu bieten. Dazu gehörten die Versorgung, die Beschaffung von Baumaterialien sowie die Nutzung uneingeschränkter Reiseziele. Sie sprachen zu diesem Zeitpunkt nicht über eine andere Möglichkeit, ihr Leben zu verändern. Doch bemerkten beide, dass alles, was sie anpackten, nicht mehr so richtig mit Überzeugung geschah. Sie hörten hier und dort, dass wieder Leute den Ausreiseantrag in die BRD stellten und bekamen auch oft genug mit, dass diese die Ausreisegenehmigung erhalten hatten. Kerstins Mann schimpfte nun auch immer mehr über Dinge, die ihm missfielen, manchmal sogar recht laut und nicht nur im eigenen Heim. Ihr Elan ließ allmählich etwas nach. Sie selbst hatten Angst, einen

Antrag zu stellen, trotz ständiger Ermutigung durch die Eltern. Sie wussten auch, dass für die Ausreise keine Chance bestünde, wenn sie das Haus nicht besäßen. Sie hatten trotzdem zu viel Angst. Beide konnten nicht einschätzen, ob sie es schaffen oder eine Ablehnung bekommen würden. Dann wären sie gemeinsam mit ihren Kindern zeitlebens gebrandmarkt. Das war ihnen auch aus einer längst vergessenen Zeit noch bekannt, leider wurde es auch im Sozialismus praktiziert. Die Kinder hätten keinen vernünftigen Beruf erlernen können, geschweige denn, ein Studium aufnehmen. Also bauten sie weiter an ihrem Haus, aber es hatte alles kein richtiges Fundament mehr. Ihre Eltern waren weg, einige andere Verwandte schafften es auch, in die erwünschte Freiheit zu gelangen. Kollegen von Edgar waren darunter, viele Bekannte und Freunde ebenfalls. Alle diese Menschen nahmen die Strapazen auf sich, die so ein Ausreiseantrag mit sich brachte. Beide zögerten immer noch, denn sie konnten sich vom Haus nicht trennen. Schließlich war damit ihr Traum in Erfüllung gegangen.

Kerstin ging in die Kinderzimmer, die sich im ersten Stock des Hauses befanden und schaute von oben aus dem Fenster. Das Grundstück war wie ein Park terrassenförmig angelegt. Die einzelnen Stufen hatten sie mit Feldsteinen eingefasst, praktisch eine liegende Mauer. Bepflanzt war es mit Nadelhölzern, vielen Blumen und Sträuchern.

Sogar einen kleinen Swimmingpool hatte Edgar gebaut. Es war für sie ein Paradies, und das sollte auch so bleiben. Jedenfalls hatten sie sich das fest vorgenommen.

Ritas erste Wohnung im Westen – 1982

Bevor Rita und Erwin ihre erste Wohnung beziehen konnten, mussten beide in eine Übergangswohnung. Alle Formalitäten wurden für die Einbürgerung dort erledigt. Die Rentenanträge mussten gestellt werden. Es gab viel zu tun, Dinge, die ihnen nicht geläufig waren. Die Rentennachweise der DDR wurden intensiv geprüft. Sie bekamen anfangs Sozialhilfe, da die Rentenzahlungen einige Zeit auf sich warten ließen. Sie waren trotz allem so voller Freude und konnten nun in Freiheit leben. Dennoch, auch die nächsten Wochen waren noch geprägt vom Organisieren. Möbel mussten beschafft werden. Sie bekamen nichts geschenkt.

Alles war ihnen fremd. Die Umgebung, die Straßen. Wo waren welche Geschäfte? Wo gab es Sonderangebote? Aber sie lebten sich schnell ein. Erwin mietete sich einen Lastkraftwagen und fuhr nach Bad Segeberg, um die Möbel für sei-

ne gesamte Wohnung direkt beim Hersteller zu kaufen. Es war Erwin nichts zu schwer. Er war voller Freude und Tatendrang. Sie bekamen einen zinsgünstigen Übersiedlerkredit, mit dem sie alles bestreiten konnten. Anspruchsvoll waren sie nie gewesen. Sie benötigten auch keine Markenmöbel oder Markenkleidung.
Den ganzen Tag war Erwin unterwegs. Angst zu fahren, hatte er als ehemaliger Kraftfahrer nicht. Aber hier waren die Geschwindigkeiten doch etwas anders. Die mehrspurigen Autobahnen und die schnellen Fahrzeuge waren zuerst gewöhnungsbedürftig und verlangten Konzentration. Aber Erwin kam stolz zu Hause an und schleppte alles in seine Wohnung. Rita entging nicht, dass er nach Luft rang. Ihr Mann wollte sich diesen Stress nicht eingestehen. Er war immer ein Kerl wie ein Baum. Es wird nur eine vorübergehende Schwäche sein. Und hier, so dachte er, würden die Ärzte schon besser sein und man würde ihm bestimmt helfen, wieder gesund zu werden. Dass es schlimmer kommen könnte, kam ihm nicht in den Sinn. Auch er schaute, so wie Rita, immer nur nach vorn. Erwin arbeitete stundenweise, um seine kleine Rente etwas aufzubessern. Auch Rita übernahm hin und wieder ein paar Näharbeiten für ein Hotel. Stillsitzen oder die Hände in den Schoß legen konnten beide nicht.

Rita und Erwin machten eine Reise an die Ostsee. Ihr erster Urlaub im Westen. Sie mieteten sich einen Wohnwagen auf einem Campingplatz. Es war ein Höhepunkt, denn beide vergötterten sie dieses Meer. Das Rauschen und die Möwen wirkten so entspannend. Sie lagen am Strand und freuten sich wie die kleinen Kinder. Auf dem Rückweg vom Strand zum Wohnwagen liefen sie über eine Wiese. Rita ging in das Vorzelt und wollte das Abendessen vorbereiten. Sie machte sich frisch und stand vor dem Spiegel. Plötzlich durchfuhr es sie, wie ein Blitz. Ihre Goldkette war weg. Es war die einzige, die sie besaß. Man muss wissen: Gold war in der DDR sehr teuer, und dafür hatten sie kein Geld. Dazu kam, dass man Altgold abliefern musste, um ein neues Stück zu erstehen. Rita hatte diese Kette als Abschiedsgeschenk von Kerstin bekommen. Es war ein kleiner Anhänger mit einem Schloss und einem kleinen Schlüssel. Für sie war es ein Talisman, an dem sie sehr hing. „Erwin, meine Kette ist weg", weinte sie. Er kam sofort angelaufen. „Ich gehe sie suchen." Er schritt jeden Meter ab, den sie gegangen war. Die Hoffnung schwand bei Rita mit jeder Minute. Wie soll er sie finden? Der Strand war breit, und im weichen Sand waren so kleine Gegenstände schnell verschüttet. Sie war so verzweifelt. Diese Kette wurde mit viel Liebe geschenkt, und jeden Tag hatte sie diese getragen und gehütet, wie ihren Augapfel.

Das Abendbrot stand auf dem Tisch, doch der Appetit war ihr vergangen. „Mutti", so nannte er sie oft, „ich habe sie gefunden, schau her, hier ist sie“, überraschte Erwin seine Frau. Rita konnte es nicht fassen. „Lieber Gott, ich danke dir.“ „Mir musst du danken, ich habe sie gefunden.“ „Ja, aber ich habe dafür gebetet“, war ihre Antwort. Sie konnte sich so freuen, sie umarmte und küsste ihn mehrmals.

Damit war der Urlaub gerettet. Aber zu einem späteren Zeitpunkt verschwand die Kette merkwürdigerweise aus ihrer Wohnung - genauso, wie ein paar Ohrringe, die sie ebenfalls von Kerstin geschenkt bekommen hatte. Wer hatte diese Dinge nur gestohlen?

Sie schickten viele Pakete in den Osten. Sie wussten genau, was man dort benötigte. Ihre Kinder freuten sich über jedes Stück. Als Dankeschön erhielten sie von ihnen ebenfalls Geschenke, allerdings wurden nur wenige Dinge für die Ausfuhr aus der DDR genehmigt. Sogar Blumen bekamen sie von Kerstin aus dem Osten. Es waren Anthurien, die in feuchter Watte eingepackt und in einem mit Löchern versehenen Karton stets gut ankamen. Die Fantasie ihrer Kinder, ihnen auch eine Freude aus dem Osten zu machen, war grenzenlos. Briefe wurden ständig hin und her geschickt.

Westbesuch, der bei Kerstin und Edgar war, nahm in ihrem Rückgepäck Textilien für Rita und Erwin mit. Sie schrieben sich viel und nach Möglichkeit telefonierten sie, so oft es nur ging. Schickten Rita und Erwin ein Paket an ihre Kinder, hofften sie auf einen baldigen Anruf. Aber der kam oftmals wegen der Umstände Tage später. Eine Telefonzelle zu finden, war jedes Mal ein Abenteuer. Die Gespräche nach Münster waren teuer und die meisten Telefonhäuschen eben defekt. Klemmte das Geld, und sie konnten über einen längeren Zeitraum telefonieren, klopfte jemand plötzlich an die Scheibe der Zelle. „Bitte beenden Sie sofort das Gespräch", klang es energisch von draußen. Es wurden sogar die öffentlichen Telefonzellen abgehört. Die privaten Anschlüsse ebenso, sowie die Telefonapparate in den Betrieben. Auch die Post, die Rita in den Osten sandte, wurde immer wieder geöffnet. Nachdem sie als Eltern in den Westen geflüchtet waren, hat man auch Stasi-Akten über ihre erwachsenen Kinder angelegt. Sie waren automatisch Staatsfeinde geworden. Es war wie im Dritten Reich, eine „Sippenhaft" zu spüren.

Alle diese Ereignisse entgingen Rita und ihrem Mann nicht. Sie bekamen die Informationen über die Verwandten zugespielt. Ihre Angst war groß, dass sie ihre Kinder nicht wiedersehen werden. Sie durften die Transitstrecke nach Berlin nicht benutzen, man hätte sie sofort verhaftet. Aber die Hoffnung stirbt zuletzt, und drei ihrer Kinder hatten zwischenzeitlich die Ausreise genehmigt bekommen. Aber die Freude war nicht von Dauer, der nächste Schock für Rita ließ nicht lange auf sich warten. So viel hatte sie in ihrem Leben schon durchgemacht und immer wieder auf Gott vertraut. Sie betete ständig, auch in Dankbarkeit, aber besonders in der Not.

Ein erneuter Herzinfarkt führte dazu, dass Erwin zehn Tage im Koma lag. Ein Student leistete vor Ort erste Hilfe und rettete ihm damit das Leben. Jeden Tag saß Rita an seinem Bett. Erwin wurde an der Herz-Lungen-Maschine angeschlossen. Es war für sie ein fürchterlicher Anblick. Warum musste das so sein? Ihre Fragen ließen ihr keine Ruhe. Nachts grübelte sie und konnte keinen Schlaf finden. Sie waren beide erst sechsundfünfzig Jahre alt.

Ein neuer Weg – 1986

Wegen des schlechten Gesundheitszustandes ihres Vaters erhielt Kerstin ein Telegramm aus dem Krankenhaus.
Alles ging ihr durch den Kopf. Was war jetzt zu tun? Die Angst stand im Raum, ihren Vater nicht mehr wiederzusehen. Es war furchtbar für Kerstin, eine Welt brach zusammen. Sie hatte mit ihrer Familie in den Vorjahren einige Schicksalsschläge überwinden müssen und nun das. Sie

wünschten ihren Eltern so sehr, dass es ihnen „dort“ besser gehen sollte. Hatten sie doch die ganzen Jahre auf ihre Reisefreiheit verzichten müssen.

Sie wollte ihren Vater und natürlich auch ihre Mutter wiedersehen. Also machten sich Kerstin und Erwin auf den Weg, um den Antrag auf „besuchsweise Ausreise“ zu stellen. Der erste Schritt war, mit dem Telegramm und einem amtlich beglaubigten Schreiben des Arztes ihres Vaters zur Kaderabteilung (Personalabteilung) des jeweiligen Betriebes zu gehen. Dort saßen in den meisten Fällen nur Parteimitglieder (SED), der Antrag musste also an der vordiktierten Stelle gestellt werden. Von dort aus wurde er dem Betriebsdirektor vorgelegt. Das letzte Wort hatte immer noch die Parteileitung. Es wurde eine Sitzung einberufen und über den Antrag entschieden. Um hier ein positives Ergebnis zu erreichen, musste man ein unbescholtener Bürger sein. Von großer Bedeutung war, dass der Antragsteller niemals politisch in Erscheinung getreten ist und keine negative Eintragung in seiner Kaderakte (Personalakte) aufzuweisen hatte. Diese Akte begleitete jeden Bürger der DDR bis ans Ende seines Lebens von Firma zu Firma. Das hieß, man war somit ein gläserner Mensch. Mit der Lehrausbildung wurde die erste Akte angelegt, wechselte der Angestellte den Betrieb, ging diese dann immer mit. Sie wurde von der nachfolgenden Firma angefordert, als vertraulich behandelt und per Kurier befördert, ohne dass der Mitarbeiter davon offiziell Kenntnis erhielt. Alle „Schandtaten“, falls einer sie begangen hatte, aber auch positive Ereignisse, Weiterbildungen, Auszeichnungen sowie Gehaltserhöhungen wurden darin festgehalten.

Von Vorteil für eine Genehmigung des Antrages war es, Mitglied der SED zu sein. Das war bei beiden nicht der Fall und stand nie zur Debatte. Nun musste alles ziemlich schnell gehen, jede Minute zählte. Sie wollten den Vater lebend wiedersehen und in die Arme schließen. Parallel zum Antrag in der jeweiligen Firma ging es zum Polizeipräsidium. Das war für alle die einzige amtlich zuständige Stelle damals. Also fuhren sie zur Keibelstraße am Alexanderplatz. Sie kamen gar nicht erst ins Gebäude hinein. Die Schlange der Wartenden war draußen schon zirka 30 Meter lang und reichte bis in den ersten Stock des Hauses. Sie stellten sich an. Sechs Stunden vergingen, bis sie an der Reihe waren. Der Warteraum war voller Menschen. Alle Polizeibeamten rannten hin und her. Alleine ihre Uniformen flößten ihnen unerhörten Respekt ein. Zwischendurch wurden einige aufgerufen. Alles ging sehr schleppend voran, und beide hatten den Eindruck, dass hier kein bestimmtes Schema bei der Abfertigung der Leute vorherrschte. Endlich waren sie an der Reihe. Man drückte ihnen einen Haufen Formulare in die Hand, die sollten nun ausgefüllt werden. Dann stellten sich beide am nächsten Schalter an und gaben sie wieder ab. So verstrich wieder eine Stunde. Ein Beamter nahm ihnen die Formulare ab und sagte: „Sie werden benachrichtigt." „Ich habe es aber sehr eilig, mein Vater liegt im Sterben", erwiderte Kerstin mit Tränen in den Augen. „Wir können auch nichts daran ändern", kam es barsch hinter der Glasscheibe zurück. Sie war so entsetzt von den Ereignissen an diesem Tag und heulte nur noch. Da ihre Eltern illegal die DDR verlassen hatten, machte sie sich wenig Hoffnung auf eine Genehmigung. Doch ihr Mann und sie hatten sich nie etwas zu Schulden kommen lassen, und ein Schimmer Hoffnung war vorhanden. Sie lag abends im Bett und betete.

Es vergingen zwei Tage, und der Direktor rief Kerstin zu sich. „Ich muss Ihnen mitteilen, dass Ihr Antrag von uns abgelehnt wurde", sagte er mit ernster Miene. In Kerstins Augen war es ein schmieriger Typ, mit ungepflegtem Haar, doppelten Brillengläsern und einem dicken Bauch. Er war ihr nicht sympathisch. Dazu kam, dass sie wusste, was er für ein „guter" Parteigenosse war. Für ihn war es ein Leichtes, sich seinen Job zunutze zu machen. Die Firma war für den Export ins kapitalistische Ausland zuständig, und somit durfte er, um Verträge abzuschließen, regelmäßig in den Westen reisen. Er hatte das entsprechende bzw. richtige Geld, um zum Beispiel westliche Ware einzukaufen. Aber neidisch war Kerstin nicht auf ihn. Lieber mit sich selbst im

Reinen bleiben, als seine Fahne nach dem Wind zu schwenken, sagte sie sich.
Begreifen konnte Kerstin es trotzdem nicht, war sie doch eine zuverlässige und pflichtbewusste Mitarbeiterin. Fast täglich zu Überstunden bereit, selten krank, oft hatte sie bis zur Erschöpfung gearbeitet. Vieles in diesem Staat war nur Willkür. Nun hatte sie die Ablehnung von der Firma, damit schien auch klar, dass die Ablehnung vom Präsidium der Volkspolizei folgen würde. Sie arbeiteten ja alle Hand in Hand. Dazu gehörte, die lieben Nachbarn im Wohngebiet zu befragen. Und eine Rückversicherung, dass sie nicht gegen den Staat hetzten, erfolgte auch in der Schule ihrer Kinder. Es könnte ja sein, dass sie ihre Kinder politisch gegen den Staat beeinflusst haben. Schließlich wurde auch noch der Abschnittsbevollmächtigte der Volkspolizei nach seiner Meinung gefragt. Den gab es ja in jedem Wohngebiet. Er war für Ordnung und Sicherheit zuständig und kannte angeblich alle seine Leute in seiner Umgebung. Kerstin und ihren Mann kannte er persönlich nicht. Sie hatten mit ihm jedenfalls bis zu diesem Antrag nie etwas zu tun gehabt. Er stellte sich bei ihnen auch nie vor. Sein Urteil über jeden Bürger musste er trotzdem, nach Aufforderung der Behörden, abgeben.

So, wie beide vermutet hatten, geschah es. Sie erhielten von den staatlichen Institutionen die Ablehnung, natürlich ohne eine Begründung.

Es hieß, dass die Behörden dazu laut Gesetz der Deutschen Demokratischen Republik nicht verpflichtet seien. Kerstin und ihr Mann gaben keine Ruhe und machten eine Eingabe an den Staatsrat der DDR. Aber auch der antwortete ohne Begründung mit einer Ablehnung. Trotz allem hatte Kerstin eine Vorahnung. Kerstin war ein sehr gläubiger Mensch und betete für sich insgeheim: „Lieber Gott, lass meinen Vater wieder aus dem Koma erwachen, ich verzichte dafür auf meinen Besuch." Und so geschah es auch, innerlich war sie dann doch zufrieden.

Ihr Vater wurde wieder wach und öffnete nach zehn Tagen die Augen. Durch das lange Koma war sein Kurzzeitgedächtnis geschädigt. Er brauchte ein paar Wochen, bis er wieder wusste, wer er war. Er konnte lange nicht lesen und wusste seine Adresse nicht mehr. Nach längerem Krankenhausaufenthalt wurde er wieder entlassen. Sie bekamen die ersten Fotos von ihrer Mutter geschickt, es war schrecklich. Er sah wie ein Fremder aus, seine Gesichtszüge wirkten verändert. Kerstin brach in Tränen aus. Es war, als lege sich ein Ring um ihren Hals, sie bekam keine Luft. Er war immer ein gutaussehender, stattlicher Mann und meinte, keiner könne ihm je etwas antun. Er hatte vor fast nichts und niemandem Angst. Als Kind fühlte sie sich bei ihm immer beschützt, ob im dunkelsten Wald oder beim stärksten Gewitter. Er war nun nicht mehr der starke unerschütterliche Mann. Er wirkte hilflos und schwach, bemerkte es aber selbst nicht. Kerstin telefonierte morgens mit ihm, abends wusste er es nicht mehr. Sie war nur froh, dass er Rita noch hatte, sie stand ihm immer zur Seite. Es schmerzte Kerstin alles so sehr, damit musste sie erst einmal fertig werden. Er war nun ein anderer, und sie konnte es nicht recht glauben. Ich sehe ihn bestimmt nicht wieder, waren ihre Gedanken. Wie konnte sie ihren Eltern nur helfen? Sie wollte sie einfach in die Arme nehmen, sie drücken, ihnen Trost spenden und helfen.

Lichtblicke

Erwin sah sehr verändert aus. Sein Wesen hatte sich total verwandelt. Rita hatte selbst viele Krankheiten und musste sich nun hauptsächlich um ihren Mann kümmern. Viele Nerven hatte sie dabei lassen müssen. Sie wurde zusehends nervöser. Es kostete Rita viel Kraft und Energie. Erwin fuhr trotz seiner Krankheit wieder Auto. Der Führerschein wurde ihm nicht entzogen. Er konnte das Ziel finden, aber den Heimweg nur mit vielen Schwierigkeiten bewältigen. Das Telefon klingelte bei Rita, wenn er den Weg nicht nach Hause fand. Obwohl es sich für Erwin auch als sehr schwierig herausstellte zu telefonieren, denn er

wusste seine Telefonnummer nicht mehr. Erwin hatte einen Kalender in seiner Brieftasche, wo diese notiert war, und das war ihm eine große Hilfe. „Mutti, ich stehe hier am Bahnhof und weiß nicht, wie ich nach Hause finde“, sagte er dann. „Warte, ich sehe im Stadtplan nach“, gab Rita am anderen Ende der Leitung zur Antwort. Er fand dann irgendwann nach Hause – oft nach stundenlanger Irrfahrt durch die Stadt. Den Ärzten sagten sie nichts von seiner Desorientierung, sie waren auf das Auto angewiesen. Autofahren war Erwins größte Leidenschaft. Es war nicht nur eine Gefahr für sie beide, auch für die anderen Verkehrsteilnehmer. Aber Gott stand allen bei.
Wenn Rita mit ihm fuhr, kannte sie einigermaßen den Weg nach Hause. Sie konzentrierte sich nicht immer beim Autofahren und war mit ihren Gedanken oftmals woanders. Sie hatte keinen Führerschein. Also musste sie sich, wenn er allein unterwegs war, immer auf einen längeren Zeitraum bis zu seiner Wiederkehr einstellen.

An frühere Zeiten konnte sich Erwin sehr genau erinnern. Er wollte immer wieder nach Berlin zurück und hätte sich am Liebsten in das Auto gesetzt, um dorthin zu fahren. Er begriff nicht, dass man ihn verhaften würde. Er saß oft und weinte. Seine Seele war gebrochen. Täglich fragte er nach dem Datum oder der Uhrzeit. Er wusste abends nicht, mit wem er morgens telefoniert hatte. Es war für beide eine schwere Zeit. Das

Glück im Westen währte nicht lange. Aber, wer denkt schon an so etwas. Es ist besser, wenn man nicht weiß, was die Zukunft bringt. Sie hatten den zweiten Weltkrieg überstanden, sie lernten das Überleben und waren Kämpfer, die noch nicht aufgegeben hatten.
Den kleinen Hund besaßen sie immer noch, das war nun all die Jahre ihr Kind. Erwin verteidigte ihn vor jedem Angreifer. Als der Hund einmal gebissen wurde, stellte er sich dazwischen und wurde selbst Opfer dieser Bissattacke. Ja, er war sehr tierlieb. Rita sagte immer: „Wer keine Tiere mag, der liebt auch keine Menschen."

Jetzt mussten Ritas Krankheiten zurückstehen, sie hatte keine Zeit mehr, an sich zu denken. Ihr Ehemann benötigte ständig Medikamente. Sie begleitete ihn auf all seinen Wegen. Rita war damit oft überfordert. War doch ihr Mann sonst für viele Dinge zuständig, änderte sich nun das ganze Leben. Sie musste zur Bank, sich um die Finanzen kümmern. Auch sonstige handwerkliche Tätigkeiten konnte er nicht mehr ausführen. Sie mochte trotzdem nicht daran denken, ihn zu verlieren. In den achtunddreißig Ehejahren hatten sie schon manchen Sturm überlebt. Das Leben hat Höhen und Tiefen. Manche Dinge vergisst man nie, oft die Negativen, denn sie hinterlassen tiefe Narben. Aber das Dasein brachte ihnen auch schöne Erinnerungen. Ihre gemeinsamen Pläne gelangen ihnen immer. Sie lebten stets bescheiden und erfreuten sich an kleinen Dingen. Sie hatten keine Erwartungen, also konnten sie auch nicht enttäuscht werden. Sie nahmen das Leben, wie es kam und machten immer das Beste daraus. Ihre größte Freude waren ihre Kinder und Enkelkinder. Ihre Eltern waren schon lange tot. Im Krieg gefallene Geschwister und die Verwandten väterlicherseits von Rita, die im Konzentrationslager hingerichtet wurden, hätten ihnen bestimmt im Leben Unterstützung geben können. Oftmals stellte sich Rita vor, wie es gewesen wäre, hätte sie noch ihre Angehörigen gehabt. Die einzige, die ihr blieb, war ihre geliebte Schwester.

Schock

Sie saßen morgens am Frühstückstisch, aber Erwin war sehr unruhig. Manche Tage hatte er starke gesundheitliche Probleme.
Er fuhr wie immer zur Arbeit und hatte trotz Krankheit seinen Job nicht aufgegeben. Auto durfte er in dieser Firma nicht mehr fahren, aber er verrichtete leichte Lager- und Reinigungsarbeiten. Er erhielt in der Lagerhalle einen Anruf, über den er sich so freute, dass ihm der Hörer aus der Hand fiel. Er sank zusammen, und jede Hilfe kam zu spät …

Das war seit dem Tod von Ritas Mutter die schrecklichste Nachricht, die sie erhalten hatte. Sie konnte das alles nicht begreifen. Warum musste das passieren? Er war erst achtundfünfzig Jahre alt.

Geblieben war Rita ihr Hund. Der lag auf der Fensterbank und wartete vergebens auf sein Herrchen.

Rita musste nun alles allein bestreiten. Ihr Hüftleiden und die Schmerzen waren ihre ständigen Begleiter. Das zerrte an den Nerven. Morgens alleine, abends alleine!
Tagsüber bekam sie aber Besuch. Ihre Schwester wohnte gegenüber auf der anderen Straßenseite. Aber auch sie war in der Zwischenzeit sehr krank und gebrechlich geworden. Das Leben sah nun so leer aus.

Man macht sich als junger Mensch wenig Gedanken über den Tod, und sie und ihr Ehemann glaubten und hofften auch auf ein längeres Leben. Auf einmal ändert sich alles. Sie sprach immer zu ihren Kindern: „Genießt nur das Leben und lebt jeden Tag, als wenn es der Letzte wäre." Man nimmt diese Worte einer Mutter auf, betrachtet aber den Sinn nicht tiefer. Man sagt ihr auch zu wenig, wie lieb man sie hat. Das Leben währt nicht ewig, auch die Jugend geht vorbei, schneller als man denkt.

Eines Morgens stand Rita auf und ihr Hundchen kam nicht angelaufen, um sie zu begrüßen. Sie neigte sich über den Korb, aber er lag regungslos darin. Ihr kleiner Dackel war nun eingeschlafen. Er spürte die Einsamkeit und vermisste sein Herrchen. Warum nur musste das alles so sein? Rita war noch verzweifelter. Sie hatte inzwischen drei ihrer Kinder bei sich, die ihr immer zur Seite standen. Aber die Abende waren lang, und die Einsamkeit immer gegenwärtig. Ihre zweite Hälfte war weg, und niemand konnte sie ersetzen.

TEIL III – KERSTIN

Aufbruch

Tief atmete Kerstin die Luft ein, das Laub unter ihren Füßen war schon etwas gefroren. Der Herbst kam mit Macht. Sie war auf dem Weg zur Arbeit, und ihre Schritte hatten ein gewisses Tempo, denn zu spät kommen, das widerstrebte ihr und war in ihrer bisherigen beruflichen Laufbahn noch nicht passiert.
Es fiel auf, wie trostlos doch die Natur wirkte, wenn alles grau in grau war. Dazu trug zum größten Teil der triste Anstrich der Häuser in Berlin bei. Die Fassaden waren marode, der Putz bröckelte ab. Das ganze Stadtbild von Ostberlin, nein, man musste sagen von „Berlin Ost“ beziehungsweise Hauptstadt der DDR, so wie es von den Behörden und eigentlich überall verlangt wurde, erschien wie die sprichwörtliche „graue Maus“.
Die Häuserwände waren zwar verputzt, aber für einen Anstrich der Außenfassade hatte man keine Farbe. Jeder gewöhnte sich irgendwann an dieses Bild und konnte nichts ändern. Eins fiel den Bürgern auf, immer wenn irgendein Festtag oder großer Staatsempfang nahte, wurden die Häuserfronten in den Hauptstraßen bzw. Vorzeigestraßen in sogenannten „Hauruckaktionen“ sehr schnell farbig gestaltet. Aber nicht etwa das

gesamte Haus, sondern die Fassaden bekamen in einer Höhe von ca. drei Metern einen neuen Anstrich. Das war ein Farbtupfer, immerhin besser als gar nichts. Die Farbe hielt nicht lange und platzte nach dem ersten Frost wieder ab.

Kerstin gestaltete ihr Leben mit ihrem Mann und den Kindern nach ihren Möglichkeiten. Sie hatten im Jahr (1981) ein Haus gekauft und waren einfach glücklich. Ein Haus für eine Arbeiterfamilie, ohne Kredite oder sonstige Schulden.

Typische Fassaden in Berlin Prenzlauer Berg 1989

Vorher wohnten sie im Prenzlauer Berg, direkt am Kollwitz-Platz, einem Arbeiterviertel – heute ein Insidertipp für Touristen. Sie hatten aber Verantwortung für ihre Kinder und wollten nicht, dass sie zwischen Mülltonnen aufwachsen. Spielplätze waren zwar vorhanden, doch alleine konnte man sie nicht zum Spielen schicken, es bedurfte immer einer Aufsicht. In diesem Bezirk gab es viele Wohnhäuser, die Hinterhöfe hatten, in denen sie sich hätten verlaufen können. Es war gefährlich, denn Alkohol gehörte in dieser Gegend oftmals zum täglichen Leben. Das entsprach nicht dem Lebensniveau von Kerstins Familie. Sie hatten andere Vorstellungen von einer Wohngegend.

Eingang zu einem Kellerladen 1990

Nun waren sie stolz, ein eigenes Heim zu besitzen. Für die Finanzierung mussten sie ihre „Datsche“ (Garten mit Häuschen) verkaufen sowie den Wartburg, den sie sehr teuer erstanden hatten. Es war nicht einfach, einen solchen Mittelklassewagen zu erwerben. Man konnte nicht so ohne weiteres in ein Autohaus gehen und ein Auto kaufen. Dazu bedurfte es eines Antrages mit einer Wartezeit von zirka 10 bis 14 Jahren. Jede volljährige Person meldete sich nur für ein Auto an. Das war Bedingung. Da sie mit ihrer Anmeldung aber noch nicht an der Reihe waren, suchten beide einen anderen Weg. Es gab immer irgendwelche Möglichkeiten, man musste diese nur kennen.

Ein Arbeitskollege ihres Mannes war mit seiner Anmeldung an der Reihe, hatte aber kein Geld, das Auto zu kaufen. Also gaben sie ihm rund 20.000,00 Mark. Er nahm das Geld und bezahlte damit das Auto, das aber laut Kfz-Brief immer noch sein Eigentum war. Dann gaben sie ihm für diese Gefälligkeit 5.000,00 Mark auf die Hand. Das war kein legales Geschäft. Das Auto verkaufte er offiziell eine Woche später an Kerstin und ihren Mann, sonst wäre der Schwindel aufgefallen. Viele gingen diesen Weg, um zu einem neuen Auto zu kommen. Es war ein offenes Geheimnis, und Not macht bekanntlich erfinderisch.
Aber Angst vor dem Staatsanwalt hatten alle, denn nach dem DDR-Recht wäre es illegaler Autohandel gewesen.

Sie waren zwar stolz auf ihr Auto, das Haus war ihnen aber wichtiger. Zwei Jahre hatten sie das Auto besessen und es dann verkauft, und sie bekamen denselben Betrag, den sie vorher dafür ausgegeben hatten. Das Geld aus den Verkäufen reichte nun nicht nur für das Haus, sondern auch noch für einen Trabant. Das war das Auto für einen Arbeiter. Der wurde in Luxusausführung ausgeliefert, das heißt mit Sportlenkrad und Benzinhahnverlängerung. Für Edgar war das kein Auto, er nannte es immer „Gehhilfe".

Es war ein altes Haus, an dem lange nichts gemacht wurde. Beide gingen arbeiten, und es blieben ihnen also nur der Feierabend und die Wochenenden, um etwas auf dem eigenen Grundstück zu schaffen. Beide packten tüchtig an. Sie arbeiteten, bis sie vor Müdigkeit nicht mehr aus den Augen gucken konnten, aber es ging vorwärts. Zuerst wurde die gesamte elektrische Leitung im Haus erneuert. Da ein guter Freund von ihnen Elektriker war, übernahm er die Installation. Edgar war Kfz-Schlosser, und so konnte er ihm helfen, ihr Motto war stets: „Eine Hand wäscht die andere".

Das Haus hatte nur einen alten kleinen Ofen im Wohnzimmer, und sie mussten so schnell wie möglich eine Heizung einbauen. Es war nicht einfach, einen Heizkessel zu bekommen, es ging hier um einen Kohlekessel, nicht etwa um eine Ölheizung. In der Zeitung konnte man lesen: „Tausche

Trabant gegen Heizungskessel". Sie hatten den Eindruck, dass auch diese Teile zwar reichlich produziert, aber für Devisen verkauft wurden, wie so viele Waren. Auch die DDR entdeckte, dass die „Westmark" mehr Wert war als die „Ostmark".

Das gesamte Material, das für die Heizung benötigt wurde, bekam Kerstin über ihre Firma zum Einkaufspreis, und somit hatten sie eine Sorge weniger. Die Schwerkraftheizung wurde von ihren Arbeitskollegen installiert. Die Heizungsmonteure kamen nach Feierabend und legten los. Die übrige Materialbeschaffung lief ebenfalls gut an. Von den vielen Besorgungen des Baumaterials und dem Stress, den sie außerhalb ihrer Arbeitszeit hatten, waren sie ziemlich ausgelaugt. Der Tag begann für sie um vier Uhr morgens.

Wohnzimmer 1988

Die Kinder mussten geweckt, das Frühstück vorbereitet und die Wohnung aufgeräumt werden, so dass die Zeit am Abend für die anderen Dinge frei blieb. In den Sommermonaten brauchten sie nicht ganz so früh aufzustehen, es wurde nicht mehr geheizt. Das Haus kühlte im Winter schnell aus. Es war nur mit einem halben Stein gemauert. Manchmal ist Edgar sogar nachts aufgestanden, um Kohle und Koks nachzufeuern.

Ihre Tochter, Beate, ging zur Schule, ihr stellte sie das Frühstück fertig hin, alles andere machte sie selbstständig, und so konnte Beate etwas länger schlafen. Sie stellte sich den Wecker. Sie traf sich dann mit ihrer Freundin, die gegenüber in einer Querstraße wohnte.

Es war eine schöne Siedlung im Norden von Berlin. Dort standen zirka 200 Häuser. Jeder hatte einen Garten, der ungefähr 1200 qm groß war. Ihr Sohn, der noch jünger war, wurde um fünf Uhr geweckt, bekam sein erstes Frühstück und ging anschließend in den Kindergarten, der sich neben der Schweinemastanlage befand.

Um sechs Uhr wurde die Einrichtung geöffnet. Pünktlich stand Kerstin vor der Tür und wartete, bis man die Tür aufschloss. Ihr Sohn Sven war morgens als erster dort. Die Kindergärtnerin schaute mit einem bösen Blick, weil der Kleine noch müde war und weinte, er wollte nicht in den Kindergarten. Es tat ihnen als Eltern weh, aber es ging allen Eltern so.

Kerstins Mann wartete im Auto. „Ich will unserem Kind noch einen letzten Kuss geben, es bleibt wenig Zeit dafür", sagte er traurig. Sven weinte und wollte nicht dort bleiben, er klammerte sich fest an seine Mutti. Dieser Abschied machte sie traurig, sie musste ihre Tränen verbergen, beide hatten ein schlechtes Gewissen! Kerstin half ihrem Sohn noch beim Ausziehen und versprach ganz fest, dass sie bald wieder da wären. Dieses Versprechen dauerte bis etwa 17.30 Uhr. Ein langer Tag für so kleine Würmchen.

Meistens beruhigten sich die Kinder morgens aber nach fünfzehn Minuten wieder. Für die kleinen Racker lief ein programmreicher Tag, der von Abwechslung mit Spiel und lehrreicher Unterweisung geprägt war, was auch viele Vorteile mit sich brachte. Vergessen sollte man dabei aber nicht, dass alles sozialistisch orientiert war.
Die Frauen arbeiteten 40 Stunden pro Woche, aber erst ab dem zweiten Kind. Die Männer mussten 43,75 Stunden arbeiten.

Dann fuhren sie weiter mit dem Auto in die Innenstadt. Anfangs nahm Edgar Kerstin mit dem Wagen mit, dann fuhr Kerstin mit der Straßenbahn zur Firma. Damals arbeitete sie noch in der Wohnungsverwaltung im Süden. Später wechselte sie die Arbeitsstelle und hatte es nun nur noch 15 bis 20 Minuten mit dem Bus bis zu ihrer neuen Wirkungsstätte.

Es war 6.30 Uhr, sie saß in ihrem Büro. Abgehetzt und müde musste sie nun ihre „sieben Sinne" beieinander haben. Ihr Arbeitstag begann, wie jeden Morgen, mit einem schlechten Gewissen ihren Kindern gegenüber. Aber was sollte sie machen, die Frauen waren gezwungen mitzuarbeiten. Es gab im Falle einer Scheidung keinen Unterhalt, und es hätte auch nur wenig Witwenrente gegeben. Jeder war in diesem Staat für sich alleine verantwortlich. Das Geld hätte ansonsten nicht hin und nicht her gereicht. Die Mieten waren zwar niedrig im Vergleich zur Bundesrepublik, doch die Wohnungen oft in einem sehr schlechten Zustand. Der überwiegende Teil war mit einer Ofenheizung ausgestattet, viele ohne Bad und in den Altbaugebieten sogar ohne Innentoilette, das heißt, sie befand sich im Treppenhaus und wurde von mehreren Mietparteien benutzt. Es war kein Geld da, um die Häuser instand zu halten. Die Fenster waren oftmals einfach verglast, und es zog durch alle Ritzen. Wenn man das Einkommen eines Familienvaters mit zirka 1.000,00 Mark ansetzte, musste etwa ein Zehntel davon als Miete berücksichtigt werden. Dazu kamen Kosten für Heizung, Strom sowie Fernsehgebühren. Je nach Einkommen hatte man eventuell eine Versicherung, so dass noch 500,00 Mark übrig blieben. Der Rest entfiel auf Lebensmittel, Bekleidung, Unterhalt des Autos, Möbel, Hausrat usw. Es gab in den Geschäften keinerlei Sonderangebote, weder für Lebensmittel noch für Bekleidung.

Die Kleidung war sehr teuer und nicht modisch. In allen Geschäften der Republik dieselben Preise. Es war egal, ob man in Thüringen oder an der Küste einkaufte. Lederschuhe bekam man kaum noch unter 100,00 Mark. Für Lebensmittel und Lebensunterhalt benötigte man für einen Vier-Personen-Haushalt im nichtländlichen Bereich rund 1000,00 Mark. Möbel waren in der Regel Luxus. Teilweise musste man sich sogar für den Kauf von Möbeln anmelden. Kerstin und Edgar konnten gut wirtschaften und sparten trotzdem nicht mehr als 100,00 Mark monatlich, manchmal sogar nichts. Jeder hatte Beziehungen zu irgendwelchen Leuten, ob es um die Beschaffung von Lebensmitteln, wie Tomatenketchup oder Berliner Pils ging. So gut sie anderen helfen konnten, taten sie es. Ihnen wurde auch geholfen mit Dingen aller Art. Jeder unterstützte jeden, auch beim Hausbau. Wer gebrauchte Möbel kaufte, musste viel Geld dafür bezahlen, man sparte ungefähr fünfzig Prozent gegenüber neuen.

Der Beruf verlangte Kerstin eine Menge ab. Sie musste immer präsent sein und hatte viel Organisatorisches zu erledigen. In Gedanken war sie immer bei ihren Kindern und beim Hausbau. Viel Energie war nötig, um alles unter „einen Hut" zu bringen. Am liebsten wäre sie so manchen Morgen nicht aufgestanden. Immer war sie müde und der Blutdruck niedrig. Sie freute sich, wenn eines ihrer Kinder krank wurde, natürlich nicht über die Krankheit, aber sie musste zum Arzt und wurde krankgeschrieben, es war dann für sie wie ein kleiner Urlaub. Der Kinderarzt prüfte genau, ob eine akute Krankheit mit Fieber usw. vorlag, sonst hätte man keinen Krankenschein bekommen und musste anschließend wieder zur Arbeit. Aber mit der Krankheit seiner Kinder macht man keinen Scherz, und ihre waren krank, wenn sie mit ihnen den Arzt aufsuchte.

Sie kamen mit ihrem Eigenheim gut voran. Die Küche und das Bad mussten noch gefliest werden. Das Bad war vorher ein Hühnerstall, den sie schon nach ihren Möglichkeiten umgestaltet hatten. Sie waren immer guten Mutes und freuten sich mit jedem Tag, an dem sie wieder ein Stück weiterkamen.

Es war Frühling, das Grün leuchtete frisch, und die ersten Blumen erwachten aus dem Winterschlaf. Das Singen der Vögel gab ihnen eine innere Ruhe. Trotz des Stresses, den sie hatten, tanzten beide vor Freude durch ihren Garten.
Das Haus lag in einem flachen Hof, und von dort erhob sich das Grundstück etagenförmig nach hinten. Viele Gewächse und Bäume umgaben das Ganze. Ihr Mann war gerade damit beschäftigt, die Terrasse, die an die Garage hinter dem Haus angrenzte, zu verputzen. Dazu bediente er eine Handputzmaschine. Der Putz wurde von Hand gemischt und kam

in diese, die dann mit einer Kurbel manuell betätigt wurde. Nun spritzte der Putz an die Wand. Es war anstrengend, aber ein billiges Verfahren.
Für beide stand fest, sie bleiben hier und bauen ihr Haus weiter aus!

Wegänderung

Kerstin erinnerte sich genau, wie der Richtungswechsel sich vollzog. Es kündigte sich Besuch aus dem Westen an. Die Cousine wohnte in der Nähe ihrer Eltern. Sie sagte zu ihnen: „Wenn ihr euch nicht beeilt mit dem Ausreiseantrag, es ist die letzte Möglichkeit, werdet ihr euren Vater nicht mehr wiedersehen, es steht schlecht um ihn."

Die Tränen rannen über Kerstins Gesicht. Nun stand ihr Entschluss fest, sie stellten erneut einen Antrag, aber nicht auf eine besuchsweise Ausreise, sondern einen endgültigen Ausreiseantrag. Sie formulierten ihn schriftlich und beantragten diesen gemeinsam mit ihren Kindern. Die besondere Bedeutung lag hier auf „gemeinsam", das bezog sich auch auf die ausdrückliche Angabe mit den Kindern. Sie hatten die Befürchtung, wenn sie sie nicht in diesem Antrag erwähnten, bekämen sie als Eltern die Ausreisegenehmigung und ihre

Kinder nicht. Die würden dann in einem Heim durch das Jugendamt untergebracht werden. Das wusste Kerstin auch von Arbeitskollegen ihres Mannes, die gaben ihnen Tipps und Hinweise, wie sie diesen Antrag stellen müssten. Die Kollegen hatten das alles schon lange hinter sich und warteten schon viele Jahre auf ihre Ausreise.

Den Einschreibebrief brachten sie gemeinsam zur Post. Ihre Verwandte aus dem Westen war auch mit dabei. Sie sprach vor der Abgabe am Schalter noch ein Gebet. Das Postamt war klein und befand sich im Stadtteil Wilhelmsruh. Hinter dem Schalter saß eine Beamtin. Kerstin schob ihr den Brief zu, ihre Hände zitterten vor Angst. Warum eigentlich, sie hatten doch nichts verbrochen, aber es kam ihr so vor. Sie stiegen alle in den Trabant und fuhren nach Hause. Um dort hinzugelangen, mussten sie zwangsläufig an der Grenze vorbei. Sie konnten Westberlin sehen. Auf dem Hügel von Lübars wehten die Fahnen der Bundesrepublik. Der Anblick war beklemmend. Kerstin war so übel, es schlug ihr alles auf den Magen, abgesehen von den weichen Knien, die sie plötzlich hatte. Jetzt begann eine aufregende Zeit für sie. Abends blieben alle noch recht lange auf und berieten, was als nächstes hinsichtlich dieser neuen, für sie ungewohnten Situation zu tun wäre.
Am nächsten Morgen wartete Kerstin unruhig auf ihren Chef. Sein Büro suchte sie sonst nur nach Terminabsprache sowie in dienstlichen

Angelegenheiten auf. Der Direktor an dieser Arbeitsstelle war ein sehr freundlicher Mann, etwa fünf Jahre älter als sie. Er war mit der Politik der DDR nicht mehr einverstanden und ihr gut gesonnen. Frauen gegenüber zeigte er sich ohnehin sehr charmant, vor allem den jüngeren. Das lag wohl in der Natur der Dinge. So hatte sie keine Schwierigkeiten. Nach dem Anklopfen durfte sie auch vorsprechen, zumal sie in ihrem Anliegen eine dringende Notwendigkeit betonte.

Sie wussten von anderen Mitbürgern, die auch einen Ausreiseantrag gestellt hatten, dass alle Informationen sofort von der zuständigen Behörde – der Zentralen Koordinierungsgruppe (ZKG) im Ministerium für Staatssicherheit (MfS) an alle anderen Institutionen weitergegeben wurden. Die erste Information über ihren Antrag erhielt somit die Firma, in der sie beschäftigt war. Genauso wurde es bei ihrem Mann gehandhabt und ebenso in der Schule ihrer Kinder, im Wohngebiet und bei der zuständigen Polizeidienststelle.

Sie berichtete ihrem Chef also die Beweggründe, die rein familiären Charakter hatten. Er schien ihr dankbar zu sein für diese Information und sagte: „Ich bin froh, dass ich es als Erster erfahre, denn es wird nicht lange dauern und die Abteilung Inneres wird hier anrufen, und dann bin ich schon vorbereitet.“ Er machte ihr keinerlei Vorwürfe, Kerstin hatte sogar den Eindruck, dass er vollstes Verständnis für ihre Situation hatte. Er war ihr sehr sympathisch und sie ihm auch. Kerstin hatte ja inzwischen den Betrieb gewechselt, und er verkörperte das genaue Gegenteil von dem vorherigen Chef. Sein Büro war sehr großzügig ausgestattet und mit großen Erkerfenstern versehen. In der Mitte stand ein langer Konferenztisch im barocken Stil mit den passenden Stühlen dazu. Rechts befand sich ein Ledersofa, geschmackvoll dazu waren die Bilder an der Wand. Es wunderte Kerstin schon bei ihrer Bewerbung, als sie das erste Mal diesen Raum betrat, dass keine sozialistischen Zwangsporträts an der Tapete hingen (Honecker, Stoph usw.).

Nach dieser kurzen Unterredung, die ungefähr 20 Minuten dauerte, suchte sie wieder ihr Büro auf. Es war nur ein kleiner Betrieb, doch das Aufgabengebiet als Abteilungsleiterin beinhaltete viele organisatorische Arbeiten sowie das Erstellen von Statistiken für den ökonomischen Bereich. Eine Personalabteilung gab es nicht, lediglich eine Sachbearbeiterin, die für Formulare und Ablage zuständig war. Alle anderen Dinge wurden durch wenige Angestellte und den Direktor persönlich erledigt. Mit der Mitarbeiterin für Personalwesen teilte Kerstin sich ihr Büro. Rief jemand wegen Personalfragen an, landeten alle Gespräche zuerst dort. Kerstin saß ihr gegenüber und hatte an diesem Morgen ein flaues Gefühl in der Magengegend, so als wenn gleich etwas

Unangenehmes über sie hereinbrechen würde. Sie war nicht so aufgeschlossen wie sonst und wartete einfach ab, auf das, was da kommen würde. Das Telefon klingelte noch am selben Morgen, wie sie es vermutet hatte. Sie konnte nichts hören, aber die Antworten ihrer Kollegin ließen nur einen bestimmten Schluss zu. „Was, das kann doch nicht wahr sein, ja, ich gebe sofort alles weiter", sagte sie, legte den Hörer auf und verließ eilig das Büro. Kerstin schaute vorsichtig nach draußen und sah, dass sie von Tür zu Tür ging und die Neuigkeit verbreitete, die offensichtlich ihren Ausreiseantrag betraf, obwohl die Kollegin in ihrer Funktion zur absoluten Schweigepflicht gegenüber den Angestellten verpflichtet war. Es war selbstverständlich, dass sie in dieser Position auch Mitglied der SED war. Mit dieser Mitgliedschaft rühmte sie sich oft vor allen Kollegen. Ebenso oft erwähnte sie, dass ihr Ehemann Mitglied des MfS war. Na, dachte sich Kerstin, diese „Suppe" werde ich dir versalzen. Sie klopfte wieder bei ihrem Chef an und teilte ihm mit, dass die Kadersachbearbeiterin durchs Haus liefe und die gewisse Botschaft allen verkündete. Er bedankte sich bei ihr. Er war zornig und ließ die Mitarbeiterin sofort zu sich ins Büro kommen. Am nächsten Tag saß sie nicht mehr mit Kerstin zusammen in einem Raum und war auch nicht mehr für diese Arbeit zuständig, da sie ihre Schweigepflicht gebrochen hatte.
Kerstin war kein schadenfroher Mensch, im Stillen lachte sie aber vor sich hin. Nach und nach trat

in ihrer Firma wieder Ruhe ein. Jeder wusste nun im Betrieb, dass sie einen Ausreiseantrag gestellt hatte, aber keiner sprach sie jemals daraufhin an oder redete gar mit ihr über dieses Thema. Die meisten hatten Angst. Es war Kerstin nur recht. Ihrem Mann ging es ähnlich. Nur bei ihm hatten viele Kollegen einen Antrag gestellt und saßen immer in den Pausen zusammen, gaben sich gute Ratschläge und tauschten Erfahrungen aus. Edgar zeigte keine Gefühle, ließ sich auf der Arbeitsstelle nichts weiter anmerken, aber innerlich beschäftigte ihn die Sache sehr. Man wusste nicht, wie alles ausgehen würde.

Schon nach einer Woche teilte Kerstins Vorgesetzter mit: „Ich muss Sie davon in Kenntnis setzen, dass Sie nicht mehr als Leiterin tätig sein dürfen, ebenso wird Ihnen die Hauptkasse der Firma entzogen. Arbeit habe ich für Sie nicht mehr, also beschäftigen Sie sich irgendwie. Entlassen darf ich Sie vorerst nicht, das Gehalt wird Ihnen weiterhin gezahlt." Sie war erstaunt und dachte, was ist denn nun los? Kerstin hatte von anderen gehört, dass, wenn sie die Ausreise beantragt hatten, ihnen gekündigt wurde. Sie sah es für sich positiv, offensichtlich spielten die Änderungen in der Politik eine besondere Rolle. Nach außen hin sollte es nicht negativ wirken, wenn jemand einen Ausreiseantrag gestellt hatte. Den Mut fassten die Bürger der DDR nach dem Abkommen von Helsinki, das am 1. August 1975 auch von der DDR ratifiziert wurde. Beginn dieser Konferenz in Europa war 1973. Auch die USA nahmen daran teil, und die DDR war Unterzeichner. Das bedeutete, „Achtung der Souveränität aller Teilnehmer untereinander, Unverletzlichkeit der Grenzen und Nichtanwendung von Gewalt und Einhaltung der Menschenrechte." Dazu gab es noch mehrere Nachkonferenzen. Die Aufnahme der DDR in die UNO am 18. 09. 1973 hatte dazu beigetragen, dass viele DDR-Bürger sich gegen das Regime auflehnten und den Versuch wagten, ihren Wohnort frei zu wählen.

So begann also morgens ihre Arbeit mit dem Lesen der Zeitung und endete am Abend mit dem Studium irgendwelcher Literatur und Beschaffung von Gesetzblättern. Kerstin bildete sich auf ihre Weise weiter. Mit den sofortigen Entlassungen war es also erst einmal vorbei. Viele, die einen Antrag gestellt hatten, gaben Informationen darüber an Mittelsmänner in die Bundesrepublik weiter. Die Behörden in der DDR hatten Angst, dass eventuelle Benachteiligungen über die Medien an die breite Öffentlichkeit gelangen könnten. Und da die Wirtschaft der DDR schon am Ende war, spielte es wohl auch keine besondere Rolle mehr, ihr das Gehalt weiter zu zahlen, ohne dass sie außer ihrer Anwesenheit eine Gegenleistung erbrachte. Hauptsache war, nach außen das Gesicht zu wahren, Humanität wurde nur geheuchelt. Die Anträge von ausreisewilligen

Bürgern sollten totgeschwiegen werden. Jeder wusste, was los war, aber viele schwiegen.

Kerstins Mann, der inzwischen Kraftfahrer war, durfte seinen großen Lkw nicht mehr fahren, er war nun eine Gefahr für den Staat. Er arbeitete in Grenznähe und hätte mit dem Auto die Mauer durchbrechen können, oder besser gesagt den „antifaschistischen Schutzwall", wie er in der DDR genannt wurde. Da er aber ein geachteter, unbescholtener Mitarbeiter seiner Firma war, durfte er ab sofort nur noch einen Kleintransporter, Marke Multicar, steuern. Allerdings bekam er ab diesem Zeitpunkt weniger Prämien. Mit so einem Antrag war man von einer zur anderen Minute ein anderer Mensch und wurde von den Behörden abgestempelt. Was die Staatsorgane durch Gesetze und Verordnungen vorgaben, mussten die „Diener" auch verrichten, die Staatsbeamten in den Betrieben, Schulen und so weiter.
So schlichen die Monate dahin. Jeden Tag, wenn sie vom Dienst kamen, schauten sie als Erstes in den Briefkasten, es war keine Nachricht bzw. Antwort auf ihren Antrag darin. Ihren Ausreiseantrag bearbeitete die Abteilung „Inneres", die gab es in jedem Stadtbezirk.
In ihrer Firma hatte man ihr nichts weiter vorzuwerfen, nur eines versuchte man ihr noch auszuwischen. Sie durfte nun die Betriebskasse nicht mehr verwalten, doch dann nahm man ihr auch noch die Gewerkschaftskasse weg. Fast alle

Kollegen waren in der Gewerkschaft und entrichteten jeden Monat ihren Obolus. Bis zu einem gewissen Zeitpunkt störte es Kerstin nicht, dass sie die Kasse abgeben musste. Eines Tages kamen Kollegen zu ihr und sagten: „Sag mal, was haben wir gehört, du hast Geld unterschlagen, und man hat dir aus diesem Grund die Kasse weggenommen?" Da platzte ihr sprichwörtlich der Kragen, sie hatte mit niemandem über ihre Ausreise gesprochen, aber jetzt war ihr dieses Gerede nicht mehr gleichgültig.

Es war ihr egal, ob sie verhaftet werden würde, nun war es an der Zeit, Klartext zu reden. Die Kollegen drängten sie damit in die Enge. Sie musste sich davon befreien. Sie erzählte es allen, die es wissen wollten. Ihre Kolleginnen und Kollegen hätten damit nicht gerechnet, dass gerade sie und ihre Familie einen Ausreiseantrag stellen würden. Sie hatten ein eigenes Haus und machten einen zufriedenen Eindruck. Doch viele drückten ihr die Daumen zu ihrem Vorhaben. Das entgegengebrachte Verständnis machte ihr Mut. Sie würden es selber gerne alle tun, hatten aber Angst wegen der Repressalien.

Die Kasse hatte sie mit Kassensturz und ohne Manko übergeben, das wussten die Kollegen vorher nicht. Sie bekamen nur die Mitteilung, dass sie ihre Beiträge jetzt bei einem anderen Kollegen bezahlen müssten. Sie staunten später nicht schlecht, mit welchen Methoden gearbeitet wurde und welcher Mittel man sich von staatlicher Seite bediente, um die ausreisewilligen Bürger zu schikanieren. Somit war zeitweise für sie der persönliche Kontakt zu den Kollegen sehr begrenzt, was ihr in diesem Falle recht war.

Sie öffnete wieder einmal den Briefkasten und entnahm eine Karte, ihr Herz begann heftig zu schlagen. Es war die erste Vorladung zu einem Gespräch beim MfS, der Grund wurde nicht angegeben. Es standen nur der Tag der Vorladung und die Uhrzeit darauf. Wieder zitterten ihr die Hände. Unterschrieben hatte die Vorladung ein Mitarbeiter mit der Abkürzung „Pe“, so dass man nicht den Namen wusste. Der Termin sollte in vier Wochen sein. Der Antrag lautete auf ständige Ausreise, die offizielle Begründung war die Familienzusammenführung.
Aber es waren eigentlich ganz andere Gründe, die sie zu diesem Schritt bewegten. Die Politik, die betrieben wurde, gefiel ihnen absolut nicht. Sie hatten nicht den Mut, in Opposition zu gehen. Sie ahnten, was passieren würde, hätten sie gegen die Politik des Staates ihr Veto eingelegt. Die Kraft, dafür in einem Gefängnis zu landen und ihre Kinder zwangsläufig in ein Heim geben zu müssen, hatten sie nicht. Also entschieden sie sich für den Weg des geringsten Widerstandes – der Familienzusammenführung.
Der Termin der Vorladung rückte näher, und sie saßen fast jeden Abend und berieten genau, mit

welchen Argumenten sie dieser Behörde entgegentreten müssen. Jeder musste die Begründung genau definieren, keiner durfte sich in seiner Begründung widersprechen oder versprechen. Ihnen war bekannt, dass immer ein Tonband mitlief und alles anschließend genau ausgewertet würde. Nach welchem Schema gearbeitet wurde, konnte nur vermutet werden. Das System war für sie nicht zu durchschauen, das war auch die Absicht, die dahinter steckte, man wollte die Menschen verunsichern.

Endlich war der Tag gekommen, auf den sie lange gewartet hatten. Kerstin wusste von ihrem Chef, dass er bei dem ersten Gespräch dabei sein würde, ebenfalls ein Beauftragter der Firma ihres Mannes.

Kerstin und Edgar betraten ohne ihre Kinder das Rathaus. Die „Abteilung Inneres“ befand sich im Erdgeschoss rechts. Auf der linken Seite war das Standesamt. Zuerst mussten sie sich bei einem Pförtner melden. Er teilte ihnen mit, dass sie an der großen Glastür klingeln sollten.
Ein älterer Herr, der keine Miene verzog und sich furchtbar wichtig vorkam, nahm sie mit. Er forderte sie auf, ihre Personalausweise und die Versicherungsausweise abzugeben. Mit der Abgabe hatten sie schon gerechnet, aber was das mit den Versicherungspapieren sein sollte, konnten sie sich erst nicht erklären. Doch dann wurde ihnen

klar, dass sie nochmals überprüfen wollten, wo sie angestellt oder ob sie eventuell krankgeschrieben waren. Denn in diesen Ausweisen wurde vom Arzt die amtliche Krankschreibung bestätigt.

Geschäftig rannten einige Leute von einer Tür zur anderen. Kerstin und ihr Mann Edgar kamen sich verloren vor, und es erweckte bei ihnen den Eindruck, dass man sie absichtlich lange warten ließ. Sie saßen ungefähr eine halbe Stunde und machten sich ihre Gedanken. Sie wussten nicht, in welches Büro sie gehen würden. Sie kamen sich ausgeliefert vor, denn die Glastür, durch die sie diesen Flur betreten hatten, war nur mit einem Schlüssel zu öffnen. Man konnte also nicht weg. Es war dunkel, kein Sonnenstrahl fiel hinein. Die Farbe der Tapeten war verblichen. Edgar bemerkte, dass über einem Büro, das sich in der Mitte des Flures befand, ein „Klingeldraht" befestigt war, der über Putz verlegt wurde. Das könnte das Kabel für ein Abhörgerät oder Tonband sein. Dieser Raum musste es sein, dachten sie sich. Und so war es.
Nach dem Aufruf traten sie ein. Gleich links stand ein langer Tisch mit zehn Stühlen, die ringsum verteilt waren. Der Raum wirkte schmal. An der Stirnseite befand sich ein vergittertes Fenster. An der gegenüberliegenden Seite des Tisches war eine Reihe alter Büroschränke. Der einzige Schmuck an der Wand bestand aus dem Bild von Erich Honecker. Es hing fast in allen für die

Öffentlichkeit zugänglichen Büroräumen. Der Diktator schaute auf sie herunter.
Kerstin und Edgar saßen nun an der linken Seite, und ein junger Mann, der sich ihnen nicht mit Namen vorstellte, nahm an der Stirnseite links Platz. Die Tür ging auf, und der Chef von Kerstin sowie der ihres Mannes traten ein. Kerstins Chef begrüßte sie freundlich mit einem Lächeln im Gesicht und nahm ihr gegenüber Platz. Der Chef ihres Mannes verzog keine Miene und setzte sich ihm gegenüber hin. Daneben nahmen zwei muskulöse Männer Platz, die sich auch nicht vorstellten. Sie saßen mit verschränkten Armen da. Kerstin und Edgar wussten genau, dass sie als Schutzleute tätig waren. Es könnte ja sein, dass jemand von ihnen aus dem Rahmen fallen würde, dann hätten diese sofort eingegriffen und sie verhaftet. Aber Kerstin und ihr Mann waren sehr sachlich und wussten genau, wie sie sich verhalten mussten.

„Bitte, begründen Sie ihren Antrag auf Ausreise aus unserer Deutschen Demokratischen Republik“, forderte der Mann sie mit sächsischem Dialekt von der linken Stirnseite auf. Er war der Wortführer. Kerstin bekam zuerst das Rederecht und erklärte: „Meine Eltern leben in der Bundesrepublik Deutschland, sie sind sehr krank, und ich darf sie nicht besuchen. Mein Antrag auf besuchsweise Ausreise in die Bundesrepublik Deutschland wurde abgelehnt. Wenn ich also

nicht zu Besuch darf, dann muss ich umziehen."
„Sie sind sich wohl im Klaren darüber, dass Ihre Eltern Staatsfeinde sind", antwortete er sehr schroff darauf. „Sie haben die Deutsche Demokratische Republik ohne Genehmigung verlassen", sprach er weiter. „Wohin meine Eltern ihren Wohnsitz verlegen, das ist ihre Angelegenheit, dafür kann man mich wohl nicht bestrafen. Lassen Sie mich und meine Familie zwei Mal im Jahr zu Besuch zu meinen Eltern fahren, dann nehmen wir unseren Ausreiseantrag zurück", beendete sie ihre Rede. Nun kam ihr Chef zu Wort: „Was soll es eigentlich, dass wir hier so diskutieren, wir haben die Mauer nicht gebaut, aber müssen nun sehen, wie wir damit leben!" Sie hörte wohl nicht richtig. Er hatte den Mut und sprach aus, was andere dachten. Es durfte niemand „Mauer" sagen. Es war ein „antifaschistischer Schutzwall". Aber er war Genosse und hatte eine bedeutende Position in ihrem Stadtbezirk. Er ging täglich im Rathaus ein und aus. Kerstin schätzte ihn so ein, dass er genau wusste, was er tat. Offensichtlich hatte sie bei ihm einen „Stein im Brett". Sie war immer offen und ehrlich zu ihm, und Sympathie spielt eine große Rolle im Leben.

Nun ergriff der Chef ihres Mannes das Wort: „Wollen Sie Ihren Kindern die Zukunft verbauen, oder wollen Sie gerne einen Mercedes fahren? Sie können mir doch nicht erzählen, dass Sie aus Nächstenliebe Ihre ganze Zukunft aufgeben möchten, Ihr Haus und alles andere. Denken Sie daran, wie viele Menschen unter einer Brücke schlafen müssen!" Die Schachzüge dieser Herren waren in Kerstins Augen nicht sehr originell, und die Argumente dürftig, mit denen sie sie aus der Reserve locken wollten. Da sie ja jedes Wort, das sie sprachen, genau vorher zu Hause durchgespielt hatten, waren es ihrerseits sehr präzise Antworten. Und diese Leute wussten nichts dagegen zu setzen.

„Ich weiß genau, warum wir diesen Antrag stellen, wir haben sehr viele Verwandte in der Bundesrepublik, von denen keiner arbeitslos ist, und es schläft auch niemand unter der Brücke. Im Übrigen bin ich mit meinem Trabant hier sehr glücklich, er reicht für uns aus, und wir würden ihn auch mitnehmen wollen. Wir haben ein schönes Haus. Finanzielle Probleme haben wir nicht. Wir würden unser Haus vermieten, denn es könnte ja sein, dass wir eines Tages wiederkommen", war ein weiteres Argument Edgars. Sie gingen also geschickt vor und stellten ihre endgültige Begründung für die Ausreise nicht in den Vordergrund. Der Herr auf der Stirnseite fing an zu lachen: „Das habe ich ja überhaupt noch nicht gehört. So etwas geht nicht. Sie müssen sowieso erst ihre Eigentumsverhältnisse regeln, das heißt im Klartext, Sie müssen, falls es zur Ausreise kommt, Ihr Haus verkaufen. Außerdem, die Eltern Ihrer Frau sind so krank, was ist, wenn sie sterben, dann hat sich wohl der Grund für

Ihren Antrag erledigt", erwiderte er schroff. In Kerstins Hals pochte es, sie lief rot an vor Zorn, konnte sich aber dennoch beherrschen. Sie änderte ihre Tonlage: „Es kann doch nicht sein, dass Sie bis zum Tod meiner Eltern warten, dann wäre mein Vertrauen in diesen Staat gänzlich vorbei, und ich würde wahrscheinlich anfangen zu hassen. Wo bleiben die Menschenrechte, die Abkommen, die die Deutsche Demokratische Republik unterschrieben hat?", war ihre Frage. „Wollen Sie uns drohen?", erwiderte er sofort. „Von Drohungen kann hier keine Rede sein, außerdem leben meine Eltern noch, und wir hoffen auch noch lange", lautete daraufhin ihr Kommentar.

Der eine stellte Fragen, der andere auch, so ging es hin und her, immer wieder versuchte man, beide politisch aus der Reserve zu locken, was nicht gelang. Sie beteuerten immer wieder den Zusammenhalt und die Liebe zu ihren Eltern. Damit war nach zirka sechzig Minuten das erste Gespräch bei der Abteilung „Inneres" beendet. „Sie hören wieder von uns", waren die letzten Worte des jungen Mannes, der sie anfangs auch begrüßt hatte. Er forderte sie auf, in dem dunklen Gang wieder Platz zu nehmen.

Mit Absicht – so hatten sie den Eindruck – ließ man sie warten. Sie mussten noch ihre Personal- und Versicherungsausweise erhalten, da diese wichtig für die spätere Rente waren, denn darin wurden die Beschäftigungszeiten und damit die Zahlungen für die Rentenversicherung bestätigt. Ein anderer älterer Herr brachte ihnen nach einer Weile die Papiere. Er begleitete sie bis zur Tür und schloss diese endlich auf. Es missfiel ihnen übrigens sehr, so eingeschlossen zu warten, sie waren doch keine Gefangenen.

Originale Telefonzelle 1988

Schnell verließen sie das Gebäude, holten draußen tief Luft und waren sehr erleichtert, die erste Begegnung mit diesen Leuten hinter sich zu haben. Nun suchten sie die nächste Telefonzelle und riefen gleich den Bruder ihres Mannes an und berichteten verschlüsselt, denn auch hier hatten sie Angst, dass diese öffentlichen Telefonleitungen abgehört würden. Sie setzten sich in den „Trabi“, umarmten sich, und die erste Angst war verschwunden.

Wichtig für beide war die gute Ehe, die sie führten. Sie waren sich immer einig gewesen über ihren Lebensweg. Die Liebe sowie das gegenseitige Vertrauen spielte dabei eine ganz große Rolle in ihrem Leben. Es musste nicht unbedingt eine Selbstverständlichkeit bei vielen Ehepaaren oder Pärchen sein, denn es kam vor, dass der eine oder andere für die Staatssicherheit arbeitete.

Nun begann für sie das große Warten. Jeden Tag, wenn sie nach der Arbeit nach Hause kamen, war der erste Gang zum Briefkasten, nachzuschauen, ob wieder eine Vorladung zu einem weiteren Gespräch fällig war. Sie wussten von Gleichgesinnten, dass es immer vier bis sechs Wochen dauerte.
Die Zeit verging, und sie hatten keine rechte Lust mehr, irgendwelche Veränderungen an ihrem Haus vorzunehmen. Sie pflegten zwar den Garten und hielten das Haus auch in Ordnung, doch notwenig gewordene Erneuerungen, die sie sonst durchgeführt hätten, nahmen sie nicht mehr vor. Sie genossen den Sommer und warteten ab.

Es folgten wieder Vorladungen, die sie eigentlich nicht viel weiterbrachten. Sie hatten eher den Eindruck, dass alles nur eine Verzögerungs- bzw. Hinhaltetaktik war. Die Mitarbeiter des MfS verglichen jedes Mal die Gespräche miteinander, die geführt wurden und wollten, so nahmen beide an, Widersprüche feststellen. Es gelang ihnen aber nicht, weil es keine gab!

Es kam der Tag der 5. Vorladung, inzwischen war ein Jahr vergangen. Diese Zeit des Wartens strengte sie sehr an. Sie wurden immer ungeduldiger. Jeden Tag der hoffnungsvolle Blick in den Briefkasten und immer Angst! Das war das Ziel der Staatssicherheit! Man erfuhr nichts, keiner konnte oder wollte ihnen Auskunft geben.

Schikane

Kerstin war Vorsitzende des Elternaktivs ihres Sohnes und damit gesellschaftlich tätig. Das ist vergleichbar mit dem Elternpflegschaftsvorsitzenden in der Bundesrepublik. Mitglieder waren der Vorsitzende, ein Stellvertreter und zwei weitere Eltern und der Klassenlehrer. Eine kurzfristige, vorher nicht geplante Versammlung wurde einberufen. Alle trafen sich im Kulturhaus in der kleinen Siedlung. Auf das Erscheinen von Kerstin hatte man ausdrücklich großen Wert gelegt. Fast alle Familien der Klassenkameraden ihrer Kinder wohnten in ihrer Wohnsiedlung. Alle kannten sich untereinander.

Kerstin ahnte nur zu gut, was dieses Mal auf sie zukommen würde, tat jedoch so, als wenn nichts Besonderes wäre. Der Stellvertreter des Elternaktivs ergriff das Wort und begrüßte alle recht förmlich, was sonst nicht seine Art war. Er verkündete dem Elternaktiv, dass Kerstin ausscheiden würde. „Bitte, teilen Sie den anderen Mitgliedern Ihre Begründung mit", forderte er sie auf.
„Es ist zwar nicht meine Absicht, das Elternaktiv zu verlassen, aber wenn Sie es sagen, wird es wohl so sein. Ich fühle mich nicht verpflichtet, wenn Sie mich zur Aufgabe meines Amtes indirekt zwingen, die Gründe hier offen zu legen." Ihr fiel auf, dass er angestrengt überlegte und mit einigen Bemerkungen versuchte, sie zu verunsichern. Auch das gelang ihm nicht, sie blieb ruhig und sachlich und trank ihr Bier aus, sie verabschiedete sich mit den Worten: „Damit ist der Fall für mich hier erledigt."
Sie klopfte nur noch auf den Tisch, was sonst nicht ihre Art war und ging. Es war üblich, sich bei Begrüßungen und Verabschiedungen die Hand zu reichen. Dieses war eine Geste der Höflichkeit. Einige lächelten und nickten ihr zu, so als wenn sie sagen wollten, es tut uns leid für dich, aber uns sind die Hände gebunden. Kerstin war klar,

dass alle, die in dieser Runde saßen, vorher genauestens informiert wurden und sie über ihren Ausreiseantrag Bescheid wussten. Dieses Theater hat man offiziell gespielt, um die Menschen, die einen Ausreiseantrag stellten, zu tyrannisieren und sie in der Gesellschaft bloßzustellen. Damit sollte erreicht werden, dass man sich gedemütigt fühlte, es kam einer Bestrafung gleich, auch wenn es erst einmal nur durch Bemerkungen und Blicke von Mitmenschen geschah. Sie sollten ausgegrenzt werden. „Wie es innen aussieht, geht niemand etwas an“, waren immer die Gedanken von Kerstin.

Sie war aufgeregt und begann zu zittern, so als wenn Frost draußen wäre, das war aber das Einzige, was sie erreicht hatten. Ihre Familie hatte doch nichts verbrochen! Stark machte sie ihr Mann, er hielt in schlechten und guten Zeiten zu ihr. Er war ihre rechte Hand, und das gab ihr viel Kraft. Ohne ihn wäre sie diesen Weg nicht gegangen.

Tage später traf Kerstin eine Frau aus der besagten Runde wieder. Sie bestätigte ihr, dass alles so von entsprechender Stelle angeordnet wurde. Ihr blieb keine andere Wahl, als hier gute Miene zum bösen Spiel zu machen. Sie war schließlich im Schuldienst tätig und arbeitete im Auftrag des Staates. Ihren Job wollte sie auch nicht verlieren oder sogar noch Schlimmeres durchmachen. Kerstin solle durchhalten, gab sie ihr als Rat mit auf den Weg. Sie verstehe auch nicht alles, was in diesem Staat so vor sich gehen würde. Sie gestand Kerstin auch, dass sie sich, obwohl es ihr direkt verboten wurde, mit ihrer Westverwandtschaft ein paar Mal in einem Dorf außerhalb ihres Wohnortes traf. Bei Kerstin blieb ein mulmiges Gefühl. Es traute sich niemand, irgendeine politische Äußerung einem anderen gegenüber zu machen, man wusste nicht, wer sich hinter jedem einzelnen verbarg.

Kerstin und Edgar hatten viele Freundschaften. Einige von ihren Freunden wollten auch gerne nach Westberlin wechseln. Sie waren mit ihrer Arbeit zufrieden, ihre Kinder studierten, aber sie hatten Angst, einen anderen Weg einzuschlagen.

Diese Freunde machten ihnen Vorwürfe, dass sie mit ihrer Entscheidung den eigenen Kindern die Zukunft verbauen würden. Außerdem wären sie nicht mehr die Jüngsten. Sie zeigten keinerlei Verständnis. Und es waren nicht nur Freunde, teilweise auch nahe stehende Personen. Sie heuchelten ihnen etwas vor. Gerne würden sie in den Westen gehen, nur die Angst war zu groß. Sie bangten um ihren Arbeitsplatz und um das Ansehen in der Gesellschaft. Einige dieser Leute mieden den Kontakt zu Kerstin und Edgar für eine gewisse Zeit, kamen aber dann ab und zu vorbei, um über ihren Ausreiseantrag etwas zu erfahren. Sie erkundigten sich auch über Dritte.

Familie

Ein junger Mann, der der Familie nahe stand, wurde zum Wehrdienst gezogen und an die Grenze versetzt. Dieser Dienst dort war, für viele Leute nicht einfach zu verkraften. Sie hatten große Angst, bei irgendwelchen Zwischenfällen im Grenzbereich erschossen zu werden, was man sich sehr genau vorstellen konnte. Ob Geräusche nachts vom Wind oder den Tieren stammten, ließ sich nicht ausmachen. Ebenso konnte es sein, dass Spaziergänger sowie Flüchtlinge, die sich der Grenze näherten, ein Rascheln im Unterholz oder auf den Wegen verursachten. Die Soldaten an der Grenze wussten meistens nicht, mit welchen Kollegen sie ihren Dienst versehen mussten. Sie kannten sich untereinander nicht immer. In diesem Bereich sollten keine Freundschaften entstehen, damit wurden eventuelle gemeinsame Fluchtpläne bereits im Vorfeld vereitelt. Näherte sich nun im Dunkeln der Nacht jemand, musste er sein Kennwort sagen. Entstanden verdächtige Geräusche, sollten die Soldaten schnell zur Waffe greifen und davon auch Gebrauch machen. Jeder hatte Angst um sein Leben. Um diesen Grenzeinsatz zu vermeiden, ging der Besagte zu seinen Vorgesetzten und meldete, dass seine Bekannten die DDR illegal verlassen hätten. Dieser hatte nie Kontakt zu den Eltern von Kerstin gehabt, doch der Zweck heiligt die Mittel.

Vater und Mutter dieses jungen Mannes waren bestimmt froh, als ihr Sohn nicht an der Grenze dienen musste. Ja, so ist das Leben.

Es gehörte ungeheuer viel Kraft und Mut dazu, einen Ausreiseantrag zu stellen. Die Menschen wurden in der DDR total eingeschüchtert. Was das für alle bedeutete, konnten viele, die in einer wirklichen Demokratie lebten, nur sehr schwer oder gar nicht verstehen. Man durfte ihnen auch keinen Vorwurf daraus machen. Geht es einem gut, schaut man nach vorn und nicht nach rechts oder links. Vielleicht wäre es den Menschen im Osten auch so ergangen, hätten sie schon immer in der Bundesrepublik gelebt.

Kerstin arbeitete im Büro und hatte ein gutes Verhältnis zu ihren Kollegen, und doch wusste sie nicht, wem sie wirklich vertrauen konnte. Also hielt sie sich heraus, was die Politik oder eventuelle Programme im Westfernsehen betraf. Alle hatten Angst oder waren zumindest vorsichtig. Verlassen konnte man sich auf niemanden. So gab es auch Kollegen, die fragten morgens in der Runde: „Habt ihr gestern die Sendung auf SAT 1 gesehen?“ Oder sie spielten auf einen bestimmten Film an, der im Westfernsehen gezeigt wurde. Diese plumpen Fragen, die oft nur zum Aushorchen der anderen dienten, waren ihnen einfach zuwider. So antwortete Kerstin stets: „Ich habe keine Zeit zum Fernsehen.“ Es war unter der

Bevölkerung bekannt, dass Meinungen, die die Leute in den Betrieben äußerten, an die Parteileitung und gegebenenfalls auch an andere Stellen weitergeleitet wurden. So konnte man feststellen, wie die Stimmung im Volk war, vorausgesetzt natürlich, die Menschen sprachen auch über bestimmte Themen. Viele, so wie Kerstin und ihr Mann, durchschauten dieses Spiel. Es entstand ein nicht beschreibbares Misstrauen gegenüber allen Menschen, mit denen sie Kontakt hatten!

Nachdem damals ihre Eltern geflüchtet waren, kam auch ein Kollege ihrer Abteilung zu ihr, versuchte ihr Vertrauen zu gewinnen und bot ihr an, ihr Ablichtungen von dem Helsinki-Abkommen zu geben oder andere von der DDR paraphierte Unterlagen, die der Menschlichkeit dienen sollten. Nicht alle Unterlagen oder Gesetze standen der Öffentlichkeit zur Verfügung. Für Firmen gab es Gesetzesblätter oder Veröffentlichungen von Verordnungen des Staates mit der Aufschrift „nur für den Dienstgebrauch" oder „Geheime Verschlusssache". Sie wusste also nicht, wie sie diesen Kollegen einordnen sollte, stand er zu ihr oder war er auf der anderen Seite. Deshalb war sie vorsichtig und vermied alle Themen, die ihre Ausreise oder die Familie berühren konnten. Das war das Ziel der staatlichen Organe, die Menschen in Unwissenheit zu halten. Kerstin und Edgar lebten ständig in Angst vor Repressalien, obwohl sie doch „kleine Lichter" für den Staat waren.

Zumindest redeten sie sich das ein und trösteten sich damit gegenseitig. Nachdem sie den Ausreiseantrag gestellt hatten, wurden sie von den Nachbarn gemieden. Früher feierten sie zusammen oder hielten einen Plausch auf den Wegen vor ihren Häusern. Das Misstrauen war jetzt auf beiden Seiten. Es gab Nachbarn, die hatten den offiziellen Auftrag, sie zu meiden, und andere hatten Angst, durch ihr Verhalten eventuell ihre berufliche Lage zu gefährden. Denn auch diese Menschen besaßen Verwandte im Westen und wollten reisen. Dazu brauchten sie aber Genehmigungen von den verschiedensten Dienststellen.

Es gab hin und wieder Personen, die unter irgendeinem Vorwand zu ihnen kamen - meist aus dem Umfeld. Deshalb ließen sie sie auch ins Haus. Waren sie wieder weg, tasteten sie anschließend alle Möbel nach „Wanzen" ab. Sie fanden aber keine. Sie vernichteten alles, was sie an Westliteratur im Hause hatten, vor allem Briefe und andere Schriftstücke mit politischem Inhalt. Oft gingen sie spazieren, um über ihre Zukunft zu reden. Damit wirkten beide einer eventuellen Belauschung in ihrem Haus entgegen. Es konnte nicht sein, dass sie sich das alles nur eingebildet hatten, denn man hörte hier und dort von anderen Leuten seltsame Begebenheiten, und alles konnte doch nicht erfunden sein. Sie hatten Angst um ihre Kinder. Diese Angst war nicht unbegründet, und ihre Vorahnung bestätigte sich. Kerstin kam mittags nach Hause, ihre Tochter stand schon an

der Gartenpforte und erwartete sie sehnsüchtig. Kerstin fiel gleich auf, wie ihre Tochter zitterte und sehr aufgeregt war. „Mutti, eine Lehrerin hat mich nach dem Unterricht zu sich gerufen, sie wollte mir klarmachen, dass mich in der BRD nichts Rosiges erwarten würde. Sie sagte, ich müsste doch die Lehrbücher aus dem Staatsbürgerkundeunterricht gut kennen und demnach wissen, was das Wort Kapitalismus bedeutet. Viele Menschen seien arbeitslos, hätten kein Zuhause, kein Geld, und wenn sie dann Arbeit haben, werden sie ausgebeutet. Ich wäre doch ein kluges Mädchen und würde mich von meinen Eltern nicht dazu überreden lassen, ins kapitalistische Ausland zu ziehen, zum Klassenfeind. Aus mir sollte doch einmal etwas werden. Sie sagte, dass ich studieren könnte. Bis zum 18. Lebensjahr würde ich in einem Heim untergebracht werden, dann bekäme ich sofort eine Wohnung, ich müsste nur die Entscheidung treffen, mich von euch zu trennen."
Ihrer Tochter stand die Angst ins Gesicht geschrieben. Kerstin war sprachlos und fühlte, wie ihr Blutdruck anstieg. Es pochte in den Adern, sie bekam Magenkrämpfe und hatte starke Kopfschmerzen. Sie konnte es einfach nicht fassen und sagte sich, so etwas darf es nicht geben! Die Staatsicherheit versuchte es mit allen Mitteln. Ihre Tochter wusste genau, was sie wollte, auf alle Fälle mit ihren Eltern zusammen ausreisen. Beate, Kerstins Tochter, war eine der besten

Schülerinnen in der Klasse. In den naturwissenschaftlichen Fächern hatte sie immer ein „sehr gut“. Auch in den übrigen Fächern schrieb sie gute Noten. Aber in dem Fach Staatsbürgerkunde entwickelten sich merkwürdige Dinge. Den Lehrern erzählte sie immer genau das, was sie auch hören wollten bzw. lernte stur auswendig, was in den Lehrbüchern stand. Somit gab sie den Inhalt des Lehrstoffes wieder, ohne eine eigene Meinung zu haben. Das taten übrigens die meisten Schüler ihrer Klasse. In diesem Fach jedenfalls hatte sie einen sehr guten Leistungsstand bis zu dem Zeitpunkt, an dem der Ausreiseantrag gestellt wurde. Nun widersprach sie ja mit dem Ausreiseantrag dem, was in den Lehrbüchern stand. Sie war also plötzlich keine überzeugte Bürgerin der DDR mehr. Wenn sie zum Klassenfeind übersiedeln wollte, musste sie etwas gegen die Politik der DDR haben, so stand es für die Lehrer fest, oder sie wurden zu dieser Meinungsbildung gezwungen. Das Auswendiglernen der Lehrinhalte wurde nun nicht mehr akzeptiert. Das konnte, so die Auffassung der Lehrer, nicht ihre wahre Einstellung zum sozialistischen Staat sein.
Doch es fiel den Lehrern schwer zu beweisen, was man denkt, ob es etwa die wahre Überzeugung ist, was man da spricht, oder ob man bestimmte Dinge nur auswendig gelernt hatte. Ihre Tochter ließ sich aber nicht aus dem Gleichgewicht bringen. Sie antwortete deshalb: „Ich möchte gemeinsam mit meinen Eltern auf Grund der

Familienzusammenführung und nicht aus politischen Gründen rüber gehen." „Was heißt hier rüber, weißt du überhaupt, was dir dort bevorsteht? Rauschgift, Arbeitslosigkeit, Schlafen unter der Brücke", schrie die Lehrerin wütend. „Hier bei uns stehen dir alle Wege offen", redete sie auf die Schülerin ein.

Kerstin und Beate warteten mit Ungeduld auf die Heimkehr von Edgar. Als er kam, hörte er sich ihre Ängste an. Er aß nichts, und wie sonst üblich, trank er keinen Kaffee mit seiner Frau, sondern startete sofort den „Trabi", und sie fuhren gemeinsam zur Schule. Ihre Schritte führten sie direkt in das Lehrerzimmer. Sie hatten die Hoffnung, die Lehrerin, Frau Weiß, noch anzutreffen. „Ist Frau Weiß noch im Hause?", war energisch die Frage. „Ja", antwortete jemand aus dem hinteren Teil des Raumes.
Die Besagte sah alle drei merkwürdig an, so, als ahnte sie, warum sie Besuch bekam. Kerstin beobachtete in diesem Augenblick den Gesichtsausdruck ihres Mannes. Oberkiefer und Unterkiefer mahlten so hart aufeinander, dass sich die Adern an den Schläfen hin und her bewegten. Kerstin wusste, dass er wütend war und sich sehr beherrschen musste, diese Frau nicht anzupacken und kräftig durchzuschütteln. Gott sei Dank, tat er es nicht, forderte sie aber mit lauter Stimme zur Stellungnahme auf. Sie lief rot an, denn sie hatte nicht damit gerechnet, dass die drei

den Mut aufwiesen, in die Schule zu kommen. „Ich bin überzeugte Kommunistin! Ich muss die Jugendlichen vor so einem grausamen Schicksal bewahren. Das ist meine tiefste Überzeugung. Ihre Tochter ist so eine gute Schülerin, das ganze Leben steht vor ihr, hier sind alle Türen für sie offen", verteidigte sie sich. Kerstin bemerkte, wie ihr Mann tief Luft holte und ihr klar und deutlich zu verstehen gab, dass es eine Unverschämtheit sei, dass sie sich überhaupt in ihre privaten Angelegenheiten einmische. Es sei doch jedem Menschen selbst überlassen, wo er leben möchte. „Ich werde andere Schritte einleiten, wenn sie uns und unsere Tochter nicht in Ruhe lassen", drohte er nochmals. Sie drehten sich um und verabschiedeten sich formlos.

Alle drei waren erleichtert, ihre Meinung so zum Ausdruck gebracht zu haben. Man sollte merken, dass sie nicht alles mit ihnen machen können. Es war ihnen auch klar, dass man wahrscheinlich der Lehrerin diese Verhaltensweise vorschrieb. Es war eine aufdiktierte Willkür von vielen Menschen gewesen, mit angeblichen Staatsgegnern so umzugehen. Mancher setzte seine Machtposition noch mehr ein, wenn er entsprechenden staatlichen Rückhalt hatte. Die Funktionäre wussten genau, wo und wie sie die Menschen verletzen konnten. Hätte man ihnen die Kinder weggenommen, so hätten sie nicht mehr geschwiegen, sie wären dann an die Öffentlichkeit gegangen, an Medien in der Bundesrepublik, auch wenn sie dafür eine lange Freiheitsstrafe in Bautzen oder einem anderen Zuchthaus hätten verbüßen müssen. Jedenfalls hatten sie sich das in diesem Fall so vorgenommen.

Sie fuhren nach Hause, wollten aber ihren kleinen Sohn nicht belasten. Er bekam sowieso schon einiges mit und stellte ihnen Fragen, die sie ausweichend beantworteten.

Das Warten ging weiter. Sie waren irgendwie mut- und lustlos geworden. Am Haus führte Edgar nur die notwendigsten Reparaturen durch, der Garten wurde weiterhin gepflegt. Sie wussten nicht, was geschehen würde, es war alles so unsicher. Beide hatten noch kein richtiges Ziel vor Augen, keine für sie sinnvolle Aufgabe.
Sie wurden zum Streben, Schaffen und Vorwärtskommen erzogen. Jetzt machte alles nicht mehr so recht Spaß.
Abends lagen sie im Bett und sprachen leise über die Ausreise. Die Gedanken kreisten nur um das Eine. Ständig machte sich Anspannung und Nervosität breit, gleichzeitig saß ihnen die Angst im Nacken. Sie hatten keine Zeit zum Fallen lassen, keine Möglichkeiten zur Entspannung.

Es gab Menschen, die auch einen Ausreiseantrag gestellt hatten, denen machte das alles nichts aus, oder sie taten nur so. Sie kannten einige, die sich äußerlich gelassen zeigten und sagten: „Und wie es drinnen aussieht, geht niemanden etwas an." Auch sie ließen sich nichts anmerken. Aber die Zeit wollte nicht vergehen. Das Warten wurde zur Ewigkeit. Jeden Tag zum Briefkasten laufen, wieder ohne Erfolg. Kerstins einzige Freude war, abends nach der Arbeit das Zusammensein mit ihrem Mann und den Kindern, alles andere erschien ihr auf einmal so nebensächlich. Jeder kam nach Hause und erzählte, was ihm am Tag so widerfahren war. Sie kochte dazu Kaffee, und sie redeten über dies und das. Keiner wusste, was kommen würde. Müssen sie hier bleiben, weil der Antrag abgelehnt würde, oder schaffen sie die Ausreise in die BRD? Über eine eventuelle Zukunft im Westen machten sie sich noch keine Vorstellungen. Alles würden sie erst dort auf sich zukommen lassen. In Freiheit zu leben, das war ihnen am wichtigsten und die Eltern wiederzusehen ein großer Wunsch. Illusionen hatten sie keine und wussten nur, jeder hatte seinen Beruf. Irgendwie würden sie es schaffen. Sie liebten einander, und das machte sie stark.

Endlich kam der Tag, wieder eine Vorladung. Aber dieses Mal war ihre Tochter ausdrücklich mit erwähnt. Beide hatten wieder Angst, was sollte das bedeuten? Was führten die nun im Schilde? Sie wussten nicht, was sie jetzt erwarten würde. Eines aber war ihnen klar, sie würden versuchen, Familienmitglieder gegeneinander auszuspielen. Sie setzten sich zusammen und rieten ihrer Tochter, nur auf gestellte Fragen zu antworten.

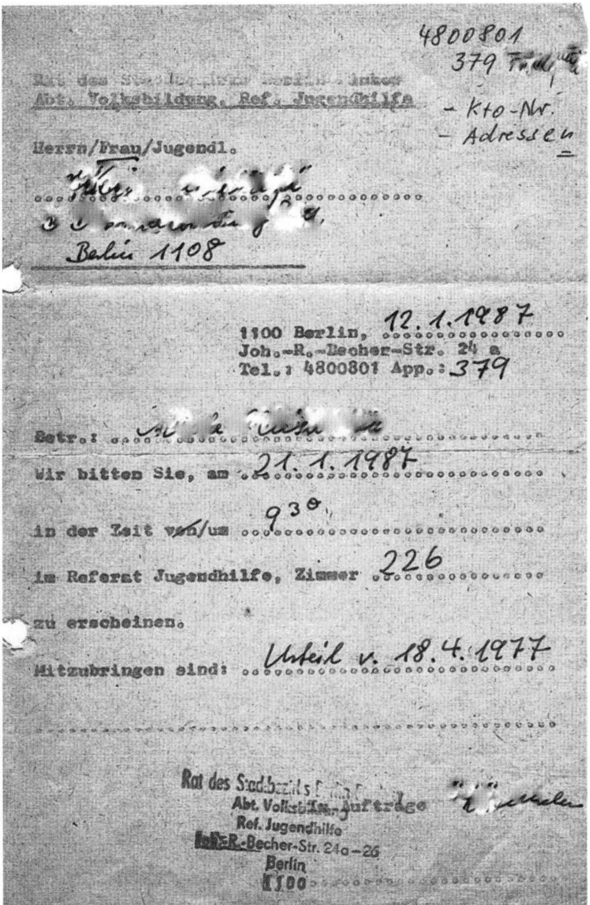

4800801
379

- Kto-Nr.
- Adressen

Abt. Volksbildung, Ref. Jugendhilfe

Herrn/Frau/Jugendl.

Berlin 1108

1100 Berlin, 12.1.1987
Joh.-R.-Becher-Str. 24 a
Tel.: 4800801 App.: 379

Betr.:

Wir bitten Sie, am 21.1.1987

in der Zeit von/um 9.30

im Referat Jugendhilfe, Zimmer 226

zu erscheinen.

Mitzubringen sind: Urteil v. 18.4.1977

Rat des Stadtbezirks
Abt. Volksbildung
Im Auftrage
Ref. Jugendhilfe
Joh.-R.-Becher-Str. 24a–26
Berlin
1100

Vorladung zum Referat Jugendhilfe

Sie baten sie, niemals von selbst irgendetwas zu erzählen. Sie war klug. Edgar und Kerstin hatten großes Vertrauen zu ihr. Obwohl sie erst

16 Jahre alt war, wusste sie genau, was die im Rathaus hören wollten. Doch dieses Mal war es keine Vorladung in der Schule, es ging es um ihre gemeinsame Zukunft. Da ihr Kind aber mit ihnen gehen wollte, hatten beide nicht das Gefühl, dass die Staatssicherheit sie entzweien konnte. Sie wussten, dass man sie nicht alleine befragen durfte, sondern, nur im Beisein der Eltern.

Der Tag rückte immer näher. Alle drei standen endlich vor der Tür des Rathauses und mussten ihre Ausweise abgeben. Alles wieder nur Schikane, um die Leute zu verängstigen. Sie saßen erneut in dem dunklen Flur, die Tür nach außen war, wie beim letzten Mal, verschlossen. Nach einer halben Stunde wurden sie aufgerufen, auch die Tochter. Sie fühlte sich bei ihren Eltern geborgen und war froh, dass sie gemeinsam dort waren.

Der ihnen schon bekannte Mitarbeiter des MfS stellte sich auch jetzt nicht mit Namen vor. Die Einladung wurde nur mit „Pe." von ihm unterschrieben. Er war anscheinend zu feige, ihnen seinen vollständigen Namen zu nennen. Bei der letzten Vorladung merkten diese Leute schon, dass Edgar und Kerstin nicht aggressiv reagierten. So war dieser junge Mann zu ihrem Erstaunen alleine mit ihnen im Raum. Unter dem Tisch befand sich ein Knopf, mit dem er im Ernstfall schnell das Wachpersonal herbeirufen könnte. Man hätte dann auch damit rechnen müssen, verhaftet zu werden.

Er stellte wieder die gleichen Fragen, ihre Antworten waren auch immer die gleichen. Nur zur Abwechselung war die Tochter an der Reihe. Er machte ihr klar, dass sie beim Klassenfeind „unter die Räder“ kommen würde und sie keine Zukunft dort hätte. Er sagte, wie schon beim ersten Mal: „Viele schlafen dort unter Brücken, hier hast du eine Zukunft, Mädchen, du kannst studieren, hier wirst du nie arbeitslos.“ Beate tat so, als wenn sie aufmerksam zuhörte. Man konnte in seinen Augen lesen, dass er eine für ihn positive Antwort erwartete.

„Ich gehe dahin, wo meine Eltern hingehen, ich kann mir nicht vorstellen, dass sie etwas Schlechtes für mich wollen“, antwortete sie, und es schien, zum Erstaunen der Eltern, dass er mit dieser Antwort zufrieden war. Die ganze Unterredung dauerte etwa 30 Minuten, dann konnten sie wieder gehen. Auf ihre letzte Frage: „Wann bekommen wir endlich Bescheid über unsere Ausreise?“ antwortete er: „Ich kann Ihnen nichts hierzu sagen“. Somit verließen sie wieder das Gebäude.

Es hieß nun wieder, Geduld zu haben. Sie wussten nicht recht, wie es weitergehen sollte. Verkaufen sie schon einige Möbel, oder auch das Haus? Bekämen sie eine Ablehnung, wäre dann alles weg. Im Stillen sagten sie sich immer, viele Leute, die ein Haus besaßen, haben es schließlich doch geschafft, in den Westen zu kommen. Es

wäre ihre sogenannte Fahrkarte in den Westen, also ein Hoffnungsschimmer. Aber was sollten sie jetzt tun? Was war die richtige Entscheidung? Niemand konnte es ihnen sagen.
Sie grübelten und versuchten, alle Szenarien durchzuspielen, die es für sie gab. Nichts durfte man nach außen dringen lassen. Nach Möglichkeit keine Informationen in den Westen bringen. Das wäre als staatsfeindliche Hetze angesehen worden. Wenn es aufgefallen wäre, hätte es mit Sicherheit zu einer Verhaftung geführt. Ihnen war bekannt, dass es in Westberlin eine offizielle Stelle gab, die von dem Ausreiseantrag erfahren musste. Die DDR rühmte sich immer damit, dass nur wenige Bürger einen Ausreiseantrag gestellt hätten. Einzelheiten gaben sie nicht bekannt, schon gar nicht in den Medien oder in der Presse. Man selbst erfuhr nur durch Gerede von Kollegen oder Nachbarn über solche Anträge. Die Parteileitungen in den Betrieben logen, dass sich die „Balken“ bogen. Aber viele Leute hatten inzwischen schon einen Ausreiseantrag gestellt. Und es wurden immer noch mehr, wenn wieder einer die Genehmigung erhalten hatte. Das sprach sich schnell herum. Immer mehr Menschen hatten den Mut, auf diese Weise ihrer Unzufriedenheit Ausdruck zu verleihen. Sie hätten bestimmt nicht alle diesen Schritt gemacht, wenn sie mehr Reisefreiheit gehabt hätten und auch etwas Geld, um nicht ihren Verwandten im Westen bei Besuchen auf „der Tasche“ zu liegen. Es stand schon 1978 nicht

gut um den Arbeiter- und Bauernstaat. Das spürten die Menschen deutlich. Viele Dinge gab es in der Stadt überhaupt nicht zu kaufen, stundenlang musste man sich nach Fleisch- und Wurstwaren anstellen. Die Ware konnte man oftmals nicht mehr genießen. Kerstin musste morgens um sieben Uhr schon beim Fleischer sein, damit, wenn er um acht Uhr öffnete, sie vielleicht noch ein Stück Fleisch oder Schweinefilet ergattern konnte. Denn nur für die ersten fünf Leute, die in der langen Schlange anstanden, gab es ein Filet unter „dem Ladentisch“, heute sagt man auch „Bückware“ dazu. Trotzdem hatten die Menschen Geduld. Es gab kein Obst, was vor allem für die Kinder wichtig gewesen wäre. Wer einen Garten hatte, der konnte sich noch glücklich schätzen, weil er Obst und Gemüse selbst anbauen konnte. Die DDR hatte zwar eigenes Obst und Gemüse, doch vieles wurde für Devisen exportiert. Es war ein gutes Geschäft für beide Handelspartner. Nur die Menschen in der DDR wurden bei der ganzen Sache vergessen. Der einfache Arbeiter oder Angestellte, der keine Beziehungen hatte, der hatte eben Pech und ging leer aus. Gut ging es den Genossen, vor allem aber denen, die für die Staatssicherheit gearbeitet haben, die wurden bevorzugt versorgt, verfügten über Einrichtungen, in denen sie auch Westware beziehen konnten für Ost- oder Westgeld.

Viele Genossen sind wegen der Vorteile, die sie hatten, in die Partei eingetreten. Dazu zählten berufliche Vorteile, das heißt, bestimmte Positionen, die sie dann in den Betrieben bekleiden konnten. Sie bekamen zu günstigen Bedingungen Wohnungen oder Häuser. Auch Auslandsreisen spielten eine große Rolle. Viele konnten dienstlich oder privat ins westliche Ausland, wie sich später herausstellte. Es gab unter ihnen Genossen, die vom Kommunismus überzeugt waren, aber auch denen war das Hemd näher als die Hose.

Denkt man an die Jahre vor 1971 zurück, gab es Obst in Hülle und Fülle, Fleisch, Fisch, alles, was das Herz begehrte. Anfang der achtziger Jahre änderte sich alles. Auch die DDR merkte, dass die Westmark mehr Wert hatte als die Ostmark. Und somit wurde von staatlicher Seite alles verkauft, was verkauft werden konnte, in gewisser Hinsicht auch die Rentner. So hatte man zumindest den Eindruck. Sie mussten nicht lange auf ihre Ausreise warten. Eine Rente weniger, war eine Rente mehr für den Staat, denn man konnte sich nicht vorstellen, dass die DDR die Rentenanteile an die Bundesrepublik ausgezahlt hatte. Möbel gab es oft nur nach Anmeldung zu kaufen. So wartete man beispielsweise auf eine Holzküche einige Jahre. Auch Textilien und Lederwaren waren fast unerschwinglich und mehr als 100 Prozent teurer als in der Vergangenheit. Ein Paar einfache Schuhe kosteten, wie schon erwähnt, dann ca. 100,00 Mark. Einmal im Jahr schaffte sich Kerstin ein neues Paar in schwarz an, das konnte sie dann zu allem tragen. Modische Textilien gab es

kaum, und sie kauften sich wenig, denn sie bekamen viele gebrauchte Sachen aus dem Westen. Dort waren sie schon lange unmodern, bei ihnen in der DDR aber der neueste Schrei.
Die Verwandten im Westen wussten auch, dass sie sich über die getragenen Sachen sehr freuten, meinten aber oft, sie müssten ihnen ewig dankbar sein. Sie kamen von Westberlin zu Besuch, Wochen vorher sammelten die Ostler schon allerlei Konserven, damit sie ihnen eine schöne Mahlzeit zubereiten konnten. Sie stellten sich stundenlang für eine Kiste Berliner Pils an. Abends standen sie lange in der Küche - backten und kochten für die Gäste. Der Westbesuch aß gerne bei ihnen. Kochen war nicht die starke Seite der Verwandten aus dem Westen. Sie hatten es nicht gelernt und brauchten es auch nicht, es gab so viele Dinge fertig zu kaufen, tief gefroren oder in Konserven.

Kerstin bereitete Kohlrouladen zu, die ihre Verwandten nur aus Großmutters Zeiten in Erinnerung hatten oder in der Gaststätte zu sich nahmen. Obwohl Kerstin selbst viel um die Ohren hatte, setzte sie sich bis spät abends hin und strickte für die Kinder der Westverwandtschaft, damit sie ihnen auch eine Freude machen konnten. Sie wollten nicht als Bettler dastehen. Kerstin und ihre Familie freuten sich über die Kleinigkeiten, die sie ihnen mitbrachten. Es gab eben viele Dinge in der DDR nicht zu kaufen oder nur im Intershop

(Von der DDR eingerichtete Läden, in denen nur für Westgeld auch Ware aus dem kapitalistischen Ausland erworben werden konnte, zeitweise auch mit Forumschecks). Und dafür hatten bzw. bekamen sie vom Staat kein Geld. Bevor diese Verwandten zu Besuch kamen, riefen sie bei Kerstins Eltern an, die ja im Westen wohnten und teilten ihnen mit, dass sie in den Osten fahren würden. Kerstins Eltern schickten jedes Mal Geld, damit sie dafür Obst für ihre Kinder und Enkel mitbringen können. Somit brauchte der Westbesuch nicht so viel eigenes Geld auszugeben. Kerstins Eltern hatten nach ihrer Flucht selbst nicht viel und gaben trotzdem ihr Letztes. Die Freude war immer groß, waren die Dinge auch noch so klein, die sie mitbrachten. Die Kinder im Osten kannten keine Kiwis oder viele andere Südfrüchte. Für ein bisschen Obst bedankten sie sich mehrmals und fühlten sich durchaus erniedrigt dabei.

Einmal kam ein Bekannter ganz stolz mit seiner Videokamera zu Besuch. Kerstin und ihre Familie wussten weder, was ein Videorecorder war, geschweige denn eine Videokamera. Er wollte sie filmen, hatte aber angeblich den Film vergessen. Er wollte angeben, das ist ihm auch gelungen.
Kerstin und ihre Familie lebten leider, so meinten sie, im verkehrten Teil Deutschlands. Das Land war 1945 von den Siegermächten aufgeteilt worden. Die in der DDR wohnten, wurden vom „großen Bruder“ dirigiert und abkassiert. Die

DDR bezahlte den größten Teil der Reparationen alleine, und das ausschließlich an die Sowjetunion. Alles, was der Russe nehmen konnte, nahm er. So bezahlten die Bürger die Kriegsschulden, die ihnen Nazideutschland hinterlassen hatte. Fast alles wurde ihnen vorgeschrieben. Es war nicht nur der einfache Bürger unmündig, der Staat war es unter der Diktatur der Sowjets auch. So erzählte man sich, dass ein neuer Trabant mit einem Viertaktmotor entwickelt worden war. Die Kostenentwicklung dieser neuen Produktion wäre zu enorm gewesen. Die russischen Freunde wollten die Importe ihrer Autos vorantreiben, und das waren Moskwitsch und Lada. Die DDR hatte mit ihnen Warenabkommen abschließen müssen, die als Kompensationsgeschäfte abgewickelt wurden. Wer einen Lada besaß als einfacher Bürger, der hatte schon eine große Errungenschaft – wenn es auch ein Import vom „großen Bruder" war. Auch dafür gab es lange Wartezeiten. Es waren gefragte Autos. Einen besseren Stand hatte bei der Bevölkerung der Golf. Da gab es eine Sonderaktion über die volkseigenen Betriebe, die ein bestimmtes Kontingent zugeteilt bekommen hatten, etwa vier Stück für 1500 Mitarbeiter. Da fiel die Auswahl schwer. In erster Linie hatten die Genossen die Möglichkeit. Sie versuchten, sich beim Betriebsdirektor und der Partei beliebt zu machen. Die einfachen Bürger sahen sowieso keine Chance, also haben sie es in den wenigsten Fällen probiert, auch einen zu bekommen.

Eines Tages bekamen Kerstin und Edgar wieder Besuch aus Westberlin. Die Kinder freuten sich immer riesig. Es gab bunte Schokoladenbonbons und Gummibärchen. Jeden Morgen wurden den Kindern die Süßigkeiten eingeteilt. Auf dem Tellerrand lagen, außer dem Frühstück, dann die Leckereien. Die Naschereien reichten 14 Tage, und jedes Mal war es wie ein Weihnachtsfest. Die Eltern verzichteten auf alles, die Kinder hatten Heißhunger darauf.

Der Besuch kam meist früh am Morgen, und spät abends fuhren die Gäste wieder über die Grenze. Wollten sie über Nacht bleiben, hätten sie einen gesonderten Antrag stellen müssen. Der Bearbeitungsvorgang von Seiten der Behörden in der DDR dauerte oftmals bis zu vier Wochen. Die Besucher aus der Bundesrepublik sollten nun eine Antragskarte an die zu Besuchenden schicken. Mit dieser mussten dann die DDR-Bürger zum zuständigen Revier bei der Volkspolizei, und nach der Genehmigung sandten sie das Formular dann wieder an den Adressaten zurück. Somit durften sie dann einreisen oder auch nicht. Für einen Tagesaufenthalt mussten in den letzten Jahren vor dem Mauerfall 25,00 DM (Zwangsumtausch) pro Person an der Grenze bezahlt werden. Wenn von den DDR-Bürgern jemand die Genehmigung erhielt, in den Westen zu fahren, bekam er nur einmalig 15,00 DM als „Almosen" mit auf den Weg. Jedenfalls war es 1987 noch so. Traurig, aber wahr.

Mehr Geld durften DDR-Bürger nicht mit ausführen, aber einführen konnten sie, soviel sie wollten – natürlich nur Westmark. Das waren wieder Devisen für die DDR, die dann vom Staat kassiert wurden. Das Geld konnte von den DDR-Bürgern in den Intershops ausgegeben werden.

Sie saßen wieder gemütlich am Tisch, das Essen schmeckte, und alle waren rundum zufrieden. Es wurde Abend, und Kerstin bat ihren Besuch vor der Abreise, einen Zettel mit wichtigen Notizen einzustecken. Diesen sollte ihre Verwandte dann an eine von Kerstin bestimmte Rechtsanwältin in Westberlin überreichen. Es war ein Risiko, diese Daten über das Telefon nach drüben zu geben, da alle Telefonleitungen abgehört wurden.
Der Besuch nahm den Zettel an sich. Es war von großer Bedeutung für Kerstin, dass jemand in Westberlin informiert wurde. Ihre Familie hatte immer Angst, verhört bzw. verhaftet zu werden, und niemand wüsste dann über dieses von ihnen geplante Vorgehen Bescheid. Am nächsten Tag rief Kerstin in Westberlin an. Um diesen Anruf zu tätigen, fuhren sie fünf Kilometer mit dem Auto, da es funktionierende Telefonzellen in ihrer Wohnsiedlung wiedermal nicht gab. Und private Telefonanschlüsse waren bekanntlich rar. Daran hatte sich nichts geändert.
Viele Leute standen vor der kleinen Zelle. Endlich kamen sie an die Reihe. Der Apparat war defekt. Es war alles zum Verrücktwerden. Sie sprangen

entmutigt in ihren Trabant und suchten neue Telefonmöglichkeiten. Sie warfen fünf Mark in den Schlitz und bekamen auch Anschluss. Ihre Verwandte gestand ihr, dass sie den Zettel noch bei ihnen auf der Toilette heruntergespült habe. Ihre Angst, an der Grenze kontrolliert und erwischt zu werden, war einfach zu groß. Sie sollten ihr nicht böse sein, sie hätte nicht den Mut dazu gehabt.

Kerstin konnte sie verstehen. Der Besuch war wieder in der Freiheit, seine Angst war weg, ihre blieb! Also warteten sie auf den nächsten Gast, und dieses Mal lernte dieser die entsprechenden Daten auswendig. Es dauerte nur ein paar Tage, und es kam ein Brief von der anderen Seite mit verschlüsseltem Inhalt. Somit wussten Kerstin und ihr Mann, dass alles an die richtige Stelle weitergeleitet worden war. Diese Verwandten hatten einen Freund, der war Bundestagsabgeordneter, und der würde versuchen, sich für ihre Ausreise einzusetzen. Mehr konnten sie aus dem Westen nicht mitteilen, sonst wären diese Leute in Gefahr gewesen. Sie wohnten in der Bundesrepublik und wollten auch weiterhin die Transitstrecke nach Westberlin benutzen, auch sie hatten Angst vor den Sicherheitsdiensten der DDR.

Der Bundestagsabgeordnete setzte sich dann mit Kerstins Eltern in Verbindung, denn auch sie waren über den Ausreiseantrag informiert. Er schrieb ihnen einen Brief und teilte darin mit, dass alle

Informationen weitergeleitet worden waren. Aber genauere Angaben wurden nicht Preis gegeben. Es war nun schon ein Jahr seit dem Antrag auf Ausreise her. Und man hörte, dass immer mehr Leute es ihnen gleich taten. Die Kirche half vielen, so gut sie konnte. Die Menschen organisierten sich in der Kirche „von unten". Es wurden Räume für Versammlungen zur Verfügung gestellt. Unter den Teilnehmern befanden sich auch Denunzianten, es wusste nur keiner, wer sie waren. Das konnten Bekannte oder, noch viel schlimmer, die besten Freunde sein. Sie versuchten mit allen möglichen Tricks, die Menschen auszuhorchen und ihr Vertrauen zu gewinnen. Es gab unter ihnen auch welche, die es sehr plump und auffällig anstellten.

Wieder einmal kam Kerstin von der Arbeit. Je mehr sie sich dem Briefkasten näherte, desto schneller wurden ihre Schritte, und das Herz schlug so heftig, dass sie es bis in den Hals spürte. Als sie ihn öffnete, lag eine Karte darin. Es war eine Vorladung, ein kleiner Hoffnungsschimmer.

Die „heiligen Hallen" des Rathauses wurden erneut aufgesucht. Es war immer derselbe Ablauf bis zum Eintreten in den Anhörraum. Dieses Mal dachten sie sich beide eine ganz besondere Version für die Unterredung aus. Sie hatten ja eigentlich vor, das Haus zu behalten. Also schlugen sie vor, dass, wenn sie einmal im Monat ihre Eltern gemeinsam mit den Kindern besuchen dürften, sie den Ausreiseantrag zurücknehmen würden. Die Antwort konnten sie sich schon denken. Der Mitarbeiter des MfS fing laut an zu lachen: „Das habe ich ja noch nie gehört. Das könnte Ihnen wohl so passen!" Außerdem sagte er, sie müssten ihre Eigentumsverhältnisse schnellstens regeln, bevor sie überhaupt ausreisen dürften. Nun wurden beide hellhörig. Da war doch schon etwas im Gange. Das hörte sich an, als ob sie ihr Haus verkaufen müssten. Das kam aber nicht für sie infrage. Denn sie bestanden in erster Linie auf die Genehmigung zur Ausreise. Es hätte ja sein können, dass der Antrag vielleicht nicht bewilligt würde. Keiner konnte ihnen einen Rat oder die Gewissheit dafür geben. Es hieß nun: auf Gott vertrauen.

„Wir wollen unser Haus nicht verkaufen, es könnte ja sein, dass wir eines Tages wiederkommen, wir möchten es nur vermieten." Wieder lachte „Pe." ihnen spöttisch ins Gesicht. „Da kann ich Ihnen nicht helfen, nehmen Sie sich doch einen Anwalt und versuchen Sie da Ihr Glück." „Einverstanden", sagten sie und verabschiedeten sich von ihm.

Das war ein Gespräch, aus dem sie viel mit nach Hause nehmen konnten. Herr Pe. war sehr freundlich, trotz seiner versuchten Verspottung. Er hatte ihnen sozusagen einen Wink mit dem Zaunpfahl gegeben. Der nächste Weg nach diesem Gespräch führte sie direkt in die Telefonzelle neben dem Rathaus. Sie blätterten im Telefonbuch und suchten nach einer in Berlin bekannten Anwaltskanzlei, die sie sofort anriefen.

„Wir bearbeiten solche Fälle nicht, bitte suchen Sie sich einen anderen Anwalt", sagte die Dame am anderen Ende. Also suchten sie weiter im Telefonbuch, trugen wieder ihr Anliegen vor, und dieses Mal hatten sie Glück. Es wurde auf der Stelle um ihren Besuch gebeten. Sie trauten ihren Ohren nicht und mussten damit rechnen, dass dieses Telefonat wieder abgehört werden würde, aber das war ihnen nun alles egal. Sie hatten ja diesen Tipp von offizieller Seite bekommen.

Beide liefen schnell zum Auto und fuhren zur Kanzlei. Freundlich wurden sie von einer Sekretärin empfangen und nahmen auf einer ledernen Couch im Wartesaal Platz. Der Anwalt schien anfangs sehr reserviert, hörte sich aber genau ihr Anliegen an. Kerstin und Edgar betonten dabei, dass es sich lediglich um eine Familienzusammenführung handelte und keine politischen Hintergründe vorlägen.
Der Anwalt sagte, dass er alles versuchen würde; Versprechungen, dass es klappt, könne er ihnen nicht geben. Beide boten ihm das Haus als Schenkung an, damit sie schneller die Genehmigung erhalten würden, doch dieses lehnte der Anwalt

vorerst ab und meinte, dass das Haus offiziell verkauft werden müsste und sie dann auch dafür Geld erhalten würden. Erst wenn das alles abgewickelt wäre, könnten sie überhaupt die Genehmigung zur Ausreise erhalten. Das ganze Gespräch dauerte nicht länger als eine halbe Stunde. Beide verließen mit einem guten Gefühl die Kanzlei.

Auf dem Nachhauseweg schauten sie sich dann mehrmals um, denn sie hatten Angst, verfolgt zu werden. Es konnte aber auch Einbildung gewesen sein. Sie freuten sich so, nahmen sich in die Arme, und Edgar drückte Kerstin so fest, dass ihr beinahe die Luft wegblieb. Sie schöpften wieder Hoffnung.
Nachdem sie ein paar Wochen nichts gehört hatten, weder von der Abteilung Inneres noch von der Anwaltskanzlei, riefen sie bei den Anwälten an. Die gaben ihnen immer zur Antwort, dass alles seine Zeit brauche.
Zwischenzeitlich hatten sie wieder ein Gespräch bei der Abteilung Inneres. Sie teilten dem Bearbeiter mit, dass sie seinen Rat befolgt und eine Anwaltskanzlei aufgesucht hätten. Der Mann konnte es nicht fassen und war wie umgewandelt. Er war von nun an sehr freundlich und stellte ihnen nur belanglose Fragen.
Das Leben erschien ihnen jetzt nicht mehr so leer. Sie schauten wieder nach vorn. Aber siegessicher waren sie sich nicht. Die Hoffnung, das

Haus könnte die Fahrkarte in den Westen sein, schien sich zu erfüllen. Sie dachten, dass sie nicht mehr so lange wie andere warten müssten. Viele neue Aufgaben kamen nun auf sie zu. Für eine eventuelle Ausreise wollten sie gut vorbereitet sein. Sie wussten von anderen, die ausgereist waren, dass sie ihren gesamten Hausrat gut verpackt mitnehmen konnten. Es musste vorher alles vom Zollamt der DDR bestätigt werden. Man benötigte aber dafür eine gewisse Vorbereitungszeit. Deshalb beschloss Edgar, sofort mit dem Bau von stabilen Holzkisten zu beginnen.

Sie verkauften schon einen Teil der Möbel, die sie nicht mehr so dringend brauchten. Auch einige Antiquitäten waren darunter. Sie hörten, dass deren Mitnahme in den Westen nicht einfach sei. Man musste sich dafür Sondergenehmigungen beschaffen, das war aber alles kompliziert. Ihnen fehlten mittlerweile die Nerven für solche Aktionen. Auf diese Weise hatten sie schon einiges Geld auf der hohen „Kante" und erwarben dafür neuen Hausrat. Sie wollten im Westen dann nur ein Auto und Möbel kaufen. Die ersten Kisten mit neuen Utensilien waren schon gepackt. Es machte ihnen großen Spaß. Das Leben erschien ihnen wieder sinnvoll. Die Spannung wuchs mit jedem Tag. Man hörte von anderen, dass, wenn man die Ausreisegenehmigung erhält, man innerhalb von nur wenigen Tagen die DDR verlassen müsse. Jedes Teil, was sie eingepackt hatten, musste dreifach aufgelistet werden. Eine Liste bekam der Zoll für die Genehmigung des Transports, eine Liste kam in die Koffer und eine weitere musste man im Zug bei der Ausreise den Zollbeamten der DDR überreichen.

Aber sie hatten noch viele andere Aufgaben zu bewältigen. Sie sortierten zu Hause die Papiere, vernichteten alle Unterlagen aus dem Westen, wie Briefe, westliche Kataloge, Zeitschriften, alles, was sie gefährden könnte. Diese Dinge wurden im Heizungskessel, der im Bad stand, verbrannt. Sie räumten den Schuppen, der sich hinten im Garten befand, auf. So mussten sie sich von vielen Sachen trennen, die sie vorsichtshalber aufgehoben hatten. Aber im Falle, dass sie alles schnell verkaufen müssten, wollten sie alle Räume ordentlich hinterlassen, damit man ihnen nichts nachsagen konnte.
Der Sommer stand vor der Tür, und sie wollten in den Urlaub fahren. Es war ein Risiko, deshalb setzten sie sich mit einer Anwältin aus der Kanzlei in Verbindung und baten um Hilfe. Sie riet ihnen, bei ihr ihre Urlaubsadresse zu hinterlassen und meinte, sie sollten ruhig fahren. Sie würde ihnen im Falle wichtiger Termine sofort ein Telegramm schicken, telefonisch waren sie leider nicht erreichbar.
Also fuhren sie mit den Kindern an den Greifswalder Bodden, wie jedes Jahr. Dort bekamen sie durch eine Bekannte Edgars schon seit zehn

Jahren ein kleines Ferienhaus mit Garten vermittelt. Das war allerdings nicht ihr Eigentum, sondern es war so, dass die meisten Betriebe in der DDR eigene Ferienwohnungen hatten. Jeder Mitarbeiter durfte einen Antrag auf Benutzung stellen.
Wer Mitglied im FDGB war (Freier Deutscher Gewerkschaftsbund), hatte Glück, denn dann konnte er alle vier bis fünf Jahre solch einen Platz bekommen. Dabei spielte aber auch die Anzahl der Beschäftigten in der jeweiligen Firma eine große Rolle. In diesem Fall war der Betrieb dort zu klein, und der Arbeits- und Wohnort der Mitarbeiter waren am Bodden, so dass sie kein oder wenig Bedürfnis hatten, auch dort ihren Urlaub zu verbringen. So konnte Kerstin mit ihrer Familie fast jedes Jahr für ca. 100,00 Mark pro Woche ihre Ferien dort verleben.

Der Urlaub kam näher. Und bevor sie zur See losfuhren, erhielten sie einen Großauftrag von ihren dortigen Freunden für den Einkauf von Lebensmitteln und eines Tiefkühlschranks. Die Orte an der Küste wurden vergleichsweise noch schlechter versorgt. Im Mittelpunkt einer guten Versorgung standen, wie schon erwähnt, immer Berlin und Leipzig.
Kurz bevor sie sich auf den Weg machten, bekam Kerstin einen Anruf in der Firma und musste sofort die Wunschliste notieren. Sehr wichtig waren Waschpulver der Marke Spee gekörnt,

Tomatenketchup, Rosinen, Berliner Pils, was ein besonderes Genussmittel für die Männer war, Letscho (das sind geschmorte in Tomatentunke eingelegte Paprikaschoten, die man kalt oder warm essen kann) und viele andere Dinge mehr. Edgar hatte Beziehungen zu Handelsgeschäften in der DDR. So mussten sie nicht nur den Tiefkühlschrank besorgen, sondern einmal auch einen ganz einfachen Jägerzaun aus Holz. Ihre Bekannten hatten sich ein schönes Haus gekauft, und die Einfriedung war nur ein Maschendrahtzaun. So wusch eine Hand die andere, jeder half nach seinen Möglichkeiten. Der Zusammenhalt der Menschen war groß, und jeder freute sich über seine neuen Errungenschaften.
Leider haben heute viele Menschen diesen Zusammenhalt von damals vergessen.

Die Armut bringt die Einigkeit,
Zusammenhalt und Liebe,
erwächst daraus der Wohlstand wieder,
gibt es auch Neid und Diebe.

Jeder ist sich selbst der Nächste, vergisst gern,
wer er einst mal war.

Mensch zu bleiben ist nicht einfach,
menschlich sein, nicht jedem klar.

– Karin Cieslicki –

Als sie dann mit ihrem Trabant und dem voll bepackten Hänger ankamen, guckten die Nachbarn ihrer Bekannten hinter der Gardine hervor. Und es hieß im Dorf, Westbesuch ist da. Sie wussten natürlich, dass sie aus Ostberlin kamen. Es war schon ein Trauerspiel, die Nachbarn taten Kerstin und Edgar leid. Jeder musste aus seiner Situation das Beste machen. Wer keine Beziehungen hatte, hatte leider Pech.

Der Urlaub war schön. Sie versuchten, die Kinder aus den Problemen, die die Ausreise betrafen, herauszuhalten. Sie sollten nicht belastet werden. Der Aufenthalt an der Küste ging zu Ende, und sie hofften auf positive Nachrichten zu Hause. Zuerst wurden sie von ihrem Hund begrüßt. Er freute sich so, dass er sich nass machte, wie so oft, wenn sie etwas länger fort blieben. Rex war ein kräftiger Bursche mit hellbraunem Fell. Er litt immer sehr, wenn die Familie zu einem Kurzurlaub aufbrach. Auf dem Hof befand sich sein großer Hundezwinger. Versorgt wurde er während ihres Urlaubs von einer Nachbarin.

Im Briefkasten befand sich leider keine Post. Da es Sonntag war, konnten sie auch die Kanzlei nicht erreichen. Sie nahmen sich vor, gleich am Montag dort nachzufragen. Die Nacht war zu lang und die Spannung wieder groß, sie konnten schlecht schlafen. Morgens fuhren sie zur Telefonzelle, die ausnahmsweise funktionierte. Sie erhielten einen

Termin für nachmittags. Vor Nervosität konnten sie nichts essen. Wieder einmal hieß es, rein ins Auto. Was würde wohl die nächste Stunde bringen? Was wussten die Anwälte, was sie noch nicht wissen konnten? Sie betraten voller Erwartung die Kanzlei. Eine Anwältin teilte ihnen mit, dass es für sie positiv aussähe, da ihre Eltern sehr krank seien. Sie müssten aber noch etwas Geduld haben. Die hatten sie zwangläufig, ihnen blieb nichts anderes übrig.

Schreckliche Nachricht – 1987

Kerstin rief ihre Eltern an und wollte ihnen die positive Nachricht verkünden. Doch vorher fuhren beide zu den Eltern ihres Mannes. Sie erzählten ihnen alles, und sie freuten sich mit ihnen. Gleich neben dem Haus war an der Wand eine offene Telefonzelle angebracht. Es konnten zwar alle Leute mithören, aber das war Kerstin egal. Sie rief ihre Mutter an. Sie war nicht zu Hause. Vielleicht ist sie einkaufen, ging es ihr durch den Kopf. Deshalb rief sie deren Nachbarin an. Sie klang komisch am Telefon. „Wisst Ihr noch nichts?“, fragte die Nachbarin mit einem merkwürdigen Ton in der Stimme. Kerstin war so voller Freude und wollte ihr doch sagen, dass sie bald ausreisen könnten. Doch dann hörte sie genauer hin, was sie ihr zu sagen hatte. „Wieso?“, war Kerstins Gegenfrage. „Was gibt es denn, was sollten wir wissen?“ Die Nachbarin begann zu weinen. Kerstin ahnte das Schlimmste. „Ist etwas mit meinem Papa?“ „Ja“, antwortete sie. Jetzt erst bemerkte Kerstin, dass sie nicht richtig sprechen konnte, immer wieder versagte ihre Stimme den Dienst. „Hatte er wieder einen Herzinfarkt?“, war ihre mit Angst erfüllte Frage, denn an den Tod mochte sie nicht denken. „Nein, dein Papa ist tot“. Kerstin schrie laut los, sie konnte es nicht fassen. Edgar kam angerannt, ihre Schwiegereltern ebenfalls. Sie konnte nicht sprechen und schrie so laut, dass die Leute in der Straße ihre Fenster öffneten und fragten, ob sie helfen könnten.

Sie konnten nicht helfen. Sie weinte nur, der Schmerz war so tief, es war wie ein böser Traum. Ihr Mann versuchte, sie zu beruhigen. Er ging ans Telefon und sprach weiter mit der Frau. Er wollte genau wissen, was passiert war. Kerstin wollte ihrem Papa doch so gerne mitteilen, dass sie bald kommen könnten. Sie hatte ihn doch schon fünf Jahre nicht mehr gesehen. Ihr Herz war so schwer. Sie konnte diesen Schmerz nur so beschreiben: Es fühlte sich an, als wenn jemand bei lebendigem Leib ein Stück Fleisch aus ihr herausgeschnitten hätte. Grausam, warum musste das sein. Für sie brach eine Welt zusammen. Aber was musste ihre Mutter fühlen? Es war für alle ein schwerer Schlag.

Er hatte den dritten Infarkt erlitten, und keiner konnte ihn mehr retten. Er war doch erst achtundfünfzig Jahre. Sie wollten ihn wieder in die Arme nehmen, es war so furchtbar.
Die Freude war nun von einer Sekunde auf die andere zerbrochen, die Freude über die anstehende Ausreise. Kerstin hätte auf sie verzichtet, aber er sollte leben. Sie liebte ihren Vater sehr, er hatte alles für seine Kinder getan. Er opferte sich auf, nahm jede Mark, die er entbehren konnte und schickte Pakete in den Osten, Dinge, die man nicht bekam. Vor allem hing er an seinen Enkelkindern. Er schickte dem Jüngsten einen Schulranzen zur Einschulung, den bekam jedes Enkelkind zu diesem Anlass. Viel später fiel Kerstin ein, wie oft er nach den Einschulungsfotos gefragt hatte. Sie ließ sich damals Zeit und schickte die Bilder erst zwei Monate nach der Feier. Das tat ihr im Nachhinein sehr leid, doch es war zu spät, man kann die Zeit nicht zurückdrehen, leider. Jeder hat, so meint er, nur mit sich zu tun und vergisst oft die anderen Menschen. Es war keine böse Absicht, und dennoch ertappte sie sich bei dieser Nachlässigkeit, denn „Heute ist morgen schon gestern".

Sie gingen in die Wohnung der Schwiegereltern, um sich erst einmal zu sammeln. Sie mussten das Geschehene verarbeiten. Abends rief Kerstin ihre Mutter noch an und konnte sie erreichen. Sie war mit den Nerven am Ende. Für ihre Mutter war alles noch viel schlimmer. Es brach für sie eine

Welt zusammen. Sie gingen gemeinsam vor fünf Jahren in den Westen und wollten noch viele glückliche Jahre haben. Alles kam anders. Kerstin versuchte, sie zu trösten, aber es half nicht viel. Ihre Mutter teilte den Termin der Beerdigung mit und schickte ihnen die Unterlagen für die besuchsweise Einreise in die Bundesrepublik.

Nach zwei Tagen bekamen Kerstin und Edgar die amtliche Bestätigung über den Tod. Mit diesen Unterlagen fuhren sie zu den Firmen. Die Firmen mussten jeweils ihr schriftliches Einverständnis geben. Dann begaben sie sich, wie schon einmal, zum Polizeipräsidium am Alexanderplatz. Dort stellten sie einen Antrag auf besuchsweise Ausreise in die Bundesrepublik Deutschland. Für Berlin war es die einzige Behörde, die diese Anträge bearbeitete. Dementsprechend stand wieder eine lange Schlange. Die Ersten warteten seit 6.00 Uhr morgens. Sie waren um 7.00 Uhr dort, und es standen etwa 100 Leute vor ihnen. Man konnte den Eindruck gewinnen, als stellten sie sich nach Bananen an. Wie immer hatten sie viel Geduld. Die Tür wurde endlich um 8.00 Uhr geöffnet. Die Polizeibeamten ließen sich viel Zeit. Jeder einzelne wurde befragt, wohin er wolle und warum. Es gab für alle Anliegen unterschiedliche Räume. Dann waren sie an der Reihe und bekamen die Zimmernummer mitgeteilt.
Das Zimmer lag in der zweiten Etage. Es war ein großes Gebäude, in das nur wenig Tageslicht

eindringen konnte. Das Treppenhaus war in dunklen Farben gehalten. Es liefen zahlreiche Polizisten mit „Lametta" (Orden und Sterne auf den Schulterklappen) über die Gänge. Sie taten alle sehr wichtig, und sie wussten genau, dass die Bürger ihrer Willkür ausgesetzt waren.

Endlich vor dem richtigen Zimmer angekommen, sahen sie wieder eine lange Menschenschlange. Ein großer Vorraum, und alle Leute, die draußen standen, wollten tatsächlich hinein. Viele Tische und auch Sitzgelegenheiten waren vorhanden, aber alle besetzt. Die Luft in dieser Etage fühlte sich zum Ersticken an, da es draußen sehr warm war. Sie gingen durch eine große Glastür, gleich links befanden sich sechs bis acht Schalter, ähnlich wie bei der Post. Durch ein Schiebefenster wurden diese geöffnet. Kerstin war nur noch nicht klar, wie das System der Anmeldung hier funktionieren sollte. Es gab weder Nummern für die Reihenfolge noch sonst irgendeine Richtlinie. Also fragten sie ganz bescheiden, wer denn der letzte sei. In dem ganzen Wirrwarr meldete sich eine ältere Dame.
Es vergingen vier Stunden, bis sie an der Reihe waren. Am Schalter angekommen, fragte sie ein dicker Beamter in Uniform: „Was wollen Sie?"
„Wir möchten einen Antrag auf besuchsweise Ausreise in die BRD stellen", antworteten sie.
„Hier haben Sie das Formular, füllen Sie das aus und geben Sie es wieder ab", lautete sein weiterer

Kommentar. Kerstin und Edgar wurden immer leiser. „Aber es ist dringend, es geht um einen Todesfall, und in fünf Tagen ist schon die Beerdigung." „Füllen Sie das Formular aus, wie alle anderen, und dann melden Sie sich wieder hier am Schalter", erwiderte der Uniformierte sehr schroff. Beide waren von der Art und Weise, wie sie behandelt wurden, maßlos enttäuscht. Den Mund durften sie nicht groß aufmachen, sonst hätte man sie noch mitgenommen. Sie füllten mit erzwungener Geduld ihren Antrag aus, warteten noch zwei weitere Stunden und gaben ihn dann ab. „Sie können sich in drei Tagen Bescheid im Raum Vier abholen", sagte man ihnen noch. Das hieß, einen Tag vor der Beerdigung. Ihre Nerven lagen blank, aber sie mussten es durchstehen.

Sie fuhren nach Hause. Es hieß nun Warten, was sie in jeder Hinsicht gelernt hatten und zwar immer mit viel Geduld. Am nächsten Tag gingen beide wie gewohnt zur Arbeit. Mit ihren Gedanken waren sie ganz woanders, sie konnten sich nicht konzentrieren. Es wirkte alles wie ein böser Traum. Die Hektik ließ ihnen wenig Zeit zum Nachdenken, das war auch gut so. Die Kinder mussten versorgt werden, das Haus, der Hund und der Garten auch. Geweint wurde abends im Bett, oder wenn sie sich zurückzogen hatten. Sie wollten es auch den Kindern nicht so schwer machen. Beide konnten mit dem Tod nicht umgehen. Ihr Junge war damals noch klein, als

Kerstins Eltern die DDR verließen. Er konnte sich nur schwach an Oma und Opa erinnern. Bei ihrer Tochter war es etwas anderes, sie war ja auch älter und hatte eine gute Beziehung zu den Großeltern. Für beide Kinder war es schwer zu begreifen, dass ihr Großvater nicht mehr da war. Sein ganzer Stolz waren eben nicht nur seine Kinder, sondern auch seine Enkelkinder. Er gab jeden Pfennig, den er übrig hatte, für sie aus. Er hatte selbst nicht viel, denn sie mussten neu anfangen, als sie damals flüchteten.

Es kam der Tag der Entscheidung, sie sollten erneut ins Polizeipräsidium. Auch an diesem Tag fuhren beide in aller Frühe dorthin. Die Behörde war eine Stunde von ihrem Wohnort entfernt. Wieder warteten sie Stunden, bevor sie aufgerufen wurden. Der Uniformierte sagte nur: „Ihr Antrag ist abgelehnt!“ Kerstin fragte: „Warum?“ „Wir sind nicht verpflichtet, die Ablehnung zu begründen. Bitte verlassen Sie den Raum.“ Sie verließen ihn geschockt. Kerstin hätte am liebsten laut losgeschrien: „Ihr Schweine, Ihr behandelt uns wie Tiere, nicht wie Menschen. Wir sind doch nicht unmündig.“ Sie schrie aber nicht, ihr Mann schwieg auch. Maßlos enttäuscht verließen sie das Gebäude.

Bevor sie diesen Antrag auf besuchsweise Einreise in die BRD stellten, benachrichtigten sie vorsichtshalber ihre Anwälte.

Geschockt traten sie den Heimweg an. Kerstin weinte auf der Rückfahrt. Sprechen konnte sie nicht, es schnürte ihr die Kehle zu. Zu Hause angekommen, es war schon nachmittags, leerten sie den Briefkasten und konnten ein Telegramm entnehmen. Es war von ihren Anwälten. Sie sollten sofort zu ihnen kommen. Beide drehten das Auto und fuhren auf der Stelle los. Dort angekommen, teilten die Anwälte ihnen mit, dass sie von der Ablehnung heute erfahren hätten. Für Edgar könnten sie aber nichts tun. Für Kerstin würden sie bürgen, sie sollte sofort zum Präsidium der Volkspolizei fahren und die Genehmigung für eine Woche besuchsweise Ausreise in die BRD abholen. Falls irgendetwas nicht klappen sollte, baten sie um einen sofortigen Rückruf.
Edgar fuhr Kerstin sofort zum Präsidium, denn die Öffnungszeiten waren dort begrenzt, und die Zeit schien ihnen davon zu laufen. Dort angekommen, mussten sie die ganze Prozedur noch einmal über sich ergehen lassen. Wieder auf das Formular warten und alles noch einmal ausfüllen. Alle Fragen schriftlich beantworten, reine Schikane. „Morgen können Sie sich ihren Bescheid abholen", war die Antwort. Voller Hoffnung traten sie den Heimweg an.

Kurz darauf kamen sie bei einer Bekannten vorbei, und Kerstin wollte eigentlich nur erzählen, dass sie wahrscheinlich die Genehmigung

bekommen würde. Kerstin sprach auch von den Anwälten. Ihre Zuhörerin konnte es nicht fassen und berichtete ihrerseits, dass sie am gleichen Tag eine Ablehnung erhalten hätte. Schuld daran sei Kerstin, weil sie einen Antrag auf ständige Ausreise gestellt hatte. Deshalb wurde angeblich ihr Antrag abgelehnt. Später erfuhr Kerstin durch diese Frau noch viel Leid.
Kerstin und Edgar zweifelten wieder einmal an der gesamten Menschheit und dachten, das kann doch nicht sein, dass dieses System hier im Staat so ausgeklügelt war, dass sogar die engsten Freundschaften, ja sogar Familie daran auseinander zu brechen schien. Es war ihnen nicht klar, warum die Leute sich so leicht beeinflussen ließen. Auch wenn der Staat meinte, das Umfeld mitbestrafen zu müssen, wenn jemand einen Ausreiseantrag gestellt hatte, muss doch eine Freundschaft oder die Familienbande nicht zerfallen. Was aber die Politik anrichten kann, hatten ja viele Menschen nicht nur unter diesem Regime kennen gelernt.

Sie fuhren nach Hause und hatten wieder etwas dazugelernt.

Am nächsten Morgen fiel dann beiden ein, dass Kerstin keinen Urlaub beantragt hatte. Deshalb konnte sie nicht so einfach fahren, sie war inzwischen krankgeschrieben, weil sie mit ihren Nerven am Ende war. Innerhalb einer Woche verlor sie vier Kilo Gewicht. Früh rief sie in der Firma an und bekam die Genehmigung für den Urlaub, doch vorher musste sie sich vom Arzt gesund schreiben lassen, da sie sonst den Wohnort nicht verlassen durfte. Als brave DDR-Bürgerin war sie zu Ordnung und Disziplin erzogen worden. Edgar fuhr sie dann zum Präsidium. Sie nahm vorsorglich die wichtigsten Kleidungsstücke mit, denn um 13.00 Uhr würde ihr Zug vom Bahnhof Friedrichstraße abfahren.

Ihr Mann setzte Kerstin am Präsidium ab und eilte weiter in Richtung Heimat zum Hausarzt, der schon von ihrem Vorhaben unterrichtet war. Er gab Edgar sofort die Gesundschreibung mit, die er dann in Kerstins Betrieb abgab. Diese Hektik, die dabei entstand, konnten beide nicht in Worte kleiden.

Um 9.00 Uhr betrat Kerstin das Gebäude in der Keibelstraße. Zu ihrem Entsetzen war an diesem Tag kein Sprechtag für Bürger. Heute sollte die Beerdigung sein, vormittags um 10.00 Uhr. Den Termin konnte sie sowieso nicht mehr wahrnehmen. Nicht einmal das war ihr vergönnt. Vielleicht könnte sie es noch zur Trauerfeier schaffen?

Es saß ein uniformierter Pförtner da. „Was wollen Sie, heute ist hier geschlossen?“, kam es sehr unfreundlich hinter der Glasscheibe hervor. Kerstin war etwas erregt und sprach dadurch auch lauter: „Ich darf mir heute hier die Genehmigung

zu einer besuchsweisen Ausreise in die Bundesrepublik Deutschland abholen, um zur Trauerfeier meines Vaters zu fahren." „Wie kommen Sie darauf?", brüllte der untersetzte Mann, der nun aufgestanden war. Sie konnte ihm nicht einmal richtig in die Augen sehen, er hatte dicke gefärbte Brillengläser, und das Licht, das von hinten durch den Flur eindrang, spiegelte sich darin wider. „Meine Anwälte haben mir das bestätigt", erwiderte sie und nannte den Namen der Kanzlei. Ihr Gegenüber tat geschäftig, ging in einen Nebenraum, und Kerstin hörte, wie er telefonierte.
Er ließ sich viel Zeit, es kam ihr wenigstens so vor. Sie schaute auf ihre Uhr, und Kerstin wurde wieder übel. Sie hatte die Befürchtung, ihren Zug nicht rechtzeitig zu bekommen. „Gehen Sie in das Zimmer 306, in den vierten Stock", sagte er. Kerstin rannte die Treppen hinauf, ihr Herz schlug so schnell, es pochte bis in die Ohren. Oben angekommen, klopfte sie an eine Tür und teilte dem dort sitzenden Beamten aufgeregt ihr Anliegen mit. Sie sagte ihm, dass ihre Anwälte gesagt hätten, dass sie sich hier die Genehmigung abholen könnte. „Was für eine Kanzlei, die kenne ich nicht!", war seine Antwort. Kerstin wurde schon ziemlich nervös, die Zeit lief ihr davon.
Es war inzwischen 11.30 Uhr, und ihr Zug fuhr um 13.00 Uhr. Bis zum Bahnhof waren es noch 20 Minuten Fahrtzeit, wenn alles gut klappen sollte. „Ich kann die Anwälte anrufen, sie kommen sofort hierher, falls Sie es wünschen", kam

barsch aus Edgars Mund. „Nehmen Sie Platz“, sagte der Gegenüber und verschwand. Nach einigen Minuten erschien er wieder und gab ihr doch tatsächlich noch einmal den ganzen Wust von Formularen zum Ausfüllen. Ruhig bleiben war ihr Gedanke. Sie kannte nun die vorliegenden Papiere schon in- und auswendig, wusste also, wo und wie jede Zeile ausgefüllt werden musste. Es vergingen trotzdem noch einmal 20 Minuten. Er kam dann doch zügig, las sich aber nichts durch und übergab ihr ohne Kommentar die Papiere. „Es steht alles drauf, auch, wann Sie wieder in die Deutsche Demokratische Republik einreisen müssen!“, gab er dann noch zur Antwort.
Kerstin erhielt nun einen Tag Verlängerung, da die Beerdigung schon vorbei war. Sie beantragte ursprünglich sieben Tage, die sie nun auch bekam, nur um einen Tag nach hinten verschoben. Dieser eine Tag hatte auch noch eine besondere Bedeutung, wie sich dann später herausstellte. Die Beamten wussten schon längst im Präsidium, dass sie die Reisegenehmigung erhalten würde. Sie taten wieder sehr machtbesessen. Die Formulare, die sie nun wieder ausgefüllt hatte, interessierten sie gar nicht mehr. Sie hätte doch zu gerne gewusst, ob diese Menschen nachts ruhig schlafen konnten, wo sie andere so schikanierten.
Kerstin schaute auf ihre Uhr, es war 12.00 Uhr. Ihr wurde schlecht. Sie dachte, hoffentlich steht Edgar schon draußen. Er stand dort, er hatte auch alles für sie erledigt. Gemeinsam fuhren sie zum

Bahnhof Friedrichstraße. Sie hatten nicht einmal Zeit, sich vernünftig zu verabschieden, nur ein Kuss. Schnell lief sie in den Bahnhof, Edgar durfte nicht mit auf den Bahnsteig kommen, hinter dem Schalter zur Ausreise gab es für ihn kein Weitergehen. Der Fahrschein musste noch gelöst werden. Für das Umtauschgeld in Höhe von 15,00 Mark, was sie noch hätte mitnehmen können, hatte sie keine Zeit mehr. Auch an diesem Umtauschschalter stand eine lange Menschenschlange. So ließ man viele DDR-Bürger ohne Geld fahren. Mittellos und auf andere Menschen angewiesen!

Kerstin rannte mit ihrer kleinen Reisetasche die Treppen hinauf. Dann kam sie zur Kontrolle, es war 12.40 Uhr. Die Zeit lief, aber gegen sie. „Packen Sie Ihre Reisetasche aus", bekam sie von einer Zollbeamtin zu hören. „Bitte, ich habe nichts, außer meiner Wäsche, mein Zug fährt gleich, und ich möchte doch wenigstens noch zur Trauerfeier kommen. Die Beerdigung ist schon vorbei", bat sie flehend.
Wieder rollten die Tränen. Die Beamtin verzog keine Miene und bestand auf ihrer Forderung, sogar den Inhalt ihrer Handtasche musste sie auspacken. „Sie können fahren", antwortete sie kurz. Kerstin warf alles in die Tasche und rannte die Treppe hinauf zum Zug. Eine Minute vor 13.00 Uhr. Auf dem Bahnsteig stand sie vor einer weißen Linie. Das war eine Markierung, zirka einen Meter vor der Bahnsteigkante. Diese Markierung

kannte sie nicht. Erst wenn der Zug eingefahren war und über Lautsprecher das Signal zum Einsteigen gegeben wurde, konnte man sich hinter diese begeben. Der Zug lief in den Bahnhof ein, sie stieg die hohen Stufen hinauf und setzte sich mit einem tiefen Seufzer hin. Alles war ihr nun egal. Es war eine furchtbare Hektik. Sie hielt trotzdem noch einmal Ausschau, ob nicht doch noch einer von ihren Verwandten auf dem Bahnhof erschienen war.
So einen aufregenden Stress hatten sie noch nie im Leben! Sie staunte nur über sich selbst, wie sie das alles durchstehen konnte. Es dauerte keine zwei Minuten, da fuhr der Zug los. Kerstin wusste nicht, ob sie weinen oder lachen sollte. Aber eines wusste sie genau, sie würde abends wenigstens ihre Mutter sehen, die sie vor fünf Jahren das letzte Mal in die Arme nehmen konnte.

Kerstin schaute in Gedanken versunken aus dem Fenster. Der Zug fuhr durch Westberlin. Es war ein Gefühl, das sie nicht beschreiben konnte. Die Autos, die Werbung, die Doppelstockbusse, und sie konnte die Gedächtniskirche sehen, es war einfach überwältigend. Leider konnten ihre Kinder und ihr Mann nicht dabei sein, das wäre zu schön gewesen!

Sie konnte sich noch an vieles von früher erinnern. Damals war Kerstin erst neun Jahre alt, als die Mauer gebaut wurde.

Der Zug rollte, und sie saß wirklich darin. Die Reise sollte sechs Stunden dauern, so stand es im Fahrplan. Die Tour durch die Stadt war kurz, nun ging es „rumpelpumpel" durch die DDR. Man merkte jeden Schienenstoß, sie schaute nicht mehr aus dem Fenster, denn ihre Gedanken waren schon bei ihrer Mutti.
Sie ging ihr nun nicht mehr aus dem Kopf. Wie wird sie aussehen, wie wird es sein, ihre Mutter nach fünf Jahren wieder in die Arme zu nehmen? Fotos besaß sie ja, für Kerstin hatte sie sich rein äußerlich nicht verändert. Sie hatten von je her immer ein gutes Verhältnis. Kerstin war die Älteste von ihren Geschwistern, und alle Sorgen teilte ihre Mutter mit ihr, wenn ihr Vater nicht zu Hause war.
Damals, als sie noch Kinder waren, arbeitete ihr Vater sehr viel und war selten pünktlich daheim. Sie war oft für ihre jüngeren Geschwister verantwortlich, da Kerstins Mutter abends arbeitete. Das Ganze lief wie ein Film vor ihren Augen ab, ihre Kindheit, ihre Eltern. Und der Gedanke, dass sie einen von beiden so schnell verlieren könnte, war ihr eigentlich nie gekommen. Der Großvater väterlicherseits war über achtzig Jahre geworden, und bis kurz vor seinem Tod hatte er noch gearbeitet. Man sollte wirklich jede Minute auf Erden genießen und friedlich miteinander leben, aber wer denkt immer daran, und wer hält sich an so etwas. Alle sind nur für einen Augenblick auf dieser Welt und vergessen es zu oft.

Schon zu früheren Zeiten hatte Kerstin sich das Wiedersehen liebevoll vorgestellt. Es war heute ein trauriger Anlass, und trotzdem freute sie sich. Es war schon ein sehr merkwürdiges Gefühl, das man nicht so einfach beschreiben konnte. Kerstin wirkte durch ihre Gewichtsabnahme sehr blass. Unterstrichen wurde das Ganze noch durch ihre tiefen Augenränder, denn Schlaf hatte sie in letzter Zeit ja nun wirklich kaum gefunden. Das Ganze kam durch ihr schwarzes Kostüm noch mehr zum Ausdruck. Sie trug eine dunkle Sonnenbrille, damit man ihre verweinten Augen nicht sehen konnte.

Am Bahnhof Zoo, das war die erste und einzige Haltestelle in Westberlin, waren noch zwei Männer in ihr Abteil zugestiegen. Angeblich Westdeutsche, wie sie aus ihren Gesprächen entnahm, aber sicher konnte man sich nie sein. Sie unterhielten sich mit Kerstin. Sie war trotzdem vorsichtig mit ihren Äußerungen, was die DDR anbelangte, denn ihre Angst war groß. Die beiden Herren, ein jüngerer und ein älterer, waren sehr nett und boten ihr Cola an, Kerstin lehnte dankend ab. Sie fragten, wohin denn ihre Reise gehen sollte, Kerstin erzählte es ihnen kurz.

Die Lok fuhr nicht sehr schnell, sie schaute nun wieder aus dem Fenster. Vorbei ging es an alten Wohnhäusern, verfallenen Betriebsgeländen und viel Wald. Dann näherten sie sich Helmstedt, dem

Grenzübergang in die Bundesrepublik. Der Zug rollte in den Bahnhof ein. Kerstin schaute nach draußen und sah, wie Grenzbeamte mit Hunden anrückten. Der Ältere der beiden Fahrgäste, wohl der Vater, sagte zu ihr: „Achten Sie darauf, wenn wir den Bahnhof verlassen, sehen Sie genau die Grenzbefestigung. Der Stacheldraht ist nach innen gebogen, um ein Ausbrechen zu erschweren. Es wird Ihnen immer gepredigt, die Grenzanlage soll die DDR-Bürger vor Eindringlingen schützen." Dieses meinte er natürlich ironisch und grinste Kerstin herausfordernd dabei an. Sie verstand seine Art nur zu gut und ging aus Vorsicht auf seine Bemerkung nicht näher ein.

Der Ältere merkte auch, dass ihr nicht ganz wohl war bei der Grenzkontrolle. Jetzt schlossen sie den Zug auch noch ab, die Fenster mussten zu gemacht werden, sie wurden automatisch verriegelt. Ein paar Zollbeamte hatten vorher den Zug bestiegen. Nun begann die Kontrolle. Alle Klappen wurden geöffnet, ebenfalls die Toiletten. Dann waren die Fahrgäste an der Reihe. „Warum reisen Sie und wohin?", fragte einer im barschen Ton. Der Ort war deutlich genug auf der Fahrkarte ausgedruckt. Kerstin empfand es als eine Frechheit, dass sie über ihre privaten Reisegründe befragt wurde, aber sie antwortete eingeschüchtert, was der Mann hören wollte. Er kontrollierte ihren Reisepass ausgiebig und verließ das Abteil. Sie stieß wieder einen tiefen Seufzer aus. Nun richtete sich ihre Aufmerksamkeit erneut nach draußen. Mit Spiegeln, die an einer langen Stange befestigt waren, untersuchten die Grenzer den Zug von unten, auch die Hunde begleiteten sie auf den Gleisen, es könnte sich ja einer darunter versteckt haben. Das Ganze dauerte ca. eine halbe Stunde. Dann ertönte der Pfiff aus der Trillerpfeife, er war das Signal zum Abfahren. Endlich rollte der Zug wieder, Kerstin war froh, trotz ihrer Trauer. Ihre Gedanken kreisten weiter. Endlich nach so vielen Jahren ihre Mutter wieder sehen. Den Gedanken, ihren Vater nicht mehr in die Arme nehmen zu können, verdrängte sie. Es war für Kerstin immer noch unfassbar.

Der Zug fuhr im Westen so schnell, dass die Bäume und Häuser nur so vorbeirauschten. Nach einigen Stunden erreichte sie ihr Ziel. Schon eine halbe Stunde vor Ankunft stand sie aufgeregt an der Tür. Sie hatte Angst, den richtigen Bahnhof zu verpassen.
Endlich, es war abends. Der Zug lief langsam ein. Ihr Herz fing heftig an zu schlagen, ihre Augen wurden feucht, sie spürte wieder das Würgen im Hals. Auf dem Bahnsteig waren nicht viele Leute zu sehen. Kerstin suchte, noch während der Zug rollte, nach ihrer Familie. Wie hatte sich ihre Mutter verändert in all den Jahren? Sie konnte sich nur schwer vorstellen, sie einfach wieder in die Arme zu nehmen. Jetzt endlich hielt der Zug an, sie sah ihre Familie und sprang aus dem Wagen. Kerstin fiel ihrer Mutter in die Arme und

weinte so heftig, dass alles andere um sie herum keine Rolle mehr spielte. Ein Mann reichte ihr noch schnell die Tasche aus dem Zug, sie hätte sie beinahe vergessen.

Kerstin hatte sie wieder, ihre Mama, was sie nicht mehr für möglich gehalten hatte. Aber die Umstände waren entsprechend traurig. Es musste erst ihr Vater sterben, damit sie ihre Mutter wiedersehen durfte. Gesetze, die die Menschen nur mit Hass erfüllten, Hass gegen den Staat, den eigenen Staat. Immer mussten sie und ihre Familie gute Miene zum bösen Spiel machen, keiner durfte sich kritisch äußern, sonst wäre er vielleicht im Zuchthaus oder anderswo gelandet.

Die Fahrt ging zur Wohnung ihrer Mutter Rita. Es waren noch einige andere Beerdigungsgäste da. Kerstin freute sich so sehr auf ihre Mutti, ein großer Trost in ihrer tiefen Trauer. Doch die Freude hielt nicht lange an. Denn einige der Verwandten und Bekannten wunderten sich nun, dass sie mit einem laufenden Ausreiseantrag im Westen erscheinen konnte. Das hätte es noch nie gegeben, da sei etwas faul, so mutmaßten sie. Kerstin stand wie vor einem Gericht. Sie war da, aber einige andere aus ihrer Familie durften nicht zur Beerdigung aus der DDR kommen. Es war also ein beabsichtigtes Vorgehen bei der Entscheidungsfindung für die Reisegenehmigungen. Die Familienmitglieder wurden untereinander ausgespielt.

Ein sehr schlaues System. Man hat schon viel über die Praktiken in Nazizeiten gehört, dieses hier hatte wohl einiges mit den damaligen Verfahrensweisen gemeinsam.

Kerstin musste Rede und Antwort stehen, wie sie es geschafft hätte, hierher zu kommen. Sie weinte nur und konnte nicht fassen, wie sich einige der anderen Gäste ihr gegenüber benahmen. Sie erklärte, dass Anwälte für sie bürgen würden beziehungsweise für ihre Rückreise in die DDR. Für Kerstin war es selbstverständlich zurückzukommen. Sie liebte ihren Mann und ihre Kinder, hätte sie nie im Osten allein gelassen. Sie war so fertig über die Art der Begrüßung und wollte wieder nach Hause fahren. Ihrer Mutti hatte der Tod des Vaters so zugesetzt, dass sie die Welt nicht mehr verstand.

Dieser unerwartete Empfang sollte aber noch nicht alles gewesen sein. „Böses gibt es immer und überall!" Das Telefon klingelte plötzlich. Eine Frau, die ihr bekannt war, aus dem Osten wollte Kerstin sprechen. Sie ging ans Telefon und traute ihren Ohren kaum. „Was machst du da, wie hast du es geschafft, in den Westen zu kommen? Du wirst dich wundern, wenn du wieder bei uns einreist, ich lasse dich verhaften", schrie diese Person. Nun brach für Kerstin alles zusammen. Das konnte doch nicht sein! Sie hatte niemandem etwas getan. Das alles, nur weil sie die

Genehmigung erhielt, zur Trauerfeier ihres Vaters zu fahren. An der Beisetzung konnte sie nicht teilnehmen. Das war der Gipfel! Kerstin wurde schlecht. Sie musste sich übergeben. Es war aber nichts im Magen drin, seit Tagen hatte sie schon nichts essen können. Was nun? Kerstin stand allein da. Ihre Mutti wollte sie nicht belasten. Aber der liebe Gott erhörte sie im Gebet. Das Telefon klingelte kurz nach dem Zwist, eine Verwandte ihres Mannes war am Apparat. „Wir holen dich morgen ab, du bleibst ein paar Tage bei uns, wenn es dir recht ist", sagte sie. Und ob es Kerstin recht war! Sie wusste, dass die anderen Trauergäste vor ihr abreisen würden, also fuhr sie erst zur Verwandtschaft ihres Mannes und anschließend zu ihrer Mama, dann hätte sie sie für sich alleine.

In den paar Tagen bei den Angehörigen dort versuchten diese, Kerstin von ihrer Verbitterung abzulenken, was ihnen teilweise gelang.

Kerstin fuhr zu ihrer Mutter zurück. Sie freuten sich riesig und konnten noch drei Tage miteinander verbringen. Kerstin besuchte nun endlich das Grab ihres Vaters. Das Schicksal geht oft seltsame Wege. Er war jetzt an einem Ort beerdigt, an dem er niemals sterben wollte. Sein Ziel war immer Berlin. Er konnte nach der Flucht aus der DDR mit dem Auto dorthin nicht zurück, dann hätte man ihn sofort verhaftet. Vor dem Fliegen hatte Rita Angst.

Oh Drossel, hier im fernen Land,
dein Singen ist mir wohl bekannt.

Dein Zwitschern in der Frühlingsluft
erinnert mich an Heimatduft.

Du fliegst weg und kehrst immer wieder zurück,
beschieden ist mir nicht dieses Glück.

Drossel, du lässt dich von deinen Instinkten leiten,
wir, die intelligenten Wesen,
müssen auf Paragrafen reiten.

Geschaffen sind diese für Ordnung und Frieden...
Nur du kannst mit deiner Flugkunst
die Sperren besiegen.

– Karin Cieslicki –

So stand sie nun da, und es war alles so endgültig. Das Grab war mit vielen Blumen und Kränzen bedeckt. Auf den Schleifen ein letzter Gruß von dem einen und dem anderen, nur ihren Namen konnte sie nirgends finden, obwohl sie abgesprochen hatte, dass eine Schleife nebst Gesteck mit ihrem Namen bestellt würde. Sie verweilte am Grab und dachte: Ihr Vater sieht von oben herunter, und nur er weiß, was sie fühlte und spürte. Im Herzen sterben sie nie, unsere Eltern, sie leben in uns weiter.

Es gab vor diesem Besuch auf dem Friedhof manche Reaktion, die Kerstin nur schwer verstehen konnte. So wusste sie nicht, wo das Grab war und wie sie überhaupt hingelangen sollte. Es fuhr keiner am Tag ihrer Ankunft mit ihr dorthin. Als Kerstin nach drei Tagen wieder bei ihrer Mutter erschien, vernahm sie Vorwürfe, sie hätte noch nicht einmal Blumen an das Grab gebracht. Sie hatte wenig Geld und bekam vom Sozialamt 100,00 DM als Begrüßungssumme. Davon kaufte sie für 50,00 DM eine Blumenschale. Eine Bekannte ihrer Mutter bot ihr an, mit ihr mit dem Bus zum Friedhof zu fahren. Kerstins Mama ging es sehr schlecht, sie konnte sie nicht begleiten.

Der Tag ihrer Rückreise kam näher, und Kerstin wusste nicht, was sie bei ihrer Ankunft in Berlin erwartete. Sie hatte etwas Geld geschenkt bekommen, dafür kaufte sie für ihre Kinder und Edgar ein. Obst, Süßigkeiten und für den Kleinen etwas zum Spielen. Sie musste mit dem Bus zum Bahnhof. Auch hierhin konnte ihre Mutter nicht mitkommen. Kerstins Taschen waren so schwer, dass sie sie kaum heben konnte. Ein junger Mann bot sich an, ihr die Taschen die Treppen zum Bahnsteig hinauf zu tragen, da er auch mit dem Zug reisen würde. Sie sagte ihm aber, dass die Taschen sehr schwer seien. „Das schaffe ich schon", antwortete er und nahm sie ihr ab. Nun stockte er etwas, mit so einem Gewicht hatte er nicht gerechnet. „Haben Sie Goldklumpen darin?", fragte er spöttisch. „Nein, nein, ich habe gut eingekauft für meine Familie, ich war seit meiner Kindheit das erste Mal wieder im Westen“, lachte sie. Was mag er wohl gedacht haben, dass sie im Osten verhungern? Nein, so war es auch nicht. Aber man hatte auf so viele Dinge Heißhunger, vor allem die Kinder. Das konnte der junge Mann nicht nachvollziehen. Denn, wenn es einem gut geht, schaut man nicht unbedingt dorthin, wo es schlechter ist. Viele Ostler hätten bestimmt genauso wie er gehandelt, wenn sie im Westen gelebt hätten.

Nun stand Kerstin auf dem Bahnsteig. Sie hatte noch eine halbe Stunde Zeit bis zur Abfahrt. Gedanken schossen durch ihren Kopf. Hier war keine Hektik, hier war sie frei, und bald soll das alles wieder vorüber sein. Wieder Warten, Angst und das Ungewisse vor Augen, sie hoffte nur, dass das alles bald zu Ende sein würde.

Jetzt saß sie im Zug nach Berlin. Ihr wurde schon wieder übel. Sie hatte nur einen Gedanken, was wohl in Berlin passieren würde? Essen konnte sie nichts. Beim Sprechen setzte ihre Stimme aus.

Nach einer Stunde Fahrt musste Kerstin umsteigen. Der Kofferträger auch. Aber auf dem Umsteigebahnhof war er plötzlich verschwunden. Kerstin konnte es ihm nicht verdenken. Sie stellte ihre Taschen auf ein Fließband und kam so ohne große Anstrengung zum nächsten Bahnsteig.

Der Zug stand schon auf dem Gleis. Eine Frau stieg gemeinsam mit ihr ein und setzte sich zu ihr ins Abteil. Dieses hatten sie dann für sich alleine. Kerstin war froh, ein bisschen Ablenkung zu haben. Die Frau begrüßte Kerstin freundlich, und sofort weinte sie wieder. Sie fragte, was denn passiert sei. Kerstin redete sich alles von der Seele. Die Frau sah Angst in Kerstins Augen. Sie bot ihr einen Kaffee an, und Kerstin nahm ihn dankend an. Im Gespräch erfuhr Kerstin, dass die Dame einen Frisiersalon in Westberlin hatte, sie gab ihr ihre Telefonnummer. Sie wollte Kontakt zu Kerstin halten und später wissen, wie alles ausgegangen sei.

Leider hatte Kerstin später ihr Adressbuch mit der Telefonnummer verloren.

Die fünf Stunden Fahrt vergingen viel zu langsam. Kerstin hatte nur einen Wunsch, sie wollte ihre Kinder und Edgar wieder in die Arme nehmen. Oft musste sie während der Fahrt die Toilette aufsuchen, sie hatte große Magen- und Darmprobleme. Es ging ihr sehr schlecht. Die Angst reiste mit ihr. Es kam ihr vor, als hätte sie diese gepachtet oder trage sie ständig im Rucksack auf dem Buckel.
Der Zug rollte in den Grenzbahnhof der DDR ein. Erneut gab es Kontrollen, aber längst nicht in dem Maße, wie bei der Ausreise. Hier hatte Kerstin noch keine Bedenken. Die Grenzbeamten

waren zwar unfreundlich wie bei der Ausreise, aber das interessierte sie alles nicht weiter. Ihre Angst galt dem Kontrollpunkt Bahnhof Friedrichstraße. Sie hatte die Befürchtung, dass die Drohung am Telefon, die sie bei ihrer Mutter erhielt, sich dort bestätigen würde.

Sie waren nun kurz vor Westberlin, der Zug rollte in den Bahnhof Zoo ein. Bevor die Frau ausstieg, verabschiedete sie sich von Kerstin, als wenn sie sich schon Jahre kannten. Sie wünschte Kerstin viel Glück, dann war sie wieder mit sich und ihrer Angst allein.

Es war nur noch eine Station, zirka drei Minuten, dann musste auch sie aussteigen. Steht ihr Mann da und wartet vergebens auf sie, weil sie verhaftet worden ist? Die Frau aus dem Osten hatte sie angeblich bei der Staatssicherheit angezeigt mit der Begründung, dass ihre Ausreisepapiere gefälscht wären. Nun wusste Kerstin nicht, was passieren würde. Sie war sich keiner Schuld bewusst, aber wie würde die Stasi reagieren? Ein Verhör alleine hätte schon ausgereicht, dass sie einen Herzschlag bekomme würde. Ihre Angst war so groß wie noch nie in ihrem Leben. Sie bekam plötzlich Durchfall und musste schnell die Toilette aufsuchen, der Zug würde jeden Moment in den Bahnhof einlaufen.
Die Knie waren so weich, es fiel ihr schwer zu laufen. Die Taschen konnte sie nicht tragen und

schleifte sie hinter sich her. Sie musste die Treppe hinuntergehen. Die Kontrollkabine kam immer näher. Es war eine enge Kabine mitten in der Bahnhofshalle. Man ging hinein, die Tür schloss sich, und man kam nicht von selbst heraus. Es war wie eine Mausefalle. Wieder das Gefühl, eingesperrt zu sein! Der Zollbeamte saß hinter einer Scheibe. Diese hatte nur einen kleinen Schlitz. Er forderte Kerstin auf, den Pass durchzuschieben. Sie tat es mit beiden Händen und zitterte so stark, mit einer Hand hätte sie den Schlitz nicht getroffen. Der Beamte zögerte eine Weile, las sich ihren Reisepass genau durch und gab ihn zurück. Er drückte von innen auf einen Knopf, die Tür ging auf, und Kerstin fragte ängstlich: „Darf ich gehen?" Er nickte nur kurz, und sie versuchte, die Halle so schnell wie möglich zu verlassen. Ihre Kräfte hatten in der Zwischenzeit so nachgelassen, dass sie es kaum noch schaffte, die Taschen über den Boden zu ziehen. Am liebsten hätte sie sie stehen lassen und wäre losgerannt.

Ihrem Mann hatte sie vorher am Telefon alles über die Begrüßung bei ihrer Mutter erzählt. Aber das tat sie auch nur ansatzweise und verschlüsselt. Er wusste also nichts Genaues. Edgar hatte sich in der Zwischenzeit bestimmt große Sorgen um seine Frau gemacht. Er wusste genau, dass sie wiederkommen würde. Aber seine Angst war sicher genauso groß wie ihre, was würde bei der Einreise passieren? Ihre Gedanken kreisten

ständig bei ihm. Was hatte er nur durchstehen müssen? Er konnte mit niemandem reden, die Kinder wollte er auch nicht belasten. Endlich war es soweit, sie näherte sich der Pendeltür und konnte diese wegen der Taschen nur mit dem Fuß aufstoßen.
Die Tür öffnete sich, und Kerstin sah ihren Mann. Sie ließ die Taschen fallen, beide fielen sich in die Arme, und viele Tränen flossen. Sie waren kreidebleich, Gänsehaut lief ihnen über den ganzen Körper, sie zeichnete sich sogar in den Gesichtern ab. Ringsum standen viele Menschen und warteten auf ihre Verwandten oder Freunde aus dem Westen. Sie waren bestimmt erstaunt über so eine Begrüßung. Beide waren glücklich, sich wieder in den Armen zu liegen. Schnell liefen sie zum Auto und wollten nur nach Hause, um alles in Ruhe auszuwerten.
Vom Bahnhof Friedrichstraße bis zu ihrem Haus waren es zirka 40 Minuten zu fahren. Kerstin versuchte, unterwegs einige Dinge zu erzählen, sie war aber sehr aufgeregt.

Die Kinder warteten schon ungeduldig. Einige Bewohner in der Siedlung offenbar auch, denn es hatte sich das Gerücht verbreitet, dass Kerstin nicht zurück kommen würde. Sogar ihrem kleinen Sohn war erzählt worden, er würde seine Mutter nie wieder sehen. Kerstin sei im Westen geblieben. Es musste also Leute geben, die über sie in gewisser Weise Bescheid wussten

oder es zumindest dachten. Über ein Nachbarskind hatte ihr Sohn diese Nachricht erhalten - ob bewusst oder unbewusst. Der Informationsfluss funktionierte augenscheinlich wunderbar.
Zuhause angekommen, wurde Kerstin stürmisch von ihren Kindern begrüßt. „Mama, du bist doch zurückgekommen“, waren die ersten Worte ihres kleinen Sohnes. Sie begann zu stutzen, konnte es nicht fassen. Was waren da nur für Gerüchte verbreitet worden? Dass darunter auch Kinder litten, war das Schlimmste.

Es gab sicher Kräfte, die solche Nachrichten bewusst schürten. Dafür hatte Kerstin kein Verständnis. Diese Art der Verbreitung war nicht unbekannt. Selbstherrlich standen solche Spitzel in diesem Staat da, aber sie hatten ja grünes Licht von „oben“, und damit war Menschen, die sich darauf einließen, Tür und Tor offen. Es fanden sich immer wieder Leute, die sich für so ein System einsetzten, wenn sie nur genug Rückendeckung hatten. Ihr „Kreuz“ ist nicht breit genug, und es ist ja einfach, sich hinter anderen zu verstecken, die Fahne nach dem Wind zu drehen.

Kerstin fragte ihren Sohn: „Warum sollte Mama denn nicht zurückkommen?“ „Mein Freund hat gestern zu mir gesagt, dass du nur sechs Tage fahren durftest, und die waren gestern um“, gab er zur Antwort. Nun wusste Kerstin, woher der

Wind wehte. Jeder Schritt, den sie machte, wurde offensichtlich überwacht, aber die Verzögerung ihrer Ausreise nicht richtiggestellt, daher wohl diese Informationslücke. Sie war ja einen Tag später gefahren, als ursprünglich beantragt, es hatte sich alles um einen Tag verschoben.

Sie packten die Taschen aus. Die Kinder staunten, was sie alles mitgebracht hatte, obwohl sie keinen Pfennig Geld vom Staat DDR bekam und auch keine Devisen ausführen durfte. Wie ein Bettler fuhr man hinüber in den Westen und kam doch mit vollen Taschen zurück. Auch das war Berechnung des Staates. Die Kinder hatten noch nie so viel leckere Süßigkeiten gesehen. Sie erhielten Obst, das sie überhaupt nicht kannten. Einheimisches Obst war ihnen zwar vertraut, nur gab es dieses in den letzten zehn Jahren nicht oft zu kaufen, da alles, was von guter Qualität war, exportiert wurde.

Im Jahr 1986 stand auf dem Marktplatz ein Lkw, und es wurden Erdbeeren verkauft, was sonst nicht üblich war. Hier reihten sich Kerstin und Edgar in die lange Schlange ein. Es waren ungefähr 50 Leute vor ihnen, und sie hofften, noch einen Korb zu bekommen. Mit viel Glück fuhren sie stolz wie die Spanier nach Hause. Die Früchte wurden sofort gewaschen, gezuckert und verzehrt. Alle konnten sich endlich einmal richtig satt essen an Erdbeeren. Das war ein Fest.

Abends saßen sie gemütlich vor dem Fernseher und hofften insgeheim, dass es ja eventuell doch besser werden würde mit der Versorgung. Da traf sie fast der Schlag. In den Nachrichten brachte das Westfernsehen, dass Lkw-Ladungen an der Westberliner Grenze zurückgewiesen worden waren. Diese waren beladen mit Obst und Gemüse, doch die Verstrahlung, verursacht durch das Reaktorunglück in Tschernobyl, war so groß, dass die Bundesrepublik diese Waren abwies, und die DDR-Bürger durften sie kaufen. Sie freuten sich anfangs und waren dem Staat so dankbar. Was für ein Hohn. Die Erdbeeren waren verzehrt, und nichts konnte mehr daran geändert werden. Man erfuhr sowieso nicht viel über die Gefahren, die mit dem Atomunglück in Tschernobyl im Zusammenhang standen.

Als die Kinder im Bett waren, wurde ihnen erst bewusst, was der Staat doch mit ihnen für ein Spielchen trieb. Sie schafften es, die ganze Familie gegeneinander auszuspielen. Keiner durfte etwas vom anderen wissen, wenn es um einen Ausreiseantrag ging. Man durfte keine Reklame machen.

Kerstin und Edgar hielten sich an diese Vorschriften, und das war genau das Falsche, was sie tun konnten. Die Staatssicherheit wollte, dass Misstrauen in der Familie entsteht, keiner traute mehr dem anderen. Jeder hatte Angst, Angst um seine Kinder, das war auch bei ihnen so. Sie konnten

das ganze System und die Vorgehensweise bei der Abarbeitung von Ausreiseanträgen immer noch nicht durchschauen.
Alle waren zusammen, und das zählte für sie. Kerstin wurde nicht verhaftet, und das Warten begann aufs Neue.
Am nächsten Tag kam Kerstin zum Dienst, und alle empfingen sie gespannt. Sie sollte berichten, wie es drüben gewesen war. Über den Westen konnte Kerstin nicht viel erzählen. Sie hatte mit sich und ihren Sorgen den Kopf so voll, dass, wenn sie das alles vorher geahnt hätte, sie bestimmt nicht gefahren wäre. Ihr Vater war beerdigt, nicht einmal daran durfte sie teilnehmen. Das ganze Theater auf der Trauerfeier, die Vorwürfe, „warum du und nicht ich?" Das Einzige, was noch Trost gab, war, dass sie ihre Mutter wiedersehen konnte. Sie liebte beide, Vater und Mutter. Kerstin wusste nicht, ob das Schicksal jedem vorbestimmt war, ganz sicher geht es manchmal seltsame Wege. Es gab gewisse Vorahnungen, die sie hatte und die sich dann zu ihrem Leidwesen auch bestätigten. Es waren Schläge, die ihr Leben erheblich beeinträchtigten und tiefe Wunden hinterließen.

Nun mussten beide alles daran setzen, die Genehmigung für die Ausreise zu bekommen. Sie grübelten oft, ob es richtig war, diesen Weg einzuschlagen. Zurücknehmen konnten sie den

Antrag nicht mehr. Zeitlebens würden sie gebrandmarkt sein, auch ihre Kinder. Sie hätten nicht studieren können, immer würden sie es ihnen nachtragen, wenn auch nicht direkt, aber es gab so viele Möglichkeiten, ihnen den weiteren Lebensweg zu verbauen. Niemals würde die Mauer fallen, nur durch einen Krieg! Das hatte sich fest in ihren Köpfen eingeprägt. Das stand damals für sie fest.
Sie machten aus allem das Beste und versuchten mit dem, was ihnen zur Verfügung stand, glücklich zu sein. Etwas anderes blieb ihnen auch nicht übrig. Für Kerstin stand fest, dass die glücklich sein konnten, die nicht im Osten leben mussten. Heute kann Kerstin sich dieses Urteil erlauben, denn sie hatte 36 Jahre ihres Lebens in der DDR verbracht. Es ist jetzt auch nicht alles Gold, was glänzt. Aber lieber „den Spatz in der Hand als die Taube auf dem Dach."

Wieder bekamen sie eine Vorladung zum Verhör, scheinbar war etwas Bewegung in die Sache gekommen. Die MfS-Mitarbeiter fragten nur noch routinemäßig, ob sich etwas an ihrer Absicht, der Ausreise, geändert hätte, dann konnten sie wieder gehen. Sie hatten das Gefühl, dass es nicht mehr lange mit der Ausreise dauern würde. Doch alles war für sie sehr aufreibend, jeden Tag warten, wie lange noch? Sie hielten Rücksprache mit ihren Anwälten, die ihnen Mut machten und sehr zuversichtlich waren.

Ihre Absicht auszureisen, war ja zwischenzeitlich auch in der Bundesrepublik Deutschland bekannt. Kerstins Mutter bekam schon von einigen Institutionen im Westen Nachricht, dass alles in Bearbeitung sei.

Sie und Edgar begannen, alle Sachen, die sie nicht mehr benötigten, zu ordnen und in Kisten zu verstauen. Es gab im Falle einer Ausreise viele Wege, die mit einem gewissen Laufzettel erledigt werden mussten, und dann hätten sie keine Zeit mehr gehabt, alles gut zu verpacken. Ihr Sohn wunderte sich über die leeren Schränke und stellte schon einige Fragen, auf die sie weiterhin ausweichend antworteten. Sie wollten ihn auch nicht belasten. Er wusste nichts von der geplanten Ausreise und sollte unbeschwert weiterleben.

Nun wurden viele Dinge neu gekauft, alten Hausrat wollten sie nicht mitnehmen. Von Kerstins Eltern wussten sie, was in der BRD gebraucht wurde und auch teuer war. Sie kauften neue Federbetten, Bettwäsche, gutes Besteck, eben den gesamten Hausrat außer Möbel. Viele Dinge davon gab es nicht auf Anhieb. Sie mussten viel umherfahren, lange anstehen, auch über Beziehungen gelang ihnen der Erwerb. Wenn man neu anfängt, ist selbst ein Kochlöffel aus Holz kostbar. So verkauften sie einige Möbel, die sie schon entbehren konnten. Außerdem hatten sie etwas Westgeld gespart, das sie vorher heimlich bei

Bekannten umtauschten. Die Frage, woher diese Leute das Geld hatten, stellten sie nicht. Dieses Westgeld wurde dann wieder von anderen Bekannten, die in der DDR zu Besuch waren, mit in den Westen genommen und dort für Kerstin und Edgar zurückgelegt. Es war eine ungeheuerliche Sache des Vertrauens. Alle Beteiligten mussten sehr vorsichtig und sensibel damit umgehen. Dieser illegale Handel mit dem Geld nahm sehr viel Zeit in Anspruch und zog sich über Jahre hin. Im Falle einer möglichen Ausreisegenehmigung wollten sie nicht ganz mittellos dastehen.

Nun kamen also schon Nachbarn, um einige Möbel abzukaufen, da sie von der Ausreise gehört hatten. Aber auch fremde Leute standen vor der Tür, klingelten und wollten ihr Haus erwerben, sie boten West- und Ostgeld an.

Es war ein schöner Sommertag, und Kerstin arbeitete im Garten, als plötzlich ihr Hund bellte. Sie schaute zum Tor, und da waren zwei Männer, sehr gut gekleidet, und baten um Einlass. Einer von ihnen hatte graumeliertes Haar. Beide Männer waren Mitte fünfzig. „Können wir Sie kurz stören?“, war ihre Frage. „Ja, um was geht es denn?“, erwiderte Kerstin. „Wir haben gehört, dass Sie Ihr Haus verkaufen wollen und haben Interesse daran“. „Wer erzählt Ihnen so etwas, wir verkaufen nicht“. „Wir bieten Ihnen Zwanzigtausend in West und den Rest in Ostgeld.“

„Sie können mir bieten, was Sie wollen, das Haus ist nicht zu verkaufen", gab Kerstin ziemlich ungehalten zur Antwort. Sie schaute beiden Männern in die Augen und sagte sich, lass dich nur nicht im Geringsten auf irgendeine Verhandlung mit ihnen ein. Sie konnte genau in ihren Augen lesen, dass die ganze Angelegenheit nicht aufrichtig gemeint war. Sie hatte für diese Sorte von Menschen ein besonderes Gespür.
So fertigte Kerstin sie kurzerhand am Tor ab, denn sie wusste nicht, ob es eine Falle der Staatsicherheit war. Sie hätte diese Aktion als Devisenvergehen angesehen und mit harten Gefängnisstrafen geahndet.

Außerdem klingelten mehrmals Zeugen Jehovas bei ihnen und wollten sie werben. Das war eine gefährliche Angelegenheit, auf die sie sich in keinem Falle einlassen durften. Es war bekannt, dass diese Kontakte von staatlicher Seite nicht erlaubt waren. Überdies hatten Kerstin und Edgar zum damaligen Zeitpunkt überhaupt keine Ahnung von dieser Glaubensrichtung und sich nie damit auseinandergesetzt.

Jeder Tag war ausgefüllt. Beide hatten keine Lust mehr, im Garten etwas zu tun oder irgendwelche Veränderungen im Haus vorzunehmen. Es war ein Zustand, den man nicht so richtig beschreiben konnte. Wie eine Blume, die nicht weiter wächst oder ein Schulaufsatz, den man nicht vollendete. Eine Zeit, die sie am liebsten aus ihrem Leben hätten streichen wollen. Antriebslos und ohne Ziel in dieser DDR, es war alles so unbestimmt. Sie wussten nicht, welche Entscheidung getroffen würde hinsichtlich ihres Ausreiseantrages. Erst wenn sie die Ausbürgerungspapiere in den Händen halten würden, wäre das Licht am Ende des Tunnels zu sehen.

Oft versuchten sie, mit Kerstins Mutter zu telefonieren. Sie fuhren wieder lange mit dem Auto, um eine funktionstüchtige Telefonzelle zu finden. Mehrmals blieb das Geld stecken, und ein Telefonat kam nicht zustande. Auf ging die Fahrt zur nächsten Telefonzelle, es war sehr kalt. Viele Apparate waren im Freien an einer Hauswand angebracht. Endlich eine Verbindung, ein paar Worte wechseln, ihrer Mutti Hoffnung machen, dass es nicht mehr lange dauern wird. Hoffen und immer wieder Hoffen, nur den Glauben nicht verlieren, das war ihre Devise.

Der Glaube gibt dem Menschen Kraft,
damit er seine Arbeit schafft.

Die Hoffnung an das Gute,
macht dem Menschen Mute.

Schau nach vorn und nicht zurück,
dann kommt zu dir auch wieder das Glück.

– Karin Cieslicki –

Sie beteten, und endlich hatten sie es geschafft. Der Tag kam, alle Mühe und Tränen hatten sich gelohnt. Die Sonne ging für sie wieder auf, obwohl sie wussten, dass ihnen noch eine neue, schwere Zeit bevorstand.

August 1988, es war Post im Briefkasten, sie sollten sich sofort bei der Abteilung Inneres melden. Beide fuhren so schnell sie konnten dorthin. Alles spielte sich wie immer im besagten Gebäude ab. Nur wurden sie dieses Mal sehr schnell abgefertigt.
Man teilte ihnen mit, dass sie innerhalb von sieben Tagen die DDR verlassen müssten, sie drückten ihnen ohne Kommentar die „Laufzettel“ in die Hand, mit diesen mussten sie die schon erwähnten Behördengänge erledigen. Anschließend wurden sie aufgefordert, die Räumlichkeiten zu verlassen.

Zuerst kündigte Edgar seine Arbeitsstelle. Das war für ihn ein heimlicher Triumph. Viele seiner Kollegen gönnten ihm die Ausreise nicht oder durften sie ihm nicht gönnen. Edgar und Kerstin waren sehr aufgeregt und freuten sich trotzdem. Sie betraten das Verwaltungsgebäude seiner Firma. Der Bereichsdirektor musste die erste Unterschrift leisten, danach kam der Firmenstempel auf die Unterlagen, die Unterschrift von der Kaderabteilung sowie die der Lohnbuchhaltung folgten. Sie erfuhren nun, dass Edgars Chef in einer Besprechung sei und nicht gestört werden möchte. „Wir haben es eilig und können nur heute diesen Termin wahrnehmen", sagte Edgar der Sekretärin, mit der er jahrelang zusammen gearbeitet hatte. „Ja, dann versuche es doch selbst." Edgar klopfte an, und mit seiner ziemlich lauten Stimme betrat er den Raum: „Hallo, ich störe ungern, aber von dir, Hans-Dieter, benötige ich dringend eine Unterschrift für meine Ausreise." „Was, hast du es tatsächlich geschafft", lachte der Chef laut los. Er wirkte wie ein „Mitläufergenosse", der die Partei als Sprungbrett für seine berufliche Karriere sah. Kerstin stand hinter ihrem Mann, und ihr fiel auf, dass es eine offensichtlich sehr „lockere" Dienstbesprechung war, denn einige Kollegen hatten schon glänzende Augen. In dem Raum roch es nach Alkohol, und die Luft war so verqualmt, dass man die anderen Kollegen kaum erkennen konnte. Sein Vorgesetzter hielt sie nicht lange hin und unterschrieb alles, was sie ihm vorlegten. In der Lohnbuchhaltung und in der Kaderabteilung musste Edgar sich bescheinigen lassen, dass man gegen ihn keinerlei finanzielle Forderungen hatte. Damit war der zweite Gang in die große Freiheit getan.

Es war schon mittags, und beide mussten nun zum Hauptpostamt von Berlin, um ihren Telefonanschluss abzumelden, den sie gar nicht hatten. Was für ein Hohn! Aber sie benötigten die Bestätigung.

Die Zeit, um alles zu erledigen, war viel zu kurz. Dazu kam noch, dass viele Stellen auch öffentliche Sprechzeiten hatten, an die sie sich halten mussten. Beide hetzten mit dem Auto durch Berlin. Morgens hatten sie nur eine Kleinigkeit gegessen, aber abends spürten sie erst den Hunger.

Der nächste Weg war der zur Schule ihrer Kinder. Abends mussten sie ihre Verwandten aufsuchen und sich bescheinigen lassen, dass sie keine Schulden bei ihnen zurück ließen. Es waren auch Verwandte dabei, zu denen sie viele Jahre keinen Kontakt hatten. Alle diese Dinge konnten sie nur abends erledigen, da sie hundert Kilometer von ihnen entfernt wohnten. Das war alles nur Schikane, denn das Ministerium für Staatssicherheit arbeitete so gut, dass es über jedes Detail informiert war, auch über die finanziellen Angelegenheiten.

Der erste Tag war verstrichen. Sie aßen etwas, ohne es zu genießen. Sie schluckten es einfach hinunter, wie ein Auto Benzin braucht. Nachts konnten beide vor Anspannung kaum schlafen. Der nächste Tag brach an, gleich in der Frühe machten sie sich wieder auf den Weg. Laufend richteten sie ihre Blicke auf die Uhr. Die Zeit saß ihnen wie der Teufel im Nacken. Sie hatten das Gefühl, es nicht zu schaffen.
Sie fuhren nun zur Versicherung, die gleiche Tortur, wie gehabt. Auch zum Zoll mussten sie, dort saßen gut 100 Menschen, und alle warteten auf eine Genehmigung. Sie harrten drei Stunden im Warteraum aus, bis sie an der Reihe waren. Am liebsten hätte Kerstin die anderen Leute gefragt, ob sie sie vorlassen würden. Aber sie warteten genauso wie alle anderen, und wahrscheinlich hatten die Wartenden auch denselben Grund. Sie legten die Auflistung ihres Hausrates, den sie mitnehmen durften, hin. Diese Papiere wurden, ohne dass die Beamtin diese eines Blickes würdigte, abgestempelt, und sie konnten gehen. Eine Liste verblieb, wie schon angemerkt, beim Zoll. Eine kam in die Kisten, die sie gepackt hatten, und eine Liste mussten sie mit auf die Reise nehmen und gegebenenfalls dem Zoll im Zug vorlegen.

Der gesamte Hausrat würde mit dem Lkw beziehungsweise einer Spedition, nachdem sie ausgereist waren, von zu Hause abgeholt werden und dann zu ihrer neuen Adresse in der

Bundesrepublik transportiert. Dafür mussten sie eine ziemlich hohe Gebühr im Osten sowie im Westen bei Ankunft des Wagens bezahlen. Es kostete 1000 DM.

Der Hund wurde abgemeldet. Das für sie Unverständlichste war, anschließend das Amt für Forst und Nahrungsgüterwirtschaft aufzusuchen, das ihnen den besagten Stempel geben musste. Es ist ihnen bis heute nicht klar geworden, was sie jemals mit dieser Behörde zu tun gehabt hatten.
Sie mussten sogar noch 14 Tage, bevor sie die Ausreisegenehmigung erhielten, einen Lehrvertrag für ihre Tochter abschließen. Sie durfte aber nicht das lernen, was sie gerne wollte. Nein, man bot ihr eine Lehrstelle weit von ihrem Wohnort entfernt als Facharbeiterin für Schreibtechnik an. Es war allerdings ihr Wunsch gewesen, eine Ausbildung zur Friseuse zu machen. Ihre Tochter durfte bei allen Bewerbungen nicht verschweigen, dass sie einen Ausreiseantrag gestellt hatte. Sie musste vor den Abschlussprüfungen in der Schule einen Lehrvertrag nachweisen, dazu waren allerdings alle Schüler verpflichtet. Das war schon so, als Kerstin und Edgar die Schule 1968 beendeten. Wurde der Wunschberuf nicht gefunden, musste man irgendeine andere Lehrstelle antreten. Jugendliche ohne Berufsausbildung gab es in der DDR nicht oder besser gesagt, durfte es nicht geben. Man bekam seinen Schulabschluss nur zuerkannt, wenn eine anschließende Lehre

garantiert war. Fand man selber keine Stelle, sprang der Staat ein und übernahm die Organisation.

Kerstin hatte sich so bemüht, einen Frisiersalon zu finden. Sie gaben der Besitzerin des Geschäfts sogar Geld, damit sie ihre Tochter trotz des Ausreiseantrages als Lehrling einstellen sollte. Sie ließ sie auch in dem Glauben, und ihre Tochter durfte ein Praktikum absolvieren. Nach ein paar Tagen hatte sich die Angelegenheit erledigt, die Friseurin verabschiedete sich bei Beate mit den Worten: „Es tut mir leid, aber ich kann dich nicht als Lehrling einstellen, ich habe in eurem Fall meine Anweisungen erhalten."
Viele private Salons hatten Angst um ihre Existenz und fürchteten die Repressalien, denen sie dann ausgesetzt worden wären. Die Macht des Staates war groß, und alle, die damit in Berührung kamen, bekamen es in voller Breite zu spüren.

Ihre Tochter hatte den Abschluss der 10. Klasse mit „ausgezeichnet" bestanden, und dennoch gab es keine Möglichkeit, einen anderen Beruf zu erlernen. Der einzige verbleibende Betrieb war schon vor ihrer Bewerbung davon unterrichtet, dass sie einen Antrag auf Ausreise gestellt hatten. Dieser Betrieb wurde ihr von Seiten der Schule vorgeschrieben.
Sie mussten eine Stunde mit dem Auto fahren, um dorthin zu gelangen. Man ließ sie im Vorzimmer

absichtlich lange warten. Der „Apparat" der Verständigung funktionierte sehr gut, was die Staatsfeinde, die sie ja nun einmal waren, anbelangte. Aber das schien ihnen inzwischen egal. Sie würden bald in der Freiheit sein, so lautete ihr einziger Gedanke.

Dann fuhren sie zum Großhandel für Im- und Export und zu ihrem Geldinstitut sowie zur BEWAG (Berliner Energieversorgung), die nur einmal in der Woche Sprechtag hatten. Man musste die Einzugsermächtigungen kündigen und sich auch bescheinigen lassen, dass man keine Schulden besaß. Alle diese Laufereien hatten sie an zwei Tagen erledigt. Sie waren fix und fertig.
Nun standen sie vor dem Rathaus und umarmten und küssten sich. Sie hatten noch vier Tage Zeit bis zur Ausreise. Jetzt wollten sie einfach nur für eine Stunde die Seele baumeln lassen. Sie hatten so viel Nerven und Kraft gelassen und darum beschlossen, gegenüber dem Rathaus in ein Café zu gehen. Nur eine Tasse Kaffee trinken und genießen. Es war ein Festtag. Das Haus hatten sie inzwischen an den Staat beziehungsweise über die Rechtsanwaltskanzlei verkauft. Bis zur Ausreise durften sie darin wohnen bleiben.

Alle mussten sich nun mit der Tatsache vertraut machen, dass ein Lebensabschnitt beendet ist. Sie wollten das Haus und Grundstück verlassen, um ein neues Leben zu beginnen. Gedanken, wie alles nun würde, hatten sie sich eigentlich noch nicht gemacht. Sie waren froh, bald frei zu sein. Sie waren optimistisch.

Als sie nun so im Café saßen und ihren „Sieg“ noch nicht recht begreifen konnten, erschien plötzlich eine Mitarbeiterin der Staatsicherheit, genau genommen der Abteilung Inneres, und setzte sich schräg gegenüber hin. Kerstin und Edgar kannten sie genau, sie hatte sie oft empfangen, wenn sie zu dem vorgeschriebenen Termin bei der Abteilung Inneres erscheinen mussten. Diese Blicke der Frau werden sie nie vergessen. Jeder, der dort arbeitete, versuchte mit Hilfe seiner Gestik und Mimik, ihnen Angst einzuflößen. Sie konnten dieses Gefühl, das bei jeder Begegnung mit diesen Leuten in ihnen aufkam, nicht mit Worten beschreiben. Schon wieder hatten sie den Eindruck, bespitzelt zu werden. Sie saß am Nebentisch, das war kein Zufall. Sie schaute zu ihnen herüber und beobachtete jede Bewegung. Diese junge Frau war bestimmt nur eine Sachbearbeiterin, aber sie hatte Macht, das erkannten sie an ihren Blicken. Man konnte ihr genau von den Augen ablesen, was sie dachte. Sie hatte es ihnen nicht gegönnt. Und sie hatten es doch geschafft. Zwei Jahre des Wartens, manchmal der Verzweifelung nahe, des Grübelns, des Hoffens und des Glaubens an die Gerechtigkeit. Es war menschenunwürdig, es war purer Handel. Ware und Geld gegen Mensch. Aber sie wollten es so und sahen keine andere Möglichkeit. Eine Flucht wäre nie in Betracht gekommen, dann lieber am Leben bleiben und in dieser Diktatur sein Dasein verbringen.

Etwas zu essen, dafür blieb tagsüber wieder keine Zeit. Abends zu Hause angekommen, hieß es packen, packen. Das Haus hatten sie schon vorher in Ordnung gebracht, alle Schuppen und die Nebenräume waren ordentlich aufgeräumt. Sie waren nur in Aktion, hatten keine Zeit zum Nachdenken, und das war gut so!

Den Hund, den sie sehr liebten, konnten sie aber nicht mitnehmen. Eine Nachbarin versprach, ihn zu sich zu nehmen. Sie hatten das Tier als Welpe damals von ihr gekauft. Plötzlich wollte sie ihn nun doch nicht mehr. Es waren nur noch vier Tage, um einen neuen Besitzer zu finden. Verzweifelt fuhren sie mit dem Hund umher, suchten viele Bauernhöfe um Berlin herum auf. Nach einigen Stunden fanden sie einen älteren Herrn und waren ihm so dankbar. Sie gaben ihm noch 100 Mark als Dankeschön. Sie setzten sich in ihren „Trabi“ und waren traurig. Der Hund gehörte zur Familie.
Wieder zu Hause angekommen, standen die Kinder vor ihnen, und ihre erste Frage galt dem Hund. „Wo ist Rex?“ Sie sagten ihnen die Wahrheit, und eine tränenreiche Nacht brach für die Kinder an. Die Körper zitterten vor Trauer, aber

was blieb ihnen anderes übrig? Es gab keine andere Möglichkeit. Sie trösteten ihre beiden, so gut sie es konnten und versuchten, ihnen die Situation verständlich zu machen. „Wenn wir eine große Wohnung bekommen oder vielleicht sogar ein Haus, schaffen wir uns wieder einen Hund an", mit diesen Worten versuchten sie, ihnen die Traurigkeit zu nehmen.

Alle Kisten und fünf Koffer waren gepackt. Jeder einzelne Koffer hatte ein genaues Inhaltsverzeichnis für den Zoll im Zug. Die Abholung der Kisten mit Hausrat sollte später erfolgen, es war schon alles mit ihren Verwandten organisiert worden. Die Übergabe des Hauses samt Möbeln sowie die des Autos, das in der Garage stehen blieb, war ebenfalls für den Zeitpunkt nach der Ausreise geplant. Der Nachfolger, der das Haus gekauft hatte, war ihnen persönlich nicht bekannt. Die gesamten Formalitäten hinsichtlich des Verkaufs wurden über eine dritte Person und die Anwälte abgewickelt.

Ordentlich, wie Kerstin und Edgar nun einmal waren, sollten alle Dinge im Haus sauber übergeben werden. Sie reinigten alle Möbel, scheuerten den Fußboden und die Fliesen nochmals gründlich, nur die Fenster putzten sie nicht mehr.

Abschied

Der Tag war gekommen – 30. August 1988, der Tag der Ausreise. Der Zug sollte um 10.55 Uhr vom Bahnhof Schönefeld abfahren. Mit dem mussten sie fahren, sonst wäre ihre Ausreise für diesen Termin hinfällig geworden. Das hätte große Schwierigkeiten gegeben, denn überall waren sie schon abgemeldet, und demzufolge hatten sie auch keinen Wohnraum mehr.
Die Schikanen von Seiten der Behörden waren bis zum letzten Tag überall zu spüren. Morgens, am Tag der Ausreise, mussten sie erst noch zum Revier der Volkspolizei in ihrem Stadtbezirk. Das öffnete erst um 8.00 Uhr. Sie waren also ganz früh aufgestanden. Den Kindern hatten sie noch Frühstück gemacht, selbst konnten sie nichts zu sich nehmen. Beide Kinder waren merkwürdig ruhig. Der Abschied von ihren Freunden am Vorabend war ihnen sehr schwer gefallen. Die Freunde wollten sogar zum Bahnhof kommen, um sich endgültig zu verabschieden. Das war Kerstin und Edgar aber nicht recht, denn sie wollten kein öffentliches Aufsehen erregen und den Kindern das Herz nicht noch schwerer machen. Sie als Eltern hatten keine Nerven mehr. Ihnen stand damals überhaupt danach nicht der Sinn.

Der Schwager erschien pünktlich mit seinem Trabant und dem Pkw-Hänger, um alle Koffer unterzubringen. Um 6.30 Uhr verließen sie das Haus, sie hatten nicht viel Zeit zurückzublicken, es fiel ihnen sehr schwer. Ihnen war, als hätten sie einen Stein in der Brust. Es war ja immer ihr erfüllter Traum gewesen, ein Haus zu besitzen. Dieser war nun ausgeträumt!

Ein Lebensabschnitt war beendet, der erste Teil eines Spielfilms gedreht. Es war endgültig, nicht mehr umkehrbar. Noch einmal umsehen, nicht weinen und nicht melancholisch werden. Die Zeit drängte, sie verließen das Haus, schlossen es zum letzten Mal ab. Sie sagten leise „Tschüß" und hatten Gottvertrauen in eine neue gute Zukunft.

Mit dem festen Vorsatz, im Westen alles anzupacken, ohne Angst, ohne Vorurteile und als freie Menschen, fuhren sie in Richtung Polizeirevier. Rechtzeitig, kurz vor 7.00 Uhr waren sie dort, um die Papiere für die Ausbürgerung in Empfang zu nehmen, denn nur mit diesen konnten sie dann die Karten für die Fahrt in den Westen kaufen.
Aber als sie dort ankamen, trauten sie ihren Augen nicht. Es stand wieder einmal eine lange Schlange von Menschen, schon eine Stunde vor Öffnungsbeginn.
Es warteten viele Bürger, um die Genehmigungen für eine besuchsweise Einreise ihrer Verwandten einzuholen oder Rentner, die ihre Genehmigung zur Ausreise in die Bundesrepublik Deutschland beantragten. Kerstin versuchte, mit den Leuten

zu reden und hoffte, dass sie ihnen den Vortritt lassen würden. Alle ihre Bemühungen waren vergebens. Sie wurden beschimpft, sie hätten schließlich auch Termine.
Endlich entdeckte Edgar einen Beamten in Uniform. „Entschuldigen Sie, wir sollen hier heute unsere Ausbürgerungspapiere abholen und müssen um 10.55 Uhr schon in Schönefeld sein. Ist es möglich, dass wir vorher abgefertigt werden können?", fragte er ganz kleinlaut. „Was bilden Sie sich ein, stellen Sie sich gefälligst hinten an, wie es sich gehört", reagierte er prompt. Das hatte sich also für sie auch erledigt.
Kerstin sah die Kinder an. „Mutti, mir ist nicht gut", sagte ihre Tochter. Was sollten sie machen? Das Mädchen hatte Fieber. Draußen am Haus las Kerstin neben dem Schild „Polizeirevier" auch das Schild „Chirurg Dr. Ludwig." Das war die Rettung, schoss es ihr sofort durch den Kopf.

Ihr Mann blieb mit dem Sohn in der Schlange stehen, und Kerstin nahm ihre Tochter an die Hand in der Hoffnung, dass die Sprechstunde schon begonnen hatte. Gott sei Dank, der Arzt war so freundlich und sagte: „Kein Problem, ich freue mich, dass es wieder ein paar Leute geschafft haben, die Ausreise zu bekommen". „Unsere Tochter hat hohes Fieber, was soll ich tun, Herr Doktor? Wir möchten nicht das Leben unseres Kindes aufs Spiel setzen." Er beruhigte Kerstin und verschrieb sofort Antibiotika. „Gegenüber ist eine Apotheke, dort holen Sie das Medikament und geben es ihr mit viel Flüssigkeit." Sie bedankte sich mehrmals, lief schnell zu ihrem Mann, er sollte das Medikament aus der Apotheke holen. Er lief hinüber auf die andere Straßenseite, klopfte an die Jalousie, denn es wurde erst um 9.00 Uhr aufgemacht. Eine Angestellte öffnete, sie wollte ihm erst nicht helfen, als sie aber hörte, in welcher Situation sie sich befanden, eilte sie doch los und händigte ihm die Medizin aus. Die Zeit verging nicht. Es kam ihnen vor, als wenn jede Minute zu einer Stunde würde. Trotz der langen Menschenschlange, kamen sie doch um 8.20 Uhr an die Reihe. Die Übergabe der Ausbürgerung erfolgte.

Dazu mussten sie erst noch ein paar Formulare ausfüllen, gegen Gebühr versteht sich. Sie nahmen ihre Dokumente, rannten nach draußen, schnell ins Auto und zum Bahnhof nach Schönefeld. Es war Berufsverkehr, und sie hatten noch eine gute Stunde Autofahrt vor sich, mitten durch die Innenstadt von Berlin.

Der Fahrer holte aus dem „Trabi" raus, was er konnte. 50 km/h waren erlaubt, er fuhr mit Hänger fast 90 km/h. Jetzt fehlte nur noch ein Unfall oder, dass die Polizei sie stoppte. Laufend schauten sie aufgeregt auf die Uhr. „Wir schaffen es", rief ihr Fahrer. „Macht euch keine Sorgen", versuchte er sie zu beruhigen.

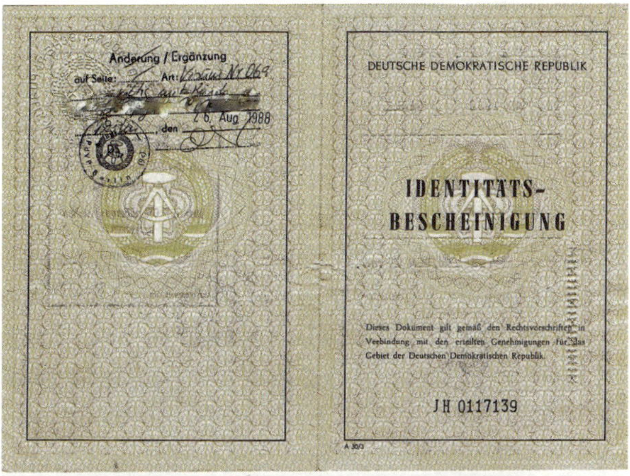

Ausbürgerungspapiere

Wie sich später herausstellte, ging es ihm sehr nahe. Er hatte auch einen Ausreiseantrag gestellt, seine engsten Verwandten gingen nun fort, und er musste bleiben. Ob und wann sie sich wiedersehen würden, stand in den Sternen.

Endlich näherten sie sich dem Bahnhof, der Parkplatz war schon zu sehen. Kerstin sprang aus dem Auto und rannte zum Fahrkartenschalter, denn

dort standen auch Leute an, und sie mussten noch Fahrkarten kaufen. Man konnte sie leider nicht vorher besorgen. Erst mit der Ausbürgerung war man dazu berechtigt.
Es blieben ihnen bis zur Einfahrt des Zuges genau 15 Minuten. Endlich, Kerstin war an der Reihe. „Bitte zwei Erwachsene und zwei Kinder nach Münster“, sagte Kerstin stolz. „Wieso nach Münster?“, fragte die Bahnbeamtin barsch. „Hier ist unsere Ausbürgerung, nun machen Sie schon! Der Zug läuft gleich ein“, antwortete Kerstin und wurde langsam schon etwas zornig. „Sechshundert Mark“, klang es unfreundlich hinter der Glasscheibe hervor. „Was so viel, das kann doch nicht sein?“, sagte Kerstin. „Doch bei einer Ausreise ohne Wiederkehr müssen Sie die Hin- und Rückfahrt bezahlen!“
Wieder war es Schikane, Kerstin war alles schon egal. Gott sei Dank hatte sie vorsichtshalber noch ein paar Mark mehr aufgehoben, aber mit soviel hatte sie nicht gerechnet.

Man durfte auch in diesem Fall kein Geld aus der DDR in die Bundesrepublik ausführen. Sie hatte genau noch sechshundertfünfzig Mark in der Tasche, den Rest gab sie dann ihrem Verwandten, dem „Rennfahrer“.

Nun blieben noch zehn Minuten, sie rannten zum Bahnsteig. Alle Farbe war schon aus ihren Gesichtern gewichen. Ihr kleiner Sohn weinte los, er musste auf die Toilette, er hatte Durchfall. Nein, der arme Junge, das auch noch, waren Kerstins Gedanken. Edgar schnappte ihn sich, nahm ihn unter den Arm und rannte die Treppe hinunter, um eine Toilette zu suchen. Kerstin stand oben auf dem Bahnsteig mit ihrer Tochter. Sie wusste nicht, ob sie weinen oder sich übergeben sollte.

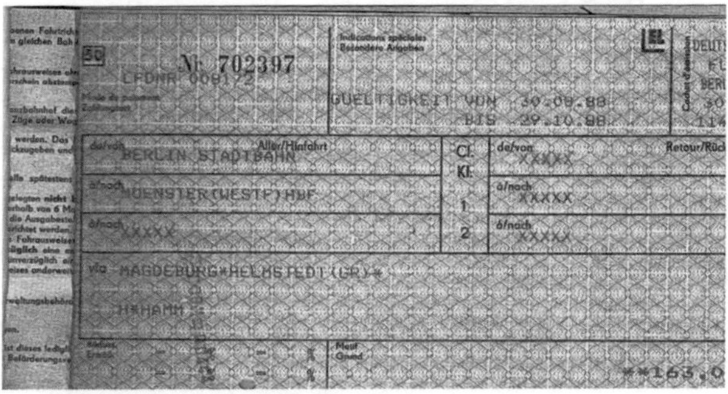

Originalfahrkarte 1988

Der Zug wurde angesagt, er hatte nur drei Minuten Aufenthalt. Hoffentlich kommen sie gleich. Sie kamen, Edgar riss die Türen auf. Der Zug war voll, und Platzkarten gab es für Ausreisende sowieso nicht. Zuerst die Kinder hinein, dann die Erwachsenen. Im Gang standen viele Menschen, sie wussten nicht, wie sie die sechs Koffer rein bekommen sollten. Türen schließen, wurde schon durchgegeben. Werner, der Verwandte, warf die

Koffer hinter ihnen her. Die Türen wurden zugeschlagen, sie pressten sich hinein, ein Abschied war nicht möglich. Kein Umarmen, kein Kuss mehr. Jetzt konnten sie sich nicht mehr zurückhalten, sie weinten nun alle bitterlich, und ihr Fahrer rannte ein Stück mit dem Zug mit. Sie winkten, bis er nicht mehr zu sehen war. Die angestaute Anspannung fiel jetzt von ihnen ab.
Werner, ihr Schwager, war so fertig und saß anschließend im Auto, er konnte sich nicht beruhigen. Er fuhr dann zu seiner Frau ins Büro und dachte, dass eine Welt für ihn zusammenbricht. So viel Unmenschlichkeit hatte er noch nicht erlebt. Er saß da und weinte sich fast das Herz aus dem Leib. Seine Frau musste ihn beruhigen, ihn trösten, wo sie doch auch Trost gebraucht hätte.
Die Ausreise war ja gewollt, aber hier wurde ihnen zum wiederholten Mal bewusst, welche Macht die DDR-Behörden hatten. Sie konnten Menschen tyrannisieren. Sie verstanden es immer wieder, sie seelisch zu quälen. Trotzdem ließen sie sich nichts anmerken. Sie hatten Stolz und wussten, wer sie waren.

So wurden in den Stasi-Unterlagen nicht selten Unwahrheiten verbreitet, so auch über Kerstins Familie. Ihre Eltern waren nicht verschuldet, wie darin dargestellt! Kerstin und ihr Mann waren nicht labil, was das gesellschaftliche Leben anbelangte! Es handelte sich um bloße Lügen.

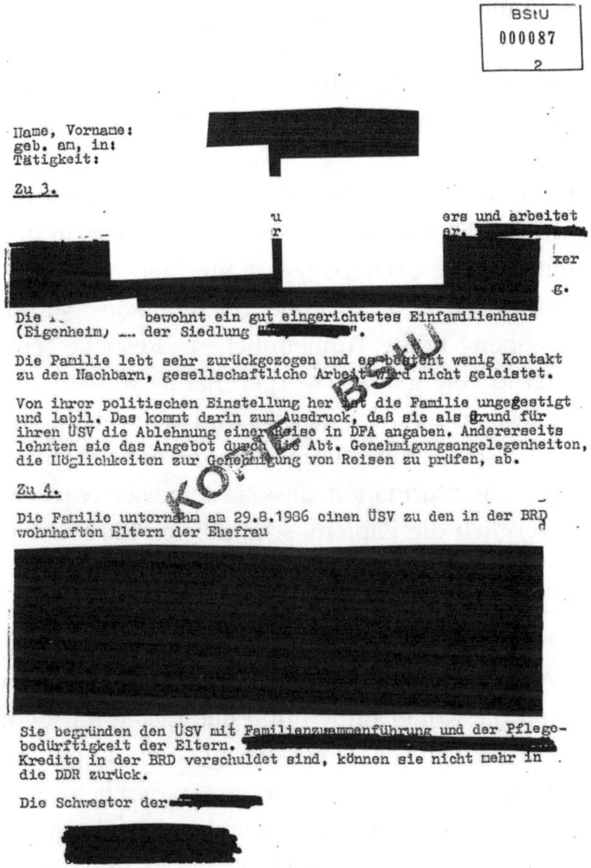

BStU
000087
2

Name, Vorname:
geb. am, in:
Tätigkeit: [redacted]

Zu 3.

u [redacted] ers und arbeitet
r [redacted] er. [redacted]
xer
[redacted] g.

Die [redacted] bewohnt ein gut eingerichtetes Einfamilienhaus
(Eigenheim) [redacted] der Siedlung "[redacted]".

Die Familie lebt sehr zurückgezogen und es besteht wenig Kontakt
zu den Nachbarn, gesellschaftliche Arbeit wird nicht geleistet.

Von ihrer politischen Einstellung her ist die Familie ungefestigt
und labil. Das kommt darin zum Ausdruck, daß sie als Grund für
ihren ÜSV die Ablehnung einer Reise in DFA angaben. Andererseits
lehnten sie das Angebot durch die Abt. Genehmigungsangelegenheiten,
die Möglichkeiten zur Genehmigung von Reisen zu prüfen, ab.

Zu 4.

Die Familie unternahm am 29.8.1986 einen ÜSV zu den in der BRD
wohnhaften Eltern der Ehefrau

[redacted]

Sie begründen den ÜSV mit Familienzusammenführung und der Pflegebedürftigkeit der Eltern. [redacted]
Kredite in der BRD verschuldet sind, können sie nicht mehr in
die DDR zurück.

Die Schwester der [redacted]

[redacted]

KOPIE BStU

Originalunterlagen aus der Stasiakte

Der Zug rollte nun schon eine Weile, sie standen immer noch mit ihren Koffern im Gang. Sie drängten sich durch die Menschen, und endlich fanden sie in einem Abteil noch vier Plätze.

Den Jungen nahm Edgar auf den Schoß. Die Koffer verstauten sie und atmeten tief durch. Das Schlimmste war geschafft, die Zollkontrolle würden sie auch noch durchstehen.

Der Zug traf in Marienborn ein. Ein Kontrolleur riss die Tür auf: „Pässe bitte". Er war in der Uniform der Grenzpolizei, hatte mehrere Schulterstücke und trug hohe Stiefel. Sein ganzes Aussehen flößte unheimlichen Respekt ein. Zitternd am ganzen Körper nahm Kerstin die Unterlagen aus der Tasche und überreichte sie ihm. Er schlug eine Mappe auf, und er hatte längst schon die Information, dass sie ausreisen würden. Er verglich die Papiere, schaute sich die Passbilder auf den Ausbürgerungsbescheinigungen an und fragte nach dem Gepäck.
Jetzt kommt's, dachte Kerstin. Nun wird der letzte Akt der Schikanierung vollzogen. Sie sah sich schon die Koffer öffnen und alle Listen mit dem Inhalt vergleichen. Denn diese Listen mit genauen Inhaltsangaben mussten sie ja vorher beim Zoll einreichen und bei der Ausreise mitführen. Er betrachtete die Inhaltsverzeichnisse und sagte: „In Ordnung". Dann ging er und ließ die Tür hinter sich ins Schloss krachen.

Ihnen fiel ein Stein vom Herzen. Keiner sprach auch nur ein Wort, aber alle dachten dasselbe. Der Zug wurde nun wieder von außen mit Hunden abgesucht, im Inneren veranstalteten sie ihr übliches Durchsuchungsverfahren, aber das störte sie alles nicht mehr. Noch waren sie nicht im Westen! Trotzdem war die Anspannung immer noch vorhanden.

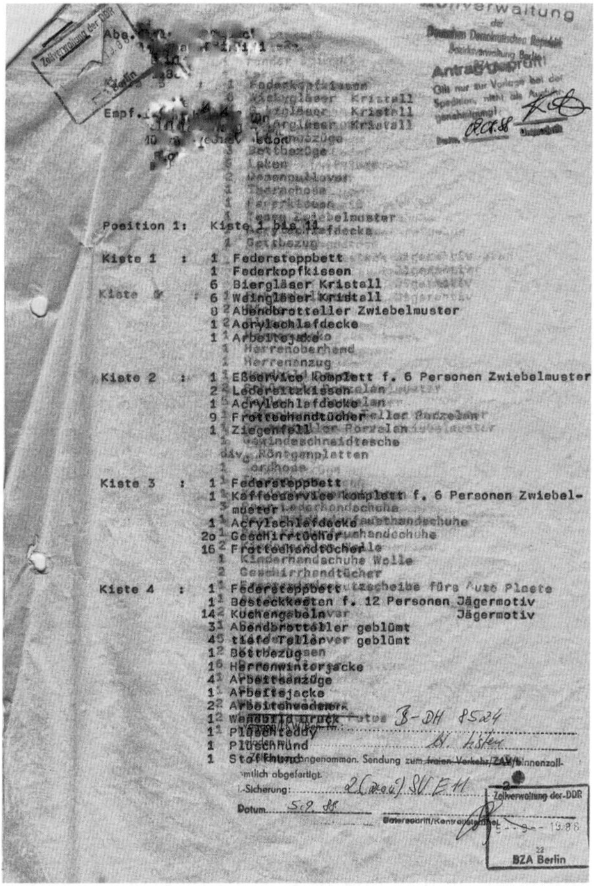

Zollverwaltung der Deutschen Demokratischen Republik

Position 1: Kiste 1 bis 11

Kiste 1 : 1 Federsteppbett
1 Federkopfkissen
6 Biergläser Kristall
6 Weingläser Kristall
8 Abendbrotteller Zwiebelmuster
1 Acrylschlafdecke
1 Arbeitsjacke

Kiste 2 : 1 Eßservice komplett f. 6 Personen Zwiebelmuster
2 Ledersitzkissen
1 Acrylschlafdecke
9 Frottéehandtücher
1 Ziegenfell

Kiste 3 : 1 Federsteppbett
1 Kaffeeservice komplett f. 6 Personen Zwiebelmuster
1 Acrylschlafdecke
2o Geschirrtücher
16 Frottéehandtücher

Kiste 4 : 1 Federsteppbett
1 Besteckkasten f. 12 Personen Jägermotiv
14 Kuchengabeln Jägermotiv
3 Abendbrotteller geblümt
4 tiefe Teller geblümt
1 Bettbezug
1 Herrenwinterjacke
4 Arbeitsanzüge
1 Arbeitsjacke
2 Arbeitshemden
1 Wandbild Druck
1 Plüschteddy
1 Plüschhund
1 Stoffhund

... angenommen. Sendung zum freien Verkehr/ZAV/binnenzollamtlich abgefertigt.

...-Sicherung: 2 (zwei) SV EH

Datum 5.9.88

Unterschrift/Kontrollstempel

Zollverwaltung der DDR 5.-9.-1988 BZA Berlin

Originalliste (vom Zoll genehmigt)

Der Zug setzte sich wieder in Bewegung. Langsam rollte er in Helmstedt ein, sie hatten die DDR verlassen und waren nun in der langersehnten Freiheit.
Ihr Sohn sagte: „Mama, darf ich jetzt ‚Scheiß Osten' sagen?" Alle sahen sie erstaunt an und konnten nicht fassen, was er da über die Lippen brachte. Mit ihnen im Abteil befanden sich zwei Rentner, die bestimmt auch zu Besuch in den Westen wollten. An ihren Gesichtern glaubte Kerstin zu erkennen, dass sie nicht auf ihrer Seite waren. Keiner konnte wissen, was das für Menschen waren, die ihr gegenüber saßen. Vielleicht auch Spitzel?

„Ja, mein Junge, du darfst jetzt laut ‚Scheiß Osten' sagen", antwortete Edgar. Alle lachten, nur die Rentner nicht. Bei diesem Gefühl der Freiheit lief Kerstin und Edgar eine Gänsehaut über den Rücken. Sie waren alle leichenblass, und die Angst saß tief. Sie wich aber immer mehr, je weiter sich der Zug von der Grenze entfernte. Kerstin holte eine Flasche Sekt aus dem Koffer, und sie tranken aus der Flasche, nur ihre Tochter und ihr Junge durften nicht mittrinken. Ihre Tochter hatte Tabletten gegen das Fieber eingenommen, das zwischenzeitlich gesunken war. Es war vollbracht! Ein hartes Stück Arbeit. Ein schwerer Schritt, für den sie sich entschieden hatten. Aber wenn sie sich etwas in den Kopf gesetzt hatten, schafften sie es immer gemeinsam. Nur dem

starken Willen und dem Zusammenhalt ihrer Familie, besonders der guten Ehe, hatten sie dieses Ergebnis zu verdanken. Den Ausreiseantrag wollten sie nicht zurücknehmen, sie schwankten niemals. Und Kerstin hatte einen starken Mann in dieser schweren Zeit, die jetzt hinter ihnen lag. Es war die schwerste Prüfung, die sie bis zu diesem Zeitpunkt durchgestanden hatten.
Sie machten sich keine Illusionen über das, was sie nun erwarten würde. Beide hatten einen Beruf, eine gute Schulausbildung und waren optimistisch, einen Job zu finden. Das war das wichtigste Ziel. Alles würde schon irgendwie weitergehen. Wenn man keine Zeit hatte zum Nachdenken und über beide Ohren im Stress stand, konnte man auch nicht so schnell verzweifeln oder resignieren, jedenfalls sie nicht, sie hatten Kämpfen gelernt!

Der Zug rollte, und es war wie ein Traum. Die ersten Häuser tauchten auf, der Zug passierte viele Bahnhöfe. Sie sahen die ersten Westautos, und ihr Sohn konnte sich nicht genug satt sehen. Vater und Sohn waren Autofans. Reklame und eine ganz andere Atmosphäre, schon einmal gesehene Bilder, die Kerstin jetzt endlich mit ihrer Familie genießen konnte. Alle wollten nur zur Oma und in Ruhe ausschlafen, sie waren ausgelaugt. Teilweise saßen sie schweigend nebeneinander, und jeder dachte für sich: Was wird die neue Zeit bringen?

Es war später Nachmittag, als sie endlich das Ziel erreichten. Es schnürte ihnen wieder die Kehle zu. Die Tränen stiegen ihnen schon in die Augen bei dem Gedanken, jetzt die Oma und Verwandte in die Arme nehmen zu können. Aber dieses Mal waren es Freudentränen. Edgar erging es nicht anders. Er konnte kein Wort mehr herausbringen. Sie sagten nichts, und beide dachten und fühlten das Gleiche.

Der Zug hielt, die Tür wurde geöffnet. Die Angehörigen standen wartend auf dem Bahnsteig. Jetzt war es so weit. Sie fielen sich in die Arme und weinten laut und heftig, man konnte dieses Gefühl nicht mit Worten beschreiben. Sie hatten sich sieben Jahre nicht gesehen, und das in Deutschland. Eine Schande für die DDR!

Andere Reisende schauten ihnen aus dem Zug nach. Was mögen sie wohl gedacht haben?
In ein Lager brauchten sie nicht zu gehen. Sie wohnten anfangs bei Kerstins Mutter. Da alles sehr beengt war, waren sie bestrebt, schnell eine Wohnung zu bekommen.

Auch in der neuen Heimat mussten sie überall auf den Ämtern einen Wust von Formularen ausfüllen. Die Lauferei hatte begonnen. Erst gab es diesen Stress im Osten und nun hier. Doch es war alles ganz anders. Egal auf welchem Amt sie erschienen, alle waren sehr freundlich und behilflich beim Ausfüllen der Unterlagen. Man musste nur viel Zeit haben, überall saßen viele Menschen. Es drängte sie keiner, aber ungeduldig blieben sie trotzdem. Die Nerven waren auch nicht mehr die von früher. Zuerst fuhren sie zum Stadthaus, meldeten sich an und bekamen einen vorläufigen Ausweis. Alle Formalitäten von Ausreisenden aus der DDR wurden über dafür bestimmte Lager abgewickelt. Das blieb ihnen erspart, es war jedoch erforderlich, alle Formulare ausgefüllt dort hinzusenden. Sie erhielten nach zirka drei Monaten schriftlichen Bescheid, dann waren sie Bürger der Bundesrepublik Deutschland. Genauestens wurden alle Angaben überprüft, wie und warum sie ausgereist waren.

Das erste Mal in ihrem Leben mussten sie zum Arbeitsamt, um sich arbeitslos zu melden, damit die Rentenansprüche nicht verloren gehen und sie auch versichert waren. Es gab viele Wege, die sie nicht kannten. Sie wurden in der DDR immer an die Hand genommen, für sie erledigte alles der Staat, dort kamen sie sich wie Unmündige vor. Anschließend fuhren sie zur Leistungsabteilung und zur Kindergeldkasse, um weitere Formalitäten zu erledigen. Da sie ja vier Personen waren, hatte sich ihr Aktenordner schon mächtig mit Blättern gefüllt. Kerstin, die sonst in Sachen Unterlagen für die Familie den vollen Durchblick hatte, resignierte. Es drehte sich ihr alles im Kopf, sie wusste teilweise nicht mehr, auf welchem Amt sie sich gerade befanden. Ihr Mann behielt einen kühlen Kopf und übernahm dann alle Dinge.

Nun mussten sie eine Schule für ihren Sohn finden. Schulbeginn nach den Ferien war hier schon gewesen. Es wurde also höchste Zeit. Er sollte die vierte Klasse besuchen. In der DDR gingen alle Kinder von der ersten bis zur zehnten Klasse auf die polytechnische Oberschule (POS). Hatten sie überdurchschnittliche Leistungen, wurden sie auf die „Erweiterte Oberschule" delegiert und konnten ihr Abitur machen.
Die meisten Kinder besuchten bis zur 10. Klasse die POS. Der Abschluss endete immer mit mündlichen und schriftlichen Prüfungen und war sehr niveauvoll. In allen Schulen der DDR existierte ein einheitliches Lernsystem. Es gab genaue Lehrpläne über den Lehrstoff, der in jeder Klassenstufe unterrichtet werden musste. Jeder Lehrer verfügte über einen vorgeschriebenen Plan, der genauestens abzuarbeiten war. Der Inhalt jeder Unterrichtsstunde wurde festgehalten, genauso, wie die Leistungseinschätzung jedes Schülers. Wurde der Lehrplan, aus welchen Gründen auch immer, nicht erfüllt, so musste jeder Lehrer vor seinem Kollegium Rechenschaft ablegen. Alles wurde von der Bildungsministerin Margot Honecker diktiert und peinlichst genau ausgeführt. Kerstin selbst fand dieses System bis auf den Polituntericht nicht schlecht. Wechselte ein Kind die Schule, hatte es gute Chancen, in

einer neuen Schule schnell Fuß zu fassen. Den Unterricht in Staatsbürgerkunde hielten viele in der DDR allerdings für haarsträubend. An besonderen politischen Feiertagen traf man sich vor dem Unterrichtsbeginn morgens zum Fahnenappell auf dem Schulhof.

Alle Schüler mussten daran teilnehmen. Es war Pflicht, dass die Pioniere ihr blaues beziehungsweise rotes Halstuch trugen. Ganz besonders wichtig war, dass die FDJ-Mitglieder in ihren Blauhemden erschienen. Das Tor vom Schulhof hat man geschlossen, so dass sich niemand davor drücken konnte. Viele schämten sich, mit dem Halstuch oder der FDJ-Kleidung auf der Straße herumzulaufen. Also wurde alles in die Schulmappe gequetscht und kurz vor dem Appell angezogen und danach wieder schnell abgelegt. Der Klassenlehrer kontrollierte, ob alle Schüler anwesend waren. Zum Auftakt des Appells stimmten die Teilnehmer ein Arbeiterlied an, ehe dann den Pionieren von vorne „Seid bereit“ zugerufen wurde. Sie antworteten mit dem Pioniergruß „Immer bereit“, dabei legten sie den Handrücken längs über den Kopf zum Gruß. Die FDJler antworteten mit dem Gruß „Freundschaft“. Oftmals waren mit solch einer Versammlung auf dem Schulhof Auszeichnungen der Schüler verbunden. Es gab auch vom Sozialismus überzeugte Schüler. Vor allem die Jüngeren verstanden von Politik nichts, sie machten nur einfach mit, viele Lehrer auch.

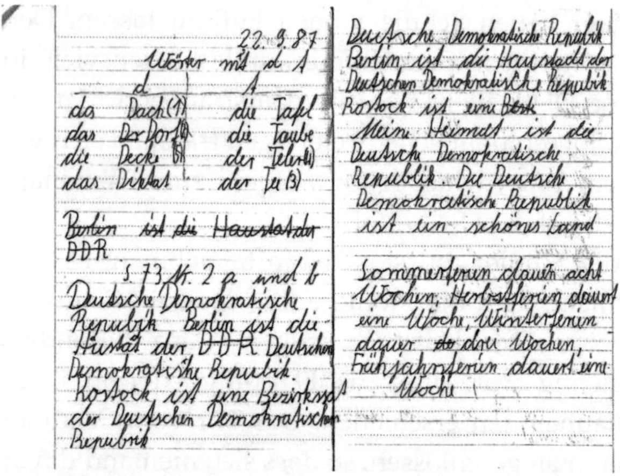

Schreibheft von Kerstins Sohn, dritte Klasse

Kerstin hatte außerhalb des Unterrichts zu einigen Lehrern Kontakt, davon waren viele nur auf ihre Vorteile bedacht. So war es zu ihrer Kindheit und zur Zeit ihrer Kinder, daran hatte sich nichts geändert. Viele Menschen, ob groß oder klein, hatten Angst, dagegen vorzugehen.

Kerstin und Edgar hatten inzwischen den Eindruck, dass viele Bundesbürger von sich sehr eingenommen waren. Sie brachten zum Ausdruck, dass ihre Ausbildung auf alle Fälle besser als die der Menschen in der DDR gewesen sei. Sie ließen es deutlich spüren, und so hatten Kerstin und ihre Familie anfangs Minderwertigkeitskomplexe. Es beriet sie auch keiner oder klärte sie über das Schulsystem auf. Sie nahmen an, es wäre ähnlich wie bei ihnen in der DDR. Für ihren Sohn suchten sie eine Ganztagsschule. Es musste eine Betreuung für den ganzen Tag werden, da beide sofort wieder eine Vollbeschäftigung antreten wollten, so wie sie es gewohnt waren.

Gemeinsam mit ihrem Sohn betraten sie den Schulhof, es war gerade Pause. Die Schüler und Schülerinnen rannten über den Hof oder spielten zusammen. Sie blieben einen Moment stehen und beobachteten das ausgelassene Treiben. Eine Lehrerin, wie sie vermuteten, kam auf sie zu und fragte, ob sie helfen könnte. „Ja, wir suchen für unseren Sohn eine Schule, er muss in die vierte Klasse aufgenommen werden. Wir kommen aus der DDR und sind gerade zwei Tage hier in dieser Stadt." Sie sah sie erstaunt an und fragte: „Woher kommen Sie? Aus der DDR? Ich wundere mich, weil Sie so gut Deutsch sprechen können". Es verschlug ihnen die Sprache. Ja, kamen sie denn vom Mond? Oder war für diese Menschen hier, hinter Helmstedt, Deutschland zu Ende?

Wie ihre Erfahrungen später zeigten, was sie auch schon ahnten, hatten viele Leute, die hier lebten, niemals die DDR besucht. Sie konnten sich also überhaupt kein Bild machen, wie die Menschen im Osten ihr Leben bestritten, welchen Verlauf die Grenze überhaupt nahm, ganz besonders die in Berlin. Sie konnten sich nicht vorstellen, wie schwierig die Lage dort war.

Das sollte auch kein Vorwurf sein. Die Menschen in der Bundesrepublik hatten wie die in der DDR nach dem Krieg damit zu tun, ihre Heimat wieder aufzubauen, sich das Leben lebenswert zu gestalten. Nur hier konnten sie auf der richtigen Seite Deutschlands leben, in Freiheit, wie Kerstin fand. Viele von ihnen waren aus der DDR geflüchtet, noch bevor die Mauer errichtet wurde. Aber wen interessierte es schon, wie es in einem „Gefängnis" zuging?

Wohl die wenigsten Menschen zeigten an denen dort Eingesperrten Interesse. „Es geht mir gut, also schaue ich nach vorn und nicht zurück". Vielleicht hätten Kerstin und Edgar ja auch so gehandelt, wenn sie auf der „Sonnenseite" gewesen wären. Nun sagten viele: „Uns hat ja keiner etwas geschenkt, wir mussten auch arbeiten für unser Geld." Solche und ähnliche Sprüche hatten sie sich nicht nur einmal anhören müssen.

Die meisten Menschen in der DDR haben auch gearbeitet, sie haben sich weitergebildet; nach den Möglichkeiten, die ihnen gegeben waren. Sie hatten Überstunden gemacht, damit sie sich das, was ihr Herz begehrte, leisten konnten. Ihre Wünsche konnte man mit denen der Bundesbürger nicht vergleichen, ihre waren viel bescheidener. Sie wollten sich ihre Träume auch erfüllen, doch es gab nichts mehr zu kaufen. Viele hatten den Eindruck, dass seit dem KSZE-Gipfel (Konferenz über Sicherheit und Zusammenarbeit in Europa) 1975 in Helsinki zwar wirtschaftliche

Erfolge zu verzeichnen waren, sich aber ein besserer Lebensstandard in der DDR nicht bemerkbar machte. Es erfolgte der Handel in Abhängigkeit vom RGW (Rat für gegenseitige Wirtschaftshilfe.) Der Handel war jedoch abhängig von der Sowjetunion.

Die Versorgung der Bürger in der DDR ließ in dieser Zeit viel zu wünschen übrig. Vieles gab es nur unter dem Ladentisch oder im Intershop für Westmark. Und die besaßen viele Bürger nicht. Man konnte nicht zur Bank gehen und sagen: „Ich möchte tauschen". Dadurch blühte der Schwarzmarkt. Der Kurs war allerdings horrend hoch. Teilweise, wenn man viel Glück hatte, konnte man eins zu fünf oder eins zu acht tauschen. Aber auch das war der Regierung in der DDR nicht recht. Es wurde verhältnismäßig viel Westgeld durch die Bundesbürger ins Land gebracht, und die DDR-Bürger fingen an, dieses Geld heimlich zu sparen, doch das wollte der Staat nicht. Die Devisen standen ja dann nicht für den Handel mit dem kapitalistischen Ausland zur Verfügung. Die Politiker und viele andere konnten in den Westen reisen und brauchten ja dann das „richtige" Geld. Also, mussten sie sich etwas einfallen lassen, und das waren dann die Forumschecks. Kein DDR-Bürger durfte nun mehr im Intershop mit Westgeld einkaufen, er war gezwungen, das Geld auf der Bank gegen eigentlich wertloses Papiergeld, die besagten Forumschecks, zu tauschen. Mit

den DDR-Bürgern konnten sie machen, was sie wollten. Manche Menschen standen vor den Intershops und sprachen Westbürger an, ob sie ihnen mit ihrem eigenen heimlich gesparten Westgeld etwas kaufen würden. Einige Leute aus dem Westen hatten auch nichts dagegen, nahmen das Geld der DDR-Bürger, diese warteten draußen oder gingen sogar mit in den Shop und taten so, als wenn sie verwandt wären. Ja, Wege und Möglichkeiten hat man immer gefunden! Die Not machte eben erfinderisch.
Wenn sie Besuch aus dem Westen bekamen, die ein Auto hatten und in Ostberlin tanken mussten, durften sie nur mit Westgeld an der Tankstelle bezahlen. Erst dachten ihre Verwandten, sie können das Zwangsumtauschgeld an der Zapfsäule loswerden, aber das war ein Trugschluss. Der Tankwart hatte sich sofort die Autonummer angesehen, und es musste mit Westgeld bezahlt werden. Manche Tankwarte waren sehr geschickt, die „harte Mark" verschwand in ihrer eigenen Tasche. Es war auch ganz einfach, denn bezahlt werden musste im Kurs eins zu eins, und registriert wurde der Betrag, der an der Tanksäule angezeigt war. Nun nahm der Tankwart sich die Devisen und legte dafür das DDR-Geld in die Kasse. Nur ertappen lassen durfte er sich nicht dabei. Dieses Prinzip wurde in vielen anderen Geschäften genauso vollzogen. Dazu zählten unter anderem die Gastronomie, Taxiunternehmen und viele andere Handelsorganisationen.

Kerstin hatte nur einen Wunsch, Schokolade zu Ostern und Weihnachten für ihre Kinder zu kaufen. Ihre Familie gab das Geld bekannten Rentnern mit nach Westberlin. Dafür brachten sie außerdem frisches Obst für ihre Kinder mit, das konnte man im Intershop nicht erstehen. Viele Dinge, die sie gerne haben wollten, gab es beim Aldi im Westen sehr viel günstiger als in der DDR. Edgar und Kerstin teilten sich maximal eine Apfelsine oder eine Kiwi, und dabei hatten sie schon ein schlechtes Gewissen. Möbel gab es, wie bereits erwähnt, schon lange nur noch auf Vorbestellung mit langjährigen Wartezeiten. Vom Auto ganz zu schweigen. Das Dilemma konnte man gar nicht beschreiben.
Bei Stammtischgesprächen in der Bundesrepublik kam manches Vorurteil auf. Zeitgenossen behaupteten, dass die DDR-Leute alle faul und viele dumm seien und ihr Elend selbst verschuldet hätten. Das sagten aber nur solche, die niemals in der DDR waren oder nur durch Dritte Kontakt zu den Bürgern im Osten hatten. Es konnte sich niemand ein Urteil über das Leben „hinterm Zaun" erlauben, wenn er nicht selbst dort gelebt hatte. Man kann sich viel erlesen, aber was wurde zu Zeiten des kalten Krieges in der BRD gelehrt? Was bekamen die Jugendlichen vermittelt über das Land nebenan? Kerstin empfand es als Glück, dass die DDR offiziell als eigener Staat nicht von der Bundesrepublik anerkannt wurde. Die Politiker machten sich ihr eigenes Bild, aber die meis-

ten Landsleute hatten nur unklare Vorstellungen. Im Osten dagegen konnte seit Mitte der sechziger Jahre Westfernsehen empfangen werden. Auch das war zur damaligen Zeit gefährlich. Erst recht nach dem Mauerbau, als ein Verbot herrschte. Es traute sich niemand, seine Außenantenne, die meistens an den Fenstern angebracht war, in besagte Himmelsrichtung zu lenken. Viele Bürger taten es dennoch, sie hatten den Mut dazu. Aber in vielen anderen Städten der DDR war es fast unmöglich geworden, Westfernsehen zu empfangen. Es sei denn, man hatte den bereits erwähnten Konverter. Damit konnte man das erste und zweite Programm erhalten. Auch Kerstins Eltern wurden von Genossen der SED in dem Haus, wo sie wohnten, angesprochen und darum gebeten, die Antenne auf dem Balkon in die richtige Richtung zu drehen. Die westlichen Einflüsse, so sagte man, die sie durch das Fernsehen bekommen hatten, konnten ihrer sozialistischen Entwicklung nur entgegenwirken.

Einmal sollte Kerstins Vater sogar zur Polizei, denn ihr Bruder hatte eine Knallplätzchenpistole aus dem Westen. Bestraft wurde ihr Vater nicht weiter, nur verwarnt.
Was das Ostfernsehen brachte, war streng zensiert durch die SED. Die öffentlichen Medien verbreiteten nur diese Informationen. Was sich in Wirklichkeit abspielte, konnten viele Menschen im Westen nur erahnen.

Schicksalsschläge gab es in beiden Teilen Deutschlands. Die Lebensgewohnheiten und die Systeme waren verschieden. Jeder musste sich nur darauf einstellen, dann konnte er damit leben. Aber im Westen war man frei, man konnte, wenn man wollte, alles erreichen. Man konnte reisen und sich die Welt ansehen. Voraussetzung war natürlich, man hatte Arbeit, Geld oder beides.

Nachdem sie den Schulhof verlassen hatten, fanden sie eine Ganztagsschule, und ihr Sohn wurde am nächsten Tag eingeschult. Das Schulsystem stellte sich allerdings etwas anders dar, als sie es gewohnt waren. Ihr Sohn kam damit überhaupt nicht mehr klar. In seinen bisherigen drei Schuljahren stand der Lehrer vorn und hielt seinen Unterricht nach einem bestimmten Schema ab. Der Unterrichtsstoff war an allen Schulen der DDR gleich. Der Fachinhalt wurde durchgenommen, und es gab entweder mehr oder weniger Hausaufgaben. Es wurden schriftliche Leistungskontrollen unangemeldet angesetzt und Klassenarbeiten geschrieben, die aber vorher angekündigt waren. Jeder Schüler wusste von der 1. Klasse an, was ihn erwartete. Es wurde genau nach dem Lehrplan vorgegangen. Die Eltern hatten die Möglichkeit, sich zu informieren und gegebenenfalls zu Hause mit den Kindern nachzulernen. Es gab auch in der DDR eine Ganztagsbetreuung, wobei die Schüler die Hausaufgaben in der Schule erledigten. Wer etwas schwächer im Unterricht war, konnte Gebrauch von der „nullten Stunde" machen, das heißt, eine Stunde vor dem eigentlichen Unterrichtsbeginn gaben die Lehrer kostenlos Nachhilfeunterricht für diese Schüler. So war es nun für ihren Sohn ganz neu, zum größten Teil selbst seinen Unterricht zu gestalten. Er kam nachmittags nach Hause und brachte immer irgendwelche Karteikarten mit, aus denen Kerstin auch nicht klug wurde. Da die meisten Schüler seiner Klasse lachten, wenn er eine Frage stellte, rührte er sich nicht mehr und saß auf seiner Bank und schrieb irgendetwas hin. Er tat Kerstin so leid, und sie konnte alles nicht mehr mit ansehen. Sie holte sich einen Termin, um als Hospitantin am Unterricht teilnehmen zu können. Die Lehrerin erklärte ihr kurz, wie es sich mit den Karteikarten verhält, und jetzt konnte Kerstin es auch begreifen. In der Pause ist sie aufgestanden und schaute sich dieses Lernsystem aus nächster Nähe an. Die Karteikästen waren an der Wand angebracht. Für jedes Kind gab es einen mit verschiedenen Unterrichtsfächern. Jeder konnte nach seinen Gegebenheiten jedes Fach abarbeiten, wie er und wann er wollte. Er nahm sich eine Karte, auf der standen die Aufgaben, und mit Hilfe des Lehrbuchs musste er sie dann lösen. Wenn man das von klein auf gewohnt war, bereitete dieses System bestimmt auch keine Schwierigkeiten. Übung macht eben den Meister. Da aber das Selbstbewusstsein ihres Sohnes verloren gegangen war, hatte er von vornherein schon Angst, etwas falsch zu machen, also machte er oftmals gar nichts. So bekam er alle Karteikarten am Wochenende mit nach Hause, und sie lösten gemeinsam die Probleme. Es wurde nicht nur gelacht, wenn er etwas falsch sagte in der Klasse, es wurde auch gelacht, wenn er überhaupt etwas sagte.

Heute ist er erwachsen, und er erinnert sich auch daran, wie es war, als er am Religionsunterricht teilnehmen sollte. Er wusste nichts mit dem Begriff anzufangen. In der DDR gab es diesen Unterricht nicht an den Schulen. Alle lachten ihn aus, auch die Religionslehrerin hatte für ihn kein Verständnis. Diese Art und Weise, mit einem Menschen umzugehen, war wenig christlich. Jahre später, als Erwachsener, hatte er vieles aus seiner Kindheit erzählt.

Heute tut Kerstin manches leid, was mit ihren Kindern so passiert war, aber sie kann es leider nicht ungeschehen machen. Ihr Sohn berlinerte und das sehr stark. Die Kinder aus seiner Schulklasse erzählten das zu Hause. „Einer aus dem Osten ist jetzt in unserer Klasse. Der hat kein Geld und kann nicht einmal an unserer Klassenfahrt teilnehmen." Die Lehrerin seiner Klasse rief bei Kerstin an und sagte, die Klassenfahrt kostet 100 Mark. Sie sollte beim Sozialamt einen Antrag stellen, dort würde ihr geholfen und das Kind könnte dann mitfahren. Er hätte somit die Gelegenheit, sich besser in die Klassengemeinschaft einzufügen. Also beantragte Kerstin beim Sozialamt das Geld. Drei Stunden brachte sie dort zu und schwor sich, nie wieder diese Bettelei. Als sie damals in die Bundesrepublik kamen, erhielten sie ca. 500 DM Verpflegungsgeld. Das musste für die Familie für vier Wochen ausreichen. Sie gingen nur beim „Aldi" einkaufen.

Jedes Kind sollte ein Taschengeld von 10 DM mit auf diese Klassenfahrt nehmen. Auch das war zur damaligen Zeit viel Geld für Kerstins Familie.
Als die Klassenfahrt zu Ende war, holten sie ihren Sohn ab, und er war heilfroh, wieder in die Arme seiner Eltern fallen zu können. Er hatte wieder Menschen um sich, die ihn liebten und verstanden. Jahre später erzählte er, was vorgefallen war auf dieser Klassenfahrt. Ein Schüler vermisste plötzlich seine 10 DM Taschengeld. Jeder wurde befragt von der Lehrerin, ob er das Geld eventuell gefunden oder an sich genommen hätte. Das Geld wurde anfangs nicht gefunden. Die Klasse war schon über drei Jahre zusammen. Noch nie sei so etwas vorgekommen, also kann nur der aus dem Osten es gewesen sein. Die Eltern hatten sowieso kein Geld, hieß es unter den Schülern und Lehrern. Er war abgestempelt als Dieb. Keiner wollte mit ihm reden oder mit ihm spielen. Was muss in seinem Herzen vorgegangen sein?

Beim Abendessen zog der Junge, dem das Geld fehlte, ein Taschentuch aus der Hosentasche, und sein zerknitterter Zehnmarkschein fiel heraus. Die Lehrerin sah es. Er steckte das Geld ein, damit war die Sache erledigt. Kerstin und Edgar wurden von diesem Vorgang nicht unterrichtet. Niemand schnitt das Thema an. Warum auch, es wurde ja sowieso hinter vorgehaltener Hand über die Ostfamilie geredet. Die Sache blieb einfach so im Raum stehen, ohne dass die Lehrerin ihre Verdächtigungen zurückgenommen hatte. Sie hätte sich gemeinsam mit den Schülern bei Kerstins Sohn entschuldigen müssen.

Jetzt war es an der Zeit, schnellstens eine Lehrstelle für Kerstins Tochter zu finden. Sie hatte die Schule mit „sehr gut" abgeschlossen. Am liebsten wäre es ihnen gewesen, sie hätte ihr Abitur gemacht. Doch sie wollte vorerst keine höhere Schule besuchen, sondern einen Beruf erlernen. Ihr großer Wunsch war eindeutig, Friseurin zu werden. Das war einer der beliebtesten Berufe in der DDR. Man hatte einen durchschnittlich guten Verdienst, und es gab viel Trinkgeld. Da sie sehr kreativ und modebewusst war, konnten sie sich gut vorstellen, dass ihr dieser Beruf Freude bereiten würde. Also schlugen sie das Telefonbuch auf, wählten willkürlich einen Salon aus, riefen an und bekamen einen Termin zur Vorstellung. Sie wussten zum damaligen Zeitpunkt nicht, dass nur wenige diesen Beruf erlernen wollten. Der Saloninhaber war begeistert von ihren Zeugnissen. Er war sehr erstaunt, dass sie mit solchen

Zensuren nicht studieren wollte. Es spielte für ihn keine Rolle, woher sie kam und warum. Sie musste nur alle Formalitäten erledigen und hatte am selben Tag ihre Lehrstelle in der Tasche.

Jetzt war es an der Zeit, für Edgar einen Job zu finden. Er hatte einen Handwerksberuf erlernt, den er sich allerdings wegen der fortgeschrittenen Elektronik nicht mehr zutraute. Er bekam vom Arbeitsamt keine Angebote, bewarb sich aber parallel dazu auf Annoncen in der Zeitung. Auch das Branchenbuch nutzte er für seine Suche. Nach drei Wochen hatte er endlich einen Job.

Für Kerstin sah es da schon schwieriger aus, sie hatte zwar viele Qualifikationen, auch in der EDV (Elektronische Datenverarbeitung), nur arbeiteten die Betriebe in der DDR teilweise noch mit Lochstreifen. Die waren hier schon lange Vergangenheit. Was nun? Es vergingen vier Wochen. Vom Arbeitsamt hörte sie nichts. Sie musste also Eigeninitiative ergreifen, und sie wollte unbedingt wieder ins Büro. Also schlug sie jeden Tag die Zeitung auf und suchte nach Umschulungsmöglichkeiten. Kerstin fand auch eine, sie dauerte ein Jahr, und es waren täglich acht Stunden Unterricht. Es war ein ziemlich komplexer EDV-Lehrgang über Arbeitsrecht bis Maskenprogrammierung sowie Lohnbuchhaltung und Steuerrecht. Die Umschulung endete nach einem Jahr mit schriftlichen und mündlichen Prüfungen. Nun hatte sie wieder ein Papier mehr in der Tasche, und ihr Selbstbewusstsein war etwas gestiegen.

Es war ein Lehrgang, der anfangs mit 24 Personen begann. Nach einem Vierteljahr waren die ersten schriftlichen und mündlichen Prüfungen. Dann fand ein Selektionsverfahren statt. Nur die besten Achtzehn durften weiter machen. Es waren Menschen jeden Alters, fünfzig Prozent weibliche und männliche Teilnehmer. Es gab die unterschiedlichsten Gründe für eine Fortbildung der Teilnehmer; Frauen, die nach der Erziehung der Kinder wieder in den Beruf einsteigen wollten, andere bekamen die Maßnahme vom Arbeitsamt aufgezwungen. Einige hatten keine Lust zu arbeiten, da sie schon weit über fünfzig Jahre waren.

Kerstin saß jeden Abend lange in der Küche und lernte. Zeit hatte sie erst dazu, als die Kinder im Bett waren. Die Familie musste erst versorgt sein, dann die Wäsche, der Haushalt und nicht zuletzt Hausaufgaben nacharbeiten mit den Kindern. Vor 24.00 Uhr hörte sie nicht auf zu lernen. Der Sommer war heiß, ihr Mann fuhr mit den Kindern am Wochenende baden, während sie auf dem Balkon saß und lernte. Es war gut so, sie eignete sich ein neues Wissen an, es waren Fakten, die sie vorher nicht kannte.
Jetzt endlich konnte sie sich um eine Stelle bewerben. Sie bekam eine Anstellung in einer Firma als Mitarbeiterin des Prokuristen. Sie war stolz, da

es nicht jedem Lehrgangsteilnehmer gelang, eine Stelle zu finden. Leider stellte sich später heraus, dass ihr Chef mit ihrer Anstellung ganz andere Ziele verfolgte.

Er bestellte sie zum Vorstellungsgespräch Sonntagnachmittag in sein Büro. Es erschien Kerstin seltsam. Also musste ihr Mann sie dorthin begleiten. Der Firmeninhaber war älter, so um die achtzig. Kerstin betrat sein Büro, das seriös eingerichtet war. Ein großer antiker Schreibtisch mit einem hohen Ledersessel füllte das großzügig angelegte Zimmer aus. Ihr Mann wartete in der Vorhalle des Betriebes. Der Inhaber stellte ihr einige Fragen, unter anderem, ob sie denn Hochdeutsch schreiben könne, da sie ja einen Berliner Dialekt spräche. Sie antwortete: „Haben Sie schon einmal erlebt, dass eine bayrische Sekretärin bayrisch schreibt?" Er grinste, und später erfuhr sie, dass er gar keine Mitarbeiterin suchte, vielmehr eine, die mit ihm ein wenig Freizeit und anderes mehr verbringen sollte, da seine Ehefrau sehr krank war. Nur Kerstin begriff dieses alles erst, als sie dort schon lange nicht mehr arbeitete. Er bekam für sie vom Arbeitsamt eine Förderung für ein halbes Jahr, nämlich 50 Prozent ihres Gehaltes. Nachdem er nun gemerkt hatte, dass sie eine treue Ehefrau war, wollte er sie nicht mehr nach Ablauf der Probezeit behalten. Er selbst war zu feige, ihr das persönlich mitzuteilen, das sollten dann seine Mitarbeiter erledigen.

Kurz bevor die Probezeit zu Ende war, wurde sie zu zwei Herren gerufen. Und die teilten ihr mit, dass sie nicht übernommen werden kann. Der alte Herr hatte andere Vorstellungen von der Firma als sein Sohn, der inzwischen die Firma übernommen hatte. Kerstin weinte bitterlich und bettelte förmlich, dass sie sie doch übernehmen sollten, hatte sie sich doch mit ganzer Kraft ins Zeug gelegt. Sie erstellte Statistiken und bearbeitete selbstständig Versicherungsfälle und fakturierte die Rechnungen. Oft wurde sie vom Prokuristen schikaniert. An eine Begebenheit erinnerte sie sich noch sehr gut. Wie immer saß sie gut gekleidet in ihrem Büro und arbeitete. An diesem Tag trug sie einen schwarzen Hosenanzug mit einer weißen Bluse. Der Prokurist betrat, ohne anzuklopfen das Büro. Er drückte, wie immer recht energisch, die Türklinke herunter, brüllte in den Raum hinein: „Nehmen Sie sich einen Wagen, holen Sie Blumen aus der Gärtnerei und bepflanzen Sie die Kübel auf dem Hof. Morgen haben wir eine Ausstellung, und der Hof sieht zum ‚Kotzen' aus!" Er knallte die Tür zu, und Kerstin wusste nicht so recht, wie ihr geschah. Sie konnte es einfach nicht fassen. Hatte sie sich da verhört, oder sollte es sein Ernst gewesen sein?
Es war sein Ernst, bestätigte ihr ihre Kollegin, die ihr gegenüber gesessen hatte. Sie traute sich damals nicht, ihm zu widersprechen, da sie sich noch in der Probezeit befand. Kerstin schaute an sich herunter und sah ihren guten Anzug.

In dem Betrieb waren so viele Schlosser im Arbeitsanzug und Lehrlinge, die er hätte schicken können. Vielleicht wartete er aber nur auf einen Widerspruch, um sie loszuwerden. Die Chance gab sie ihm nicht und eilte zum Fuhrparkleiter. Sie verstand sich mit den Kollegen sehr gut und wollte einen kleinen Firmenwagen, der sollte so groß wie ein Trabant oder wie ein Wartburg sein, einen anderen hatte sie im Westen noch nie gefahren. Er lachte, erklärte ihr kurz, wie alles funktioniert, und sie fuhr los.

Kerstin fand die Gärtnerei sofort und suchte Blumen aus. Da sie genau wusste, wie eine Bepflanzung auszusehen hatte, war die ganze Angelegenheit in einer Stunde erledigt. Sie nahm noch Blumenerde mit und bestückte sechs große Kübel. Anschließend sah sie aus, wie jemand, der auf dem Feld gearbeitet hatte. Die Arbeitszeit verlängerte sich an diesem Tag um zwei Stunden. Ihr Bus, mit dem sie jeden Tag eine Stunde nach Hause fuhr, war auch weg, so dass sich ihre Begeisterung in Grenzen hielt. Der cholerische Vorgesetzte bedankte sich nicht einmal, aber das war sie gewohnt. Er war sich oft selber nicht gut. Kerstin hätte ihn am liebsten verwünscht.

So gab es noch viele Episoden, er schickte sie oft mit dem Auto los, irgendwohin. Kerstin kannte sich noch nicht richtig aus in der Stadt. Einmal verpasste sie die Abfahrt von der Autobahn und sah ganz erschrocken auf ihre Tankanzeige im Auto, die Nadel stand schon im roten Bereich. Sie bekam einen fürchterlichen Schreck. „Oh Gott“, schrie sie laut. „Was soll ich nur tun?“ Kerstin hatte nicht einmal die Telefonnummer ihrer Firma. Sie war gar nicht auf die Idee gekommen, dass auf dem Auto Reklame oder die Telefonnummer stehen könnte. Ein Handy gab es zum damaligen Zeitpunkt noch nicht.

Alle möglichen Gedanken gingen ihr durch den Kopf, wenn sie jetzt eine Panne hätte und liegen bleiben würde oder die Polizei kommen würde? Sie hatte ohnehin Respekt vor der Polizei.

Ihr Chef würde sie auf der Stelle entlassen. Da kam ihr aber eine Idee. Sie kannte die nächste Autobahnabfahrt, da sie diese immer nahmen, um zu ihrer Wohnung zu gelangen. Ihr Mann arbeitete nicht, da er gerade eine Operation hinter sich hatte. Kerstin hatte weder Geld noch Papiere bei sich. Sie hoffte nur, dass Edgar nicht zum Arzt gegangen war und auch Zeit hatte, sie zur Arbeit zu bringen beziehungsweise vorauszufahren, da sie den Weg zurück nicht so gut kannte. Die Zeit schien ihr davonzulaufen. Sie rannte die Treppen nach oben und klingelte Sturm. Edgar öffnete, und ihr fiel ein Stein vom Herzen. Er fuhr voraus, das Benzin reichte gerade noch bis zum Ziel. Kerstin ging ganz cool ins Firmengebäude und behauptete einfach, dass sie im Stau gestanden hatte. Insgeheim hoffte sie, dass niemand etwas merkte.

Kerstin war sogar bereit, für weniger Geld zu arbeiten. Doch sie blieben unnachgiebig, und so musste sie sich einen anderen Job suchen. Das Leben war hart.

So blieb sie kurzzeitig ohne Arbeit. Da sie sich in mehreren Betrieben beworben hatte, klappte es schnell mit einem neuen Job als Sachbearbeiterin in einem ziemlich kleinen Unternehmen. Es war ein pompöses Büro, das sie sich mit einer Sekretärin teilte. Sie hatte ihren eigenen Computer, einen tollen Schreibtisch und sogar einen großen Ledersessel. Kerstin kam sich wie in einem amerikanischen Film vor. Da sie anfangs stets zurückhaltend war und sich erst ein Bild von den anderen Kollegen machte, stellte sie nach einem Vierteljahr fest, dass hier etwas nicht stimmte. Entweder war sie nicht ganz normal oder einige von den Mitarbeitern. Jeder ging seinen privaten Angelegenheiten nach, auch während der Arbeitszeit, das bezog sich auch auf das Liebesleben des Chefs bis hin zur Sekretärin. Einer der Chefs war in Amerika, da gingen alle anderen oftmals früher nach Hause, und Kerstin durfte „die Stellung" halten und arbeiten. Okay, sagte sie sich, du bist froh, einen Job zu haben. Die meiste Zeit war sie alleine im Büro, das war auch toll. Es störten sie weniger die Gewohnheiten der Männer und ihre Frauengeschichten, aber die exzentrischen Damen im Büro gingen ihr einfach gegen den Strich. Eine von ihnen führte ein ziemlich lockeres Leben, bis sie eines Tages merkte, dass sie über vierzig war und sich nun schleunigst einen reichen Mann für das Leben suchte. Männer mit Geld hatte diese Dame zwar immer, nur waren die meistens nicht frei. Wie ihr das mit dem letzten gelungen war, ist Kerstin immer unverständlich gewesen. Nach außen spielte sie die gute Ehe vor, aber es sah anders aus. Eines Morgens kam Kerstin ins Büro, und die Kollegin saß anders als sonst da. Sie lackierte sich morgens als erstes immer ihre Nägel. An diesem Tag waren ihre Augen verweint, und sie konnte sich nicht beruhigen. Da Kerstin eine taktvolle Frau war, fragte sie, ob sie ihr helfen könne. „Nein, lassen Sie mich bitte alleine", war ihre Antwort. Na gut, dachte Kerstin und ging in ihr Büro. Das Faxgerät fing an zu arbeiten. Es druckte einen großen weinenden Rosenstrauß aus mit der Beschriftung: Die Rosen weinen, und ich weine mit, dein lieber Mann - oder so ähnlich. Kerstin brachte ihr das Fax, und sie war gerührt. Tatsächlich beweinte sie ihren Liebhaber, der ganz plötzlich verstorben war, und ihr Ehemann tröstete sie mit einem Fax. Na toll, dachte Kerstin, wo war sie hier nur hingeraten. Die geschiedene Ehefrau ihres Chefs kam ständig ins Büro und machte Szenen. Er wiederum hatte eine Freundin, die war über 30 Jahre jünger, heulte allen im Büro die Ohren voll und sagte immer, wie sie ihn doch liebte und dass sie doch gerne ein Kind wollte. Da er aber schon erwachsene Kinder hatte, war er von dieser Idee nicht so recht begeistert.

Unter anderem musste Kerstin sich Vorwürfe anhören, was sie ihren Kindern angetan hätte mit der Ausreise. Sie könnte ihnen keine Zukunft bieten. Heutzutage brauche man ein Kindermädchen, eine Putzfrau. Ein Kind müsste mindestens reiten können oder ähnliche Hobbys haben. Der Ehemann spielt vielleicht Golf, und es gibt Partys mit prominenten Leuten. Irgendetwas schien nicht zu stimmen. Kerstin kam abends nach Hause, schloss sich im Bad ein, setzte sich in die Wanne und weinte bitterlich. Sie bemerkte das erste Mal, dass sie seelisch krank werden würde, wenn sie weiterhin dort arbeiten würde. Sie ließ sich während der Probezeit krankschreiben, und damit war anschließend ihre Probezeit beendet. Kerstin bewarb sich wieder und hatte schnell eine neue Anstellung in einem Großhandelsbetrieb als Sachbearbeiterin. Es fragte sie dort niemand, warum sie in den Westen gekommen sei. Sie war ein Mensch wie jeder andere dort. Später wechselte sie nochmals die Firma.

Das Unfassbare

Ende des Jahres 1989 geschah das Unfassbare. Edgar lag auf der Couch, er musste sich noch wegen seiner Operation schonen. Kerstin war in der Küche und bereitete etwas zum Essen vor.

Das Telefon klingelte, und ihre Tochter war am Apparat. „Mama, schalte den Fernseher an, ich bin in Ostberlin und habe meine ganzen Freunde getroffen, die Grenzen sind offen, ich kann es nicht fassen." „Mach schnell, dass du wieder in den Westen kommst, sonst sehen wir uns nicht wieder", antwortete Kerstin, ihre Stimme klang ängstlich. „Nein Mama, hier ist etwas los, das werde ich in meinem ganzen Leben nicht vergessen. Alle umarmen sich, und die Sektkorken knallen. Es ist ein Fest der Freude, wie ich es noch nie erlebt habe. Deutschland ist wieder eins."

Kerstin schaltete sofort den Fernseher an. Edgar und sie konnten es nicht fassen. Plötzlich war auf allen Kanälen zu sehen, wie die Menschen aufgeregt zur Grenze eilten, zu Fuß oder mit dem Auto. Alles, was Beine hatte und laufen oder fahren konnte, setzte sich gen Westen in Bewegung. Hupkonzerte gab es überall. Die Leute, ob in Ost oder West, umarmten sich, Fremde küssten sich. Ostler wurden mit Blumen und Geschenken von Westlern begrüßt. Die Menschen fingen an, mit Hämmerchen Steine aus der Mauer zu brechen, sie erstiegen sie und machten Freudentänze auf ihr. Das Fernsehen war hautnah dabei. Kerstin und Edgar wären am liebsten dort hingeeilt. Sie hätten so gerne mit ihnen gefeiert. Ihnen rollten vor Freude die Tränen über das Gesicht. Jetzt war das geschehen, wovon so viele Menschen Jahre geträumt hatten. Die Grenze fiel auch ohne Krieg. Niemals hätten sie das für möglich gehalten. Viele ihrer Familienangehörigen waren schon tot, ihnen hätten sie es gegönnt, diesen Tag mitzuerleben. Auch sie hatten an so eine Möglichkeit der Freiheit nicht mehr geglaubt. Es war für sie wie ein Traum, der in Erfüllung ging. Es war unfassbar, die Grenze wurde abgerissen. Sie saßen da und trauten ihren Augen nicht.

Es gab schon seit 1985 die „Perestroika und Glasnost" in der Sowjetunion. Gorbatschow hatte die Weichen gestellt, er war der Vorbote für das, was sich dann entwickelte. Durch diese politischen und wirtschaftlichen Initiativen geriet die SED-Führung mehr und mehr in Schwierigkeiten. Der innenpolitische Druck nahm immer mehr zu. Dazu hatten auch die Untergrundbewegungen, vor allem die in der Kirche sowie die Ausreiseanträge und letztendlich die Öffnung der Grenze im Juli 1989 von Ungarn nach Österreich beigetragen. Nun, nach Öffnung der Grenzen, stellen sich viele Menschen in den alten Bundesländern hin und sagen: „Wir wussten, dass die Grenze fallen wird". Es hatte niemand gewusst. Diese Menschen wissen noch heute oftmals überhaupt nicht, was sich in der DDR abgespielt hat.
Genauso wusste niemand, dass eine Mauer gebaut würde, und die Menschen dann wie in einem großen Gefängnis leben mussten. Die Bürger in der DDR konnten nicht weltoffen sein, viele

waren eingeschüchtert und hatten unberechtigte Komplexe. Es gibt heute viele Mitbürger unseres Landes, die nicht einmal mehr wissen, wann das grässlichste Bauwerk der DDR überhaupt errichtet wurde und was es für Schicksale innerhalb dieser „Festung“ gab. Auch das soll kein Vorwurf sein. Das zeigt nur, dass, wenn es einem gut geht und man in Freiheit lebt, einem andere Dinge wichtig sind. Ganz massiv betroffen waren die Menschen in Berlin.

Es waren Schicksale, die man heute kaum noch beschreiben kann. Man sieht zwar noch Filme, die anlässlich des Mauerbaus gezeigt werden. Sie sind ergreifend, doch die einzelnen Familientragödien, die sich dahinter verbargen, sind oft schon vergessen oder nicht erzählt. Es sind ganze Familien getrennt worden. Sie durften sich nicht mehr sehen, jedenfalls nicht in den ersten Jahren. Kerstins Vater arbeitete damals in Westberlin, seine Familie wohnte im Ostteil der Stadt. Wenn er gewusst hätte, dass eine Mauer gebaut würde, wäre er mit ihnen samt „Sack und Pack“ über die Grenze nach Westberlin geflohen. Es hatte niemand etwas gewusst, alle waren fassungslos. Das war wie ein Schlag ins Gesicht, aber ein Faustschlag. Die Wirtschaft der DDR konnte es nicht mehr verkraften, dass viele Leute „drüben“ arbeiteten. Auch Kerstins Eltern waren nur Menschen. Sie tauschten vor dem Mauerbau das Geld eins zu drei um und konnten damals gut leben.

Deutschland wurde nach dem Krieg aufgeteilt, nur hatten viele Bürger in der DDR das Pech, das verkehrte Ende von Deutschland erwischt zu haben, so empfand es Kerstin mit ihrer Familie. Wer mit diesem System in Konflikt kam, spürte jedenfalls seine ganze Macht und die Grenzen, die die Menschen zermürben konnten.

Im Mai des Jahres 1989 begann Ungarn mit dem Abbau der Grenzbefestigungen zu Österreich. Tausende DDR-Bürger flohen dort nach Österreich. Sie besetzten die Botschaften, um ihre Ausreise zu erzwingen.
Die steigende Zahl der Ausreiseanträge trug zu noch mehr Unruhen in der DDR und zur vermeintlichen Ohnmacht der Regierung bei. Von großer Bedeutung waren die Demonstrationen in vielen Städten des Landes. Die Volkskammer tagte am 9. November 1989, und Günter Schabowski, SED-Politbüromitglied, teilte versehentlich in aller Öffentlichkeit mit, dass die Grenze für den Reiseverkehr in die BRD geöffnet würde. Eine Lawine wurde in Gang gesetzt.

Von diesem Zeitpunkt an verließen viele junge Leute die DDR, die ja noch existierte und suchten Arbeit in der Bundesrepublik. Man stufte sie aber vom Gehalt her viel niedriger ein, als ihre Kollegen aus der Bundesrepublik. Das wurde von vielen Unternehmen ausgenutzt. Auch in Kerstins Firma, in der sie nun arbeitete, stellte man

ehemalige DDR-Bürger ein, sie wurden bei den geringsten Vorfällen entlassen. Kerstin konnte sich genau an eine Begebenheit erinnern.
Sie saß in ihrem Büro und war gerade dabei, eine Statistik zu fertigen, als sie ihren Chef brüllen hörte. Alle saßen wie angewurzelt auf ihren Plätzen. „Ich stelle nie wieder einen aus der DDR ein, der kann sich sofort seine Papiere holen", rief er. Kerstin traute sich nicht aus dem Büro, sie zog ihren Kopf ein und arbeitete weiter.
Später erfuhr sie, dass ein Auslieferungsfahrer die Ware nur gegen ein Trinkgeld bei einem Kunden in das Haus tragen wollte. Der Kunde rief - natürlich berechtigt - in der Firma an, und das „Donnerwetter" nahm seinen Lauf. Das war eben Pech für diesen Mann. Was das allerdings mit der DDR zu tun hatte, war Kerstin unverständlich. So begann man in dieser Firma, sich über die DDR-Bürger zu ärgern. Sie seien selber Schuld am Niedergang der DDR, so sagte man. Mit der Währungsunion, als die Ostmark offiziell in Westmark getauscht wurde, waren alle pfiffigen Unternehmer gut dabei, ihre Konten etwas aufzubessern. Viele Betriebe wurden billig aufgekauft. Dazu war die DDR wieder gut.
Diesen Eindruck gewann Kerstin aus allerlei Begebenheiten. Sie kann sich noch erinnern, dass je nach Alter bis zu 6.000 DM im Verhältnis eins zu eins von den DDR-Bürgern umgetauscht werden durften. So viel Spargeld hatten aber nicht alle. Also machten sich viele

Geschäftsleute und vor allem Unternehmer aus dem Westen auf den Weg, gaben den Ostleuten das notwendige Ostgeld, das sie sich wiederum vorher zu günstigen Konditionen organisiert hatten. Damit konnten sie ihr Geld erheblich vermehren.
Der Ostbürger erhielt als Dankeschön einen kleinen Obolus und war zufrieden. Viele ältere Bürger wurden einfach benutzt, sie hatten oftmals keinen Durchblick. „Das Böse lauert immer und überall". Kerstin behauptet heute nicht, dass sie das nicht auch getan hätte, nur sie ist nicht auf diese Idee gekommen. Sie findet es nicht richtig, dass sich diese Menschen heute sagen, die Wiedervereinigung hat den Westen in wirtschaftliche Schwierigkeiten gebracht.
So wurden viele Betriebe, vor allem landwirtschaftliche Einrichtungen, gleich nach der Wende von Westunternehmen für wenig Geld aufgekauft, auch solche, die vor der Wende noch auf den neuesten Stand gebracht worden waren und viel Geld gekostet hatten. Es wurde eben vieles verkauft, was noch hätte existieren können. Die Firmen in der DDR ließen sich leider auch oftmals auf solche dubiosen Geschäfte ein. Ein entscheidender Punkt war: Nach der Wende stürzten sich alle auf Westwaren, obwohl die Qualität der Ostartikel gut war. Damit wurden viele Firmen unrentabel und mussten aufgeben.

Schlussfolgerungen

Bis auf einige Krankheiten, die Kerstin und ihre Familie gemeinsam überstanden, geht es ihnen heute gut. Sie haben sich alles wieder angeschafft. Beide hatten bis zur Berentung Arbeit und sind mit ihrem Leben glücklicher, als sie es je hätten in der DDR werden können. Aber das kann nur ein Mensch verstehen, der beide Seiten kennen gelernt hat. Es waren nicht nur verschiedene gesellschaftliche Systeme, es hatten sich auch zweierlei Länder entwickelt. Die Menschen haben einfach vergessen, dass sie einmal ein Volk waren, das ist sehr bedauerlich.

Wie kommt es zu den immer noch aufkeimenden Anfeindungen zwischen Ost und West? Es bilden sich Leute ein Urteil über ehemalige DDR-Bürger, die dort nie gelebt haben, nicht einmal das Land bereist hatten, als die Grenze noch bestand. Sie fahren in die neuen Bundesländer, setzen sich in Kneipen und führen Gespräche mit ein paar Leuten, die ihnen das erzählen, was sie hören wollen. Diese Reisenden schauen nicht immer in die Tiefe und fragen nicht, warum das alles so gekommen ist. Sie plappern nur nach. Man kann sich nur ein Urteil über die Menschen erlauben, wenn man in der DDR gelebt hatte oder als Bürger der Bundesrepublik sehr engen Kontakt dorthin pflegte, als die Grenzen noch geschlossen waren. Kerstin hatte in der ehemaligen DDR 36 Jahre ihre Heimat, wusste also, was sich im Land abspielte und wie die Menschen lebten. Heute ist die Lage in Deutschland auch nicht immer gut, und es werden Schuldige gesucht. Damals, so behaupteten viele, waren es die Ausländer, besonders die Türken, die den Westdeutschen angeblich die Arbeitsplätze wegnahmen. Nach Grenzöffnung sagte man das Selbe über die „Ossis“. Wer so etwas verbreitet, beschäftigte sich nie richtig mit den Tatsachen. Warum sind so viele Ausländer im Land? Hatten wir Deutsche sie nicht selber gerufen nach dem Mauerbau 1961? Kerstin kann sich erinnern, dass es vor allem in Berlin so war. Es fehlten die Grenzgänger, die aus der DDR kamen. Aber es wird immer ein Prügelknabe gefunden! Wer sucht schon die Schuld bei sich selbst?

Gleich nach der Wende hatte Kerstin eine unglaubliche Geschichte erlebt. Sie betrat einen Lottoladen im Norden der Stadt. Sie berlinerte, warum auch nicht. Ein Bayer spricht auch seinen Dialekt. Die Besitzerin des Ladens kannte sie und unterhielt sich mit einer Kundin besonders lautstark: „Dein Ehemann ist in letzter Zeit nicht mehr so oft hier im Laden.“ „Nein, der hat im Moment keine Zeit, er ist in den Osten gefahren und bringt den Leuten das Arbeiten bei, aber mit der Peitsche.“ Es verschlug ihr die Sprache, das war ja doch der Gipfel der Frechheit. Sie schaute

Kerstin dabei vorwurfsvoll an. Diese knallte das Los, das sie gerade ausfüllen wollte, auf den Ladentisch und verließ wütend das Geschäft, das sie bis zum heutigen Tag nicht mehr betreten hatte.

Edgar erlebte auch so eine „nette“ Begebenheit, als er per Telefon Ware für seine Firma bestellen wollte. Er berlinert ebenfalls sehr stark und machte daraus auch kein Hehl, denn wo er herkam, musste er nicht verschweigen. Die Dame am anderen Ende der Leitung wollte sich vergewissern und rief bei der Sekretärin seiner Firma an und fragte: „Sagen Sie, bei mir hat eben ein Mann mit ausländischem Akzent angerufen und Ware bestellt, ich möchte nur wissen, ob das seine Richtigkeit hat?“ Die Kollegin erzählte das sofort Edgar. Er setzte sich in das Auto und fuhr dorthin. „Haben Sie in Ihrem Leben jemals einen Berliner sprechen gehört, oder waren Sie überhaupt schon einmal in Berlin, dann wäre Ihnen bestimmt aufgefallen, dass Berlin kein Ausland ist.“ Sie wurde puterrot und konnte nichts mehr sagen. Er drehte sich um und ging.

Ja, es gab und gibt noch heute leider viele solche Begebenheiten. Man erlebt auch positive, aber die negativen hinterlassen „Wunden“.
Zwanzig Jahre arbeiteten beide mittlerweile in einer Firma, und ihr Chef hatte bei ihren Vorstellungsgesprächen nicht gefragt, wo sie herkommen und warum. Sie waren Menschen, die eine

Anstellung suchten, Menschen, die eine gute Ausbildung hatten und einfach nur arbeiten wollten. Dafür sind sie heute noch dankbar.

Es schmerzt aber doch, wenn nach so vielen Jahren viele Bundesbürger immer noch eine schlechte Meinung über die ehemaligen DDR-Bürger haben. Es tut weh, und man kann nicht verstehen, warum es so ist. Ist es Egoismus, Unwissenheit oder Dummheit? Oft findet man keine Worte.

Deutsche in Deutschland

Immer war ich stolz, ein Berliner zu sein.
Heute machen mich die Menschen
im „Wessiland“ klein;

wo kommst du ab, so fragen sie,
in Berlin waren sie noch nie.

Du kannst nur aus dem Osten kommen!
Ich bin von ihrer Lebensweisheit ganz benommen.

Woher nehmen sie ihre Gewissheit nur
und behaupten dieses stur?

Ja, so sagen sie prompt,
weil einer, der so spricht, nur aus dem Osten kommt.

Und überhaupt – so sagen sie,
für Arbeit waren die noch nie.

Diese Behauptung trifft für mich
und die Meisten nicht zu,
soll ich meine Herkunft verschweigen,
hätte ich dann meine Ruh?

– Karin Cieslicki, 1988 –

Ritas letzten Jahre

Rita hatte viele Operationen hinter sich. Mehrere Augenoperationen gaben ihr das Sehvermögen wieder. Da sie immer schlechter laufen konnte, entschloss sie sich, die eine Hüfte operieren zu lassen. Der Operationstag stand fest, doch ihre Angst war so groß, dass sie einen Tag vorher das Krankenhaus wieder verließ. Sie nahm die fürchterlichen Schmerzen weiterhin auf sich.
Auch Ritas Schwester war sehr krank, und es war nicht möglich, dass sie in ihrer Wohnung bleiben konnte. Sie wohnte nun schon länger im Pflegeheim. Rita besuchte sie regelmäßig und sagte immer: „Ich möchte nie in ein Pflegeheim!"
Rita war dreiundsiebzig, als ihre Schwester starb. Nun hatte sie die letzte Verwandte ihrer Familie verloren. Bei der Beerdigung meinte sie: „Ich werde die nächste sein." Sie saß in der Kapelle vor dem Sarg und stellte sich ihren Tod vor. „Was ist ein Menschenleben?", fragte sie sich und sprach laut dabei. Man kämpft oft um das Überleben, man zieht die Kinder groß, nimmt viele Schicksalsschläge auf sich, rappelt sich immer auf und verliert nie den Humor. „Eines Tages ist alles vorbei, und in einigen Jahren kennt man dich nicht mehr." Sie sprach oft so. Aber sie sagte auch, das ist das Leben. Sie hatte Angst vor dem Sterben. Aus diesem Grund freute sie sich über jedes neue Kind, das in der Familie geboren wurde. Sie hielt

ihr Urenkelchen im Arm, und das war ihr größter Trost: „Wir sterben nie, wir leben in ihnen weiter." Kinder sind die Zukunft, und sie geben unserem Leben einen Sinn und die Kraft zu kämpfen.

Der Gesundheitszustand von Rita wurde immer schlechter. Man konnte zusehen, wie sich das Leben langsam aus ihrem Körper schlich. Viele Medikamente taten ihr übriges. Sie wurde immer schwächer, von Knochenbrüchen und Diabetes blieb sie nicht verschont. Sie wehrte sich immer dagegen. Sie wollte sich nie die Insulinspritzen setzen, aber auch damit lernte sie umzugehen. „Redet nicht über Krankheiten", sagte sie immer zu ihren Kindern.
Der Pflegedienst kam täglich ins Haus. Eine Notrufkette gehörte schon lange zu ihrem Alltag. Schlaganfälle bestimmten von nun an ihr Leben.
Der Tag kam, und nach ihrem zehntägigen Todeskampf wurde Rita nach vielen Gebeten erlöst. Sie überlebte ihren Erwin um 20 Jahre und starb 2007 im Alter von 78 Jahren, für die Kinder viel zu früh.

Kerstins Rückkehr – 2011

Der Abschied in der Wahlheimat rückte immer näher. Es war ein Abschied mit Emotionen. In ihrem Betrieb wurde ihre Arbeit in besonderem

Maße gewürdigt. Fast alle Mitarbeiter und geladene Gäste sowie viele Kinder der Einrichtung, in der Kerstin und ihr Mann mittlerweile zwanzig Jahre tätig waren, erschienen und zollten ihnen große Dankbarkeit. Als Abschiedsgeschenk erhielten sie einen Strandkorb. Sie waren zu Tränen gerührt. Damit hätten sie nicht gerechnet.

Der letzte Tag in Münster bahnte sich an. Sie saßen im Auto, und alle Mitarbeiter standen an der Straße und winkten ihnen nach. Es breitete sich Wehmut in ihnen aus. Abschied nehmen, das kannten sie. Von hüben nach drüben und nun zurück. Nur damals stand niemand am Straßenrand, als sie mit dem Trabi ihre alte Heimat verließen. Damals, 1988, wären viele gerne mit ihnen ausgereist, nur diese durften nicht stehen und winken.

Das Auto fuhr um die Ecke, und Kerstin und Edgar weinten bitterlich. Aber ein neues altes Ziel stand ihnen bevor. Die Freude, nicht mehr arbeiten zu müssen nach 45 Jahren, die Freude auf die alte Heimat breitete sich in ihnen aus. Sie fuhren zum nahegelegenen Campingplatz, um noch ihren abgestellten Reisewohnwagen anzuhängen. Dann hatten sie das neue Ziel vor Augen. Vorher galt es, viele organisatorische Dinge zu klären. Das große Haus, das sie zur Miete bewohnten, musste aufgelöst werden. Die Möbel wurden fast alle verschenkt, denn die Zeiten haben sich geändert. Gebrauchte Möbel, auch wenn sie noch wie neu aussahen, würde heute niemand mehr haben wollen. Da gab es ein Ehepaar aus Litauen, das fast nichts besaß. Sie freuten sich über die gesamte Einrichtung, die weniger für sie kostete als eine Autosteuer. Kerstin und Edgar hatten ein gutes Gefühl, da ihnen seinerzeit niemand etwas günstig verkaufte. Die Einrichtung war das Ergebnis zwanzigjähriger Arbeit, und trotzdem trauerten sie allem nicht nach. Das Leben ist heute, und es kann sich schnell ändern. Niemand kann etwas mitnehmen, wenn er einmal diese Welt verlässt.

Sie zogen in die Uckermark, unweit von Berlin. Man muss nicht um jeden Preis sparen und sollte leben heute und hier, befand Kerstin. Was ihnen fehlte, wurde nach und nach wieder angeschafft. Das Geld blieb in der neuen Region, und das war eine Genugtuung für beide.

Der große Vorteil bestand darin, dass sie im Vorruhestand waren und alles in Ruhe erledigen konnten: morgens nicht auf die Uhr schauen und abends schlafen gehen, wann sie wollten.

Der Ort, der ihnen wieder eine Heimat gab, hatte nur 750 Einwohner. Ein überschaubares Stückchen Erde, was anfangs so seine Tücken bei der Kommunikation aufwies. Es wurde viel geredet, auch über Dinge, die man nicht absichtlich verbreiten wollte. Wo Menschen leben, tauscht

man sich eben aus, über Positives und Negatives, in ländlicher Region noch mehr als in der Stadt. So trafen sie jemanden, dem schon bekannt war, dass bei ihnen eine neue Heizung eingebaut wurde. Wiederum bekamen Kerstin und Edgar beim Kauf eines neuen Fernsehers in der Filiale mitgeteilt, wer noch einen Fernsehapparat in ihrem Ort angeschafft hatte, nämlich derjenige, der vom Heizungseinbau wusste. Man konnte herzlich lachen über diesen Informationsfluss. Dem harmonischen Miteinander tat das keinen Abbruch. Nette Nachbarschaftsbeziehungen wurden geknüpft, die in Münster in zwanzig Jahren nicht entstanden sind.
Ein Manko gibt es für die Bewohner in dieser Region jedoch, wie auch Kerstin und Edgar erfahren mussten. Die Arbeitslosigkeit ist sehr hoch. Warum ist das so, stellten sie sich als Neuankömmlinge die Frage und suchten nach Antworten: Die Menschen tun sich schwer, ihren Wohnort zu verlassen. Den älteren Leuten könne man es nicht verdenken, und den jüngeren müsste man einen finanziellen Anreiz bieten, sich Arbeit in anderen Städten zu suchen. Dazu wäre es sehr praktisch, Berater oder öffentliche Einrichtungen zu haben, die ihnen die volle Unterstützung bei diesem Vorhaben geben anstatt Arbeitsvermittlungen, die sowieso wenig ausrichten können. Noch sinnvoller dürfte sein, wenn Arbeitsplätze vor Ort geschaffen würden, da immer mehr junge Leute abwandern. Aber wie? Diese Region

wird eines Tages nur noch aus alten Leuten bestehen und verwaisen. Hier ist guter Rat teuer. Aber kein System ist das absolute.

Als sich nun in mehreren Gesprächen herausstellte, dass sie eigentlich aus dem Norden Berlins kamen und nicht aus dem Westen, war die anfängliche Skepsis bei den meisten Einheimischen gewichen.

Die Wohnung war nun fertig, und alles erschien, in frischem Glanz zu strahlen. Es kam wieder einmal anders. Das Schicksal schlug erneut zu. An einem herrlichen Sommertag lag Kerstin im Bett und bekam schwer Luft. Es bestand der Verdacht einer schweren Bronchitis, der sich aber nicht bestätigte. Es kam viel schlimmer. Es wurde eine Herzmuskelentzündung diagnostiziert. Alles begann sich, in ihr zu drehen. Sollte das nun alles gewesen sein? Sie war schwach und lag fast ein halbes Jahr im Bett. Doch auch diese schwere Krise überstanden sie gemeinsam.

Diese Wahlheimat bestimmt ihren letzten Lebensabschnitt. Wie die Vögel aus dem Süden, kehren sie zurück. Die Wurzeln haben sich zwar etwas Richtung Norden ausgedehnt, aber das Land, das sich hier in seiner ganzen Vielfalt anbietet, macht alles wett. Jeden Morgen in aller Früh, wenn das Wetter es zulässt, sitzen sie im Garten und blicken in den Himmel, um die Ankunft der Kraniche zu erspähen. Die Singvögel geben ihnen die Kraft, die man nach einem langen Winter braucht. Jeden Morgen sprießen neu die Knospen, so als wenn sie ihnen zunicken. Beim Spaziergang durch den Garten blicken sie erwartungsvoll auf die Blumenbeete, in der Hoffnung, hier und da eine leuchtende Narzisse oder Veilchen zu entdecken. Hier ist das Leben, hier wollen sie sein. Die Ruhe, die Seen mit ihrer Vielfältigkeit, die Wälder und Felder sowie der weite Blick, den sie bei ihren Spaziergängen haben, lassen auf einen schönen Lebensabend hoffen. Dabei spielen die Menschen hier eine besondere Rolle.

Nachwort

Dass Kerstin sich nicht mehr an ihre Oma Helga erinnern konnte und sie ihren Opa Arnim nie kennenlernte, tut ihr sehr leid. Es war eine furchtbare Zeit, die diese Menschen durchmachen mussten. Das darf sich nie mehr wiederholen!

Rita, die Tochter von Helga, hatte ein schweres Leben, und sie war trotzdem immer glücklich. Sie freute sich über den Gesang der Vögel, über jede Blume, die erblühte, auch wenn es eine Wildblume war.

Sie liebte alle ihre Kinder gleich, und sie liebte ihren Ehemann.

Rita konnte sich sehr gut an ein Gedicht erinnern und schrieb es kurz vor ihrem Tod noch auf ein Stück Papier auf. Sie trug es Kerstin schon vor, als sie noch ein Kind war. Rita kannte viele Gedichte und Lieder aus ihrer Kinderzeit. Dieses liebte sie besonders:

Ein Friedhofsgang (v. J. N. Vogel)

Beim Totengräber klopft es an:
„Mach auf, mach auf, du greiser Mann!
Tu auf die Tür und nimm den Stab,
musst zeigen mir ein teures Grab!“

Ein Fremder spricht`s mit strupp`gem Bart,
verbrannt und rauh, nach Kriegerart.
Wie heißt der Teure, der euch starb
und sich ein Pfühl bei mir erwarb?

Die Mutter ist es; kennt ihr nicht
der Marthe Sohn mehr am Gesicht?
„Hilf Gott, wie groß, wie braun gebrannt;
hätt` nun und nimmer euch erkannt.“

„Doch kommt und seht, hier ist der Ort,
nach dem gefragt mich euer Wort.
Hier wohnt, verhüllt von Erd` und Stein,
nun euer totes Mütterlein.“

Da steht der Krieger lang` und schweigt,
das Haupt hinab zur Brust geneigt.
Er steht und starrt zum teuren Grab
mit tränenfeuchtem Blick hinab.

Dann schüttelt er sein Haupt und spricht:
„Ihr irrt, hier wohnt die Tote nicht.
Wie schlöss` ein Raum, so eng und klein,
die Liebe einer Mutter ein!“

Es ist nicht zu ersetzen, dein Herz!
Es ist nicht zu beschreiben, mein Schmerz.

Deine Liebe zu jeder Zeit,
in mir lebt in Ewigkeit.

Ich kann dich nicht mehr fühlen, nicht sehen,
ich kann dich in mir spüren, warum musstest du gehen?

Du lebst in mir weiter, aber es tut weh,
wenn ich mir nur dein Bild anseh'.

Ich schaue nach oben, wenn die Sonne scheint
und glaube, unter ihren Strahlen sind wir immer vereint.

– Karin Cieslicki –

Kerstin liebte ihre Mutter sehr, und sie hatte es ihr viel zu wenig gesagt. Aber Rita spürte es täglich.

ENDE

ANHANG ZU ABKÜRZUNGEN UND BEGRIFFEN

ABV: Abschnittsbevollmächtigter; war ein Polizist der Volkspolizei in der DDR, der für einzelne Bereiche in den Straßen und Wohngebieten zuständig war

ZKG: Zentrale Koordinierungsgruppe für die Staatssicherheit

MfS: Ministerium für Staatssicherheit

SED: Sozialistische Einheitspartei Deutschlands

Intershop: Einzelhandelskette in der DDR, in deren Geschäften nur mit konvertierbaren Währungen und später mit Forumschecks bezahlt werden konnte. Hier gab es Westware für Westgeld. Etwas, was sich nicht alle DDR-Bürger leisten konnten. Nur wer Verwandte in der Bundesrepublik hatte, die etwas Geld bei Besuchen schenkten, oder wer anderweitig Westmark tauschen oder besorgen konnte, hatte die Möglichkeit, hier einzukaufen.

Forumschecks: Diese Wertschecks waren emittierte Banknoten, mit denen DDR-Bürger in Intershops bezahlen sollten. Dadurch wurden der DDR noch mehr und schneller Einnahmen an

Devisen gesichert. Wechselgeld erhielten die Bürger nicht.

VEB: Volkseigener Betrieb; so hießen die Betriebe in der DDR

RIAS: Rundfunksender im amerikanischen Sektor mit Sitz in Berlin-Schöneberg von 1946 bis 1993; der Sender konnte auch in Ost-Berlin empfangen werden. Die Radiomacher wussten das und schickten auf diese Weise ihre Informationen aus dem Westteil an die Menschen auf der anderen Seite der Mauer.

Konverter: Umwandler im Ultrahochfrequenzbereich, ermöglichte es DDR-Bürgern, Westfernsehen zu empfangen

FDJ: Freie Deutsche Jugend, Jugendorganisation in der DDR

EDV: Elektronische Datenverarbeitung

DIE AUTORIN

Karin Cieslicki wurde 1952 in Berlin geboren und wuchs behütet im Kreis ihrer Familie auf. Sie lebte bis 1981 in Berlin - Prenzlauer Berg, gründete dann ihre eigene Familie und zog mit ihrem Ehemann und den Kindern nach Pankow.
Aus politischen und familiären Gründen stellte die Familie einen Ausreiseantrag, und es gelang ihr, 1988 nach Münster in Nordrhein-Westfalen umzusiedeln. Dort angekommen, baute sich Karin Cieslicki mit Mann und Kindern ein neues Leben auf, trotz aller Anfangsschwierigkeiten. Eine fundierte Schul- und Berufsausbildung halfen, den Einstieg in die Arbeitswelt wieder zu finden.
Als Rentnerin kam sie im Jahr 2011 zurück in ihre alte Heimat. Heute lebt die Autorin mit ihrem Mann in der Uckermark, der Toskana des Nordens. In ihrer Freizeit widmet sich Karin Cieslicki neben dem Schreiben der Öl- und Acrylmalerei. Viele Gemälde sind seitdem entstanden. In früheren Zeiten leitete sie auch Laienspielgruppen und schrieb die Stücke dafür. Viel Spaß hatte sie ebenfalls als Kleindarstellerin in mehreren Filmen, letztlich sogar eine kleine Sprechrolle in einem Kinofilm.
Das Coverbild, das den Titel „Lichtblick" trägt, hat Karin Cieslicki anlässlich des Todes ihrer Mutter gemalt. Sie kombiniert ihre Lesungen auch immer mit Ausstellungen ihrer Bilder. Dieses ist ihr besonders wichtig und eng mit dem Inhalt des Buches verwoben.

Erzählt nach wahren Begebenheiten.
Die Namen sind frei erfunden.
Ähnlichkeiten mit real existierenden Personen
sind nicht beabsichtigt.

IMPRESSUM

Herausgeber
Nordkurier Mediengruppe GmbH & Co. KG
Friedrich-Engels-Ring 29
17033 Neubrandenburg

Fotonachweise
Titelbild: Karin Cieslicki
Fotos Innenteil: Karin Cieslicki
Autoren-Foto: Susanne Abraham

Redaktion
Elke Enders

Gestaltung
Ines Riebau

Druck
Druckerei Siepmann GmbH

Herausgegeben 2016, 1. Auflage